에듀윌과 함께 시작하면,
당신도 합격할 수 있습니다!

영주권이나 체류 비자를 취득하기 위해
한국어 사용 능력을 증명해야 하는 외국인

국내 대학 및 대학원에 입학하기 위해
TOPIK한국어능력시험을 준비하는 재외동포

외국에서 학교를 졸업하고
한국 기업체 취업을 준비하는 한국인

누구나 합격할 수 있습니다.
해내겠다는 '열정' 하나면 충분합니다.

마지막 페이지를 덮으면,

에듀윌과 함께
TOPIK한국어능력시험 합격이 시작됩니다.

KB212944

eduwill

한국어 교재 45만 부 판매 돌파
111개월 베스트셀러 1위

에듀윌이 만든 한국어 BEST 교재로
합격의 차이를 직접 경험해 보세요

KBS한국어능력시험

한국실용글쓰기

ToKL국어능력인증시험

TOPIK 한국어능력시험

에듀윌 TOPIK
IBT 모의고사 제공!

실제 시험과 똑같은 환경을 구현한
IBT 모의고사 응시 서비스를 체험해 보세요.

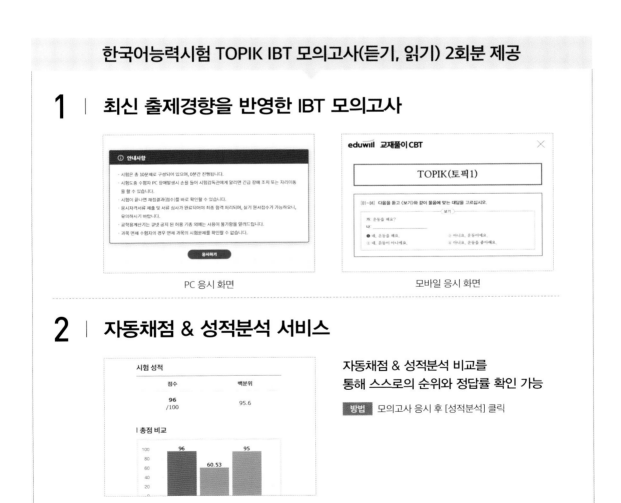

한국어능력시험 TOPIK IBT 모의고사(듣기, 읽기) 2회분 제공

1 | 최신 출제경향을 반영한 IBT 모의고사

PC 응시 화면   모바일 응시 화면

2 | 자동채점 & 성적분석 서비스

자동채점 & 성적분석 비교를
통해 스스로의 순위와 정답률 확인 가능

방법 모의고사 응시 후 [성적분석] 클릭

언제 어디서든 실력점검!
TOPIK I IBT 모의고사

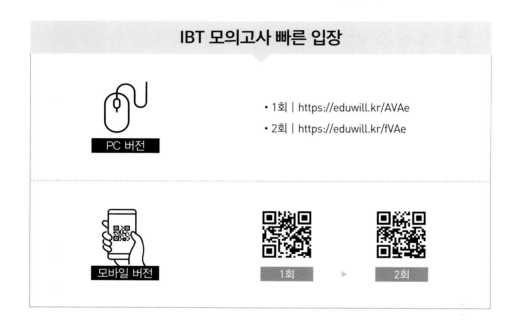

IBT 모의고사 빠른 입장

PC 버전
- 1회 | https://eduwill.kr/AVAe
- 2회 | https://eduwill.kr/fVAe

모바일 버전

1회 ▶ 2회

QR 코드를 통해 쉽고 빠르게 응시 – 채점 – 분석하기!

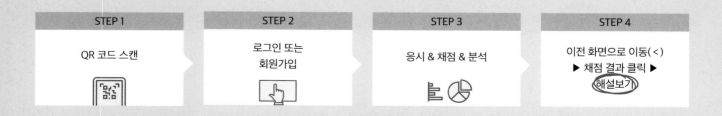

STEP 1	STEP 2	STEP 3	STEP 4
QR 코드 스캔	로그인 또는 회원가입	응시 & 채점 & 분석	이전 화면으로 이동(<) ▶ 채점 결과 클릭 ▶ 해설보기

*에듀윌 회원가입 후 이용하실 수 있는 서비스입니다.
*풀이 횟수에는 제한이 없으나 채점 결과에는 최종 성적이 반영됩니다.
*해당 서비스는 이후 예고 없이 종료될 수 있습니다.

에듀윌 한국어능력시험
TOPIK I
종합서

어휘+문법
기 출
PICK

eduwill

01. 어휘

중요 어휘

한국어에는 소리와 형태가 같고 뜻이 다른 어휘(동음이의어)가 많습니다.
어휘 옆에 붙어 있는 번호는 이러한 어휘들을 구분하기 위한 것입니다.
※이 목록에서는 〈표준국어대사전〉의 체계에 따라 번호를 붙였습니다.

명사　★는 '시험에 자주 나오는 어휘'를 표시한 것입니다. 가장 먼저 공부하세요!

어휘	길잡이말		어휘	길잡이말
ㄱ			거절	을 당하다
★ 가게	에 가다		★ 건강	이 나빠지다
가격	이 싸다(비싸다)		★ 건물	을 짓다
★ 가구	를 사다		★ 검사	를 하다(받다)
★ 가방	을 메다		검정	검정 페인트
가수	가수 지망생		★ 것	이 좋다
가요	를 부르다		겉	이 예쁘다
★ 가족	이 생각나다		★ 게임	을 하다
가지	종류		결과	가 나오다
간식	을 먹다		결석	을 하다
간호사	로 일하다		★ 결심	을 하다
감	을 먹다		결정	을 내리다
감기	에 걸리다		결혼	결혼식
★ 감사	하다		★ 경기	를 보다
감자	를 좋아하다		경찰	이 왔다(갔다)
값	을 깎다		★ 경치	를 구경하다
강	을 건너다		★ 경험	이 많다
개03	를 키우다		계단	을 오르다
개07	를 세다		계란	이 맛있다
★ 개월	걸린다		계산	을 하다
★ 거	것		★ 계절	봄, 여름, 가을, 겨울
거리01	에 사람이 많다		★ 계획	을 세우다
거리07	가 가깝다(멀다)		고개	를 숙이다
거실	이 넓다		고기	를 먹다
거울	을 보다		고모	를 만나다

어휘	길잡이말
★ 고장	이 나다
고추장	이 맵다
★ 고향	에 가다
곳	조용한 곳
공	을 굴리다
★ 공부	를 하다
★ 공원	에 가다
공장	에서 일하다
공책	을 사다
★ 공항	에 가다
★ 공휴일	휴일
과거	를 잊다
★ 과일	을 먹다
과자	를 먹다
관계	를 맺다
★ 관광	을 떠나다
관심	을 가지다
★ 광고	를 하다
교과서	에서 배우다
★ 교사	국어 교사
교수	가 되다
★ 교실	에 들어가다
교통	교통수단
교통사고	가 나다
교환	을 하다
교회	에 가다
★ 구경	을 다니다
★ 구두	를 신다
구름	이 많다
국	을 끓이다
★ 국내	에 있다
★ 국수	가 맛있다
국적	을 바꾸다
권	책을 세는 단위
★ 귀	로 듣다

어휘	길잡이말
귀걸이	를 달다
규칙	을 지키다
그릇	에 담다
그림	을 그리다
★ 그저께	그저께 밤
그쪽	으로 가다
극장	에서 영화를 보다
근처	에 가다
★ 금요일	에 만나다
금지	하다
★ 기간	이 지나다
기름	에 튀기다
★ 기말시험	을 보다
★ 기분	이 좋다(나쁘다)
★ 기쁨	을 나누다
★ 기숙사	에서 살다
기억	을 떠올리다
기온	이 높다(낮다)
기자	를 만나다
★ 기차	를 타다
★ 기차역	에 도착하다
★ 기차표	를 사다
길	을 묻다
길이	가 길다(짧다)
김밥	을 싸다
김치	를 담그다
★ 김치찌개	가 맛있다
꽃	이 피다
★ 꿈	을 꾸다
끝	마지막
ㄴ	
나라	를 지키다
나머지	가 많다
★ 나무	를 심다
나이	가 많다

어휘	길잡이말
나중	시간이 지나다
날	이 좋다
날씨	가 맑다
★ 날짜	를 정하다
★ 남동생	을 칭찬하다
남산	을 오르다
남자	에게 말하다
남쪽	으로 가다
남편	을 만나다
★ 낮	이 짧다
낮잠	을 자다
내	자신
내용	을 알다
★ 내일	내일의 날씨
너	사람
네01	사람
네02	숫자(4)
★ 년	해(년)
노란색	노란색 개나리
★ 노래	를 부르다
노력	을 하다
노인	을 공경하다
★ 노트	를 잃어버리다
★ 놀이	를 하다
농구	를 잘하다
농담	을 하다
★ 높이	가 높다
★ 누나	옆집 누나
눈01	이 크다(작다)
눈04	이 오다(내리다)
눈물	이 흐르다
뉴스	를 보다
능력	을 발휘하다
ㄷ	
다리01	가 아프다

어휘	길잡이말
다리02	를 건너다
★ 다음	에 만나다
단추	를 달다
단풍	이 들다
달	월
★ 달리기	가 빠르다
★ 답	을 쓰다
답장	을 보내다
대	단위
대학	인문 대학
★ 대화	를 나누다
★ 대회	가 열리다
★ 도서관	에서 공부하다
도움	을 주다
도착	하다
★ 독서	를 좋아하다
★ 돈	을 다 쓰다
돌	을 던지다
★ 동생	사촌 동생
동전	이 많다
돼지고기	가 맛있다
★ 된장찌개	를 끓이다
두	숫자(2)
두부	를 먹다
두통	을 앓다
★ 둘	학생 둘
★ 뒤쪽	뒤쪽 좌석
등	에 업다
★ 등산	을 하다
디자인	이 예쁘다
★ 딸	을 낳다
딸기	를 먹다
땀	이 나다
땅	에 떨어지다
때	가 이르다

어휘	길잡이말
ㄹ	
라디오	를 듣다
라면	을 끓이다
ㅁ	
★ 만화	를 보다
말01	을 하다
말04	을 타다
★ 말09	학기 말
★ 맛	이 없다
매년	증가하다
매달	마다
매일	보다
★ 매주	만나다
매표소	에서 표를 사다
★ 머리	가 좋다
머리카락	을 자르다
메뉴	를 고르다
메모	를 남기다
모레	모레쯤
★ 문제	가 어렵다
★ 문화	수준이 높다
물	을 마시다
미국	에 가다
★ 미래	를 설계하다
★ 미술관	에 가다
★ 미안	하다고 말하다
미터	거리
밑	에 있다
ㅂ	
바닥	에 앉다
바람	이 불다
★ 박물관	에 가다
발	을 씻다
★ 밤	을 새다
밥	을 먹다

어휘	길잡이말
방	을 청소하다
★ 방문	하다
방법	이 있다
방송국	에 가다
방학	을 맞다
방향	이 틀리다
★ 배	가 아프다
배우	가 되다
백화점	에 가다
★ 버스	를 타다
변호사	가 되다
별	이 빛나다
★ 병04	이 나다
병05	이 비다
★ 병원	에서 치료 받다
볼펜	으로 쓰다
봉투	를 붙이다
★ 부모님	을 뵙다
부부	사이
부분	이다
부산	으로 여행을 가다
★ 부탁	을 하다
북쪽	으로 가다
★ 불고기	를 먹다
비	가 그치다
★ 비빔밥	을 주문하다
★ 비행기	를 타다
빨래	가 많다
★ 빵	을 먹다
ㅅ	
사과	를 먹다
사람	을 만나다
사랑	을 하다
★ 사무실	에 출근하다
사실	을 말하다

어휘	길잡이말
사장15	을 만나다
사전22	을 찾다
★ 사진	을 찍다
사탕	이 달다
산	에 오르다
★ 산책	을 나가다
살	나이를 세는 단위
★ 생일	을 맞다
서울	에서 살다
★ 서점	에 가다
★ 선물	을 사다
선배	를 만나다
선생님	을 뵙다
선수	가 되다
★ 설명	을 듣다
세탁기	를 돌리다
★ 소개	를 하다
수박	을 먹다
수술	을 받다
★ 수업	이 끝나다
★ 수영	을 배우다
시간표	를 짜다
시계	를 보다
시작	하다
★ 시장	에 가다
★ 시험	을 보다
식구	가 많다
★ 식당	에서 식사하다
식사	를 하다
신문	을 읽다
신발	을 신다
ㅇ	
★ 아들	을 낳다
아래쪽	에 있다
★ 아버지(아빠)	가 오시다

어휘	길잡이말
아이스크림	이 녹다
아저씨	를 뵙다
★ 아침	이 되다
아파트	에 살다
안경	을 쓰다
★ 안내	를 받다
앞쪽	으로 향하다
★ 야채	를 씻다
약국	에 가다
약사	가 말하다
★ 약속	을 지키다
언니	랑 닮다
★ 얼굴	이 예쁘다
★ 얼음	이 녹다
★ 어머니(엄마)	어머니의 마음
에어컨	을 켜다
엘리베이터	를 타다
여권	을 발급하다
★ 여행사	에 가다
연락처	를 남기다
연필	로 쓰다
연휴	가 시작되다
★ 영화관	에 가다
★ 오늘	오늘의 날씨
오빠	에게 묻다
오이	를 먹다
★ 오전	오전 시간
★ 오후	오후 시간
온도	를 재다
옷	을 벗다
옷장	에 넣다
외국어	를 배우다
외국인	을 만나다
★ 외출	을 하다
왼쪽	에 있다

어휘	길잡이말
요금	을 내다
요리	를 하다
★ 요일	월, 화, 수, 목, 금, 토, 일
우체국	에 가다
우표	를 붙이다
★ 운동	을 좋아하다
★ 위	에 있다
ㅈ	
자동차	를 타다
자신	에게 말하다
자연	이 아름답다
자유	를 누리다
자장면	을 시키다
★ 자전거	를 타다
★ 작년	작년 여름
잠	을 자다
★ 장소	약속 장소
ㅊ	
차	를 타다
채소	를 먹다
★ 책	을 읽다
책상	을 사다
책장	에 넣다
체육관	에 가다
★ 초대장	을 보내다
추석	을 맞다
축구	를 하다
★ 출근	을 하다
출발	하다
출석	을 부르다
출입국	출입국 사무소
출장	을 가다
춤	을 추다
★ 취미	취미 생활

어휘	길잡이말
치료	를 하다
★ 친구	를 만나다
칠판	에 쓰다
침대	에 눕다
칭찬	을 듣다
ㅋ	
카메라	사진기
★ 카페	에서 만나다
칼	로 자르다
★ 커피	를 마시다
컴퓨터	를 하다
컵	에 따르다
케이크	를 먹다
키	가 크다
ㅌ	
택시	를 잡다
터미널	에서 내리다
텔레비전	을 켜다
★ 토요일	에 가다
퇴근	하다
ㅍ	
팔	을 뻗다
★ 편의점	에서 사다
편지	를 쓰다
평일	에 가다
포도	를 좋아하다
포장	을 하다
★ 표	를 사다
풍경	이 좋다
피	가 나다
피아노	를 치다
피자	를 먹다
필요	하다
필통	에 담다

어휘	길잡이말
ㅎ	
하늘	이 파랗다
★ 학교	에 다니다
★ 학생	을 가르치다
학생증	을 제시하다
한강	에 가다
★ 한국	나라
★ 한글	을 배우다
한복	을 입다
현재	에 살다
★ 형	을 찾다
호텔	에 묵다
★ 화장실	을 찾다
환전	을 하다
회사원	이 되다
휴가	를 나오다
휴게실	에서 쉬다
★ 휴대폰	통신 기기
★ 휴일	에 쉬다
휴지통	에 버리다

대명사

어휘	길잡이말
ㄱ	
★ 거기	거기가 우리 집이다
그	그가 내 동생이다
★ 그것	그것이 내 책이다
★ 그대	그대를 존경합니다
그분	그분이 책을 주셨다
그이	그이가 나의 은인이다
ㄴ	
★ 나	나를 기쁘게 했다
★ 너	너의 노래가 듣기 좋다
너희	너희를 초대 한다
ㄷ	
★ 당신	당신이 나의 진정한 친구입니다
ㅇ	
여기	여기가 시청이다
★ 여러분	여러분이 이겼습니다
★ 우리	우리가 먼저 간다
이것	이것이 맛있는 비빔밥이다
★ 이분	이분을 따라 가세요
이이	이이가 내 남편입니다
ㅈ	
자네	자네가 최고야
★ 저	저 사람이 나의 아내입니다
★ 저것	저것이 포도나무입니다
저기	저기가 경복궁입니다
★ 저분	저분이 김교수님입니다
★ 저희	저희가 청소를 할게요

수사

어휘	길잡이말
ㄴ	
★ 넷	넷이 먹었다
넷째	넷째가 제일 예쁘다
ㄷ	
둘	둘만의 일이다
★ 둘째	둘째가 제일 키가 크다
ㅁ	
만	만의 하나를 조심해야 한다
ㅂ	
★ 백	백은 열이 열개이다
백만	백만은 큰 숫자이다
ㅅ	
★ 삼	삼을 세 번 더하면 구이다
셋	셋이 남자이다
★ 셋째	셋째가 오늘 왔다
ㅇ	
일	일에 일을 더하면 이가 된다
ㅈ	
★ 제일	제일의 기술을 발휘했다
ㅊ	
천	천의 얼굴을 지녔다
★ 첫째	첫째가 제일 공부를 잘한다
ㅎ	
하나	하나를 들으면 열을 안다

부사

어휘	길잡이말
ㄱ	
★ 가끔	가끔 가다
★ 가장	가장 빠르다
각각	각각 주다
간단히	간단히 먹다
갑자기	갑자기 아프다
★ 같이	같이 가다
거의	거의 다 오다
곧	곧 방학이다
그대로	그대로 두다
★ 그래서	비가 온다~우산이 필요하다
★ 그러나	힘이 들다~공부를 해야 한다
그러니까	나는 가기 싫다~너 혼자 가라
그러면	열심히 공부해라 ~반드시 합격한다
★ 그러므로	나는 생각한다 ~존재한다
★ 그런데	학교에 일찍 갔다 ~아무도 없었다
그럼	학생들이 다 왔어요 ~이제 출발해요
그렇지만	비가 많이 와요 ~우리는 지금 가야 해요
★ 그리고	밥을 먹어요~피자도 먹어요
그만	그만 두다
그저께	그저께 방학을 하다
★ 금방	금방 가다
깊이	깊이 생각하다
깜짝	깜짝 놀라다
깨끗이	깨끗이 청소하다

어휘	길잡이말
꼭	꼭 오다
ㄴ	
★ 내일	내일 가다
★ 너무	너무 많다
높이	높이 쌓다
늘	늘 즐겁다
ㄷ	
다	다 오다
다시	다시 시작하다
★ 더	더 잘한다
더욱	더욱 열심히 하다
드디어	드디어 끝나다
★ 따로	따로 가다
또	또 오다
또는	비빔밥~불고기
똑같이	똑같이 나눠주다
똑바로	똑바로 말하다
ㅁ	
★ 많이	많이 먹다
매달	매달 방문하다
매우	매우 맛있다
매주	매주 가다
★ 먼저	먼저 시작하다
★ 멀리	멀리 사라지다
모두	모두 도착하다
모레	모레 끝나다
못	못하다
무척	무척 빠르다
물론	물론 지급될 돈이다
★ 미리	미리 보다
ㅂ	
바로	바로 확인하다
★ 반드시	반드시 합격하다
방금	방금 도착하다
벌써	벌써 마치다

어휘	길잡이말
별로	별로 재미없다
보다	~보다 더 좋아하다
ㅇ	
아까	아까 갔다
★ 아마	아마 기다리고 있을 것이다
아무리	아무리~일지라도
★ 아주	아주 가깝다
아직	아직 아니다
안	안 하다
★ 안녕히	안녕히 계세요
약간	약간 달다
★ 어서	어서 오세요
어제	어제 끝나다
언제나	언제나 좋다
얼마나	얼마나 어려웠는지
★ 열심히	열심히 공부하다
오래	오래 걸릴 것이다
우선	우선 먹다
★ 이따가	이따가 말할 것이다
★ 이미	이미 알고 있다
이제부터	이제부터 공부할 것이다
일찍	일찍 시작하다
ㅈ	
자꾸	자꾸 기침을 한다
자세히	자세히 설명하다
★ 자주	자주 묻다
잘	잘 먹는다
잘못	잘못 말하다
잠깐	잠깐 서다
★ 잠시	잠시 쉬다
★ 전혀	전혀 다른 모습
점점	점점 좋아지다
★ 정말	정말 춥다

어휘	길잡이말
정신없이	정신없이 달리다
제일	제일 잘한다
★ 조금	조금 늦다
조금씩	조금씩 가까워지다
조용히	조용히 앉다
좀	좀 많다
주로	주로 가는 곳
지금	지금 나오다
직접	직접 만들다
★ 진짜	진짜 덥다
ㅊ	
천만	천만다행이다
천천히	천천히 생각하다
ㅌ	
특별히	특별히 초대하다
★ 특히	특히 잘하다
ㅎ	
해마다	해마다 놀러 가다
★ 현재	현재와 미래
★ 혼자	혼자 공부하다
★ 활발히	활발히 움직이다
★ 훨씬	훨씬 쉽다

관형사

어휘	길잡이말
ㄱ	
★ 그	그 사람이 내 동생이다
ㄷ	
★ 다섯	다섯 명이 차를 탔다
두	두 개의 사과가 있다
ㅅ	
★ 새	새 옷을 샀다
세	세 명의 친구를 만났다
ㅇ	
★ 온갖	온갖 물건이 다 있다
★ 이	이 시장에 사람이 많다
요	요 물건은 귀하다
ㅈ	
저	저분이 선생님이시다
★ 저런	저런 친구가 있어서 좋다
ㅊ	
★ 첫	첫사랑은 소중하다
ㅎ	
한	한 명의 이웃을 만났다
★ 헌	헌책을 버렸다

동사

길잡이말	어휘
ㄱ	
한국어를	★ 가르치다
방향을	가리키다
우산을	가져가다
돈을	★ 가져오다
꿈을	가지다
책을	갖다
은혜를	★ 갚다
길을	건너가다
신호등을	건너다
길을	걷다
전화를	★ 걸다
나무에	걸리다
천천히	★ 걸어가다
앞에서	걸어오다
고향에	★ 계시다
선물을	고르다
시계를	★ 고치다
흙이	★ 굳다
빵을	굽다
강아지를	귀여워하다
그림을	★ 그리다
일을	그만두다
비가	그치다
합격 소식에	★ 기뻐하다
숙제가	기억나다
과일을	깎다
그릇을	깨다
책을 가방에서	꺼내다
꿈을	꾸다
스위치를	★ 끄다
연락을	끊다
찌개가	끓다

길잡이말	어휘
라면을	★ 끓이다
방학이	★ 끝나다
운동을	끝내다
반지를	끼다
ㄴ	
밖으로	나가다
음식을	나누다
불이	나다
새싹이	나오다
모양이	나타나다
비행기가	날다
나비가	날아다니다
음식이	남다
병이	★ 낫다
(비교) 더	★ 낫다
소리를	내다
아래로	내려가다
산에서	내려오다
버스에서	★ 내리다
고비를	넘다
사람이	넘어지다
책을 가방에	★ 넣다
함께	★ 놀다
손을	놓다
벨을	★ 누르다
침대에	눕다
고마움을	★ 느끼다
ㄷ	
서울에	다녀오다
학교를	★ 다니다
손을	다치다
정성을	다하다
유리창을	닦다

길잡이말	어휘		길잡이말	어휘
방문을	닫다		친구를	믿다
빨리	달리다		앞으로	밀다
동생을	데려가다		ㅂ	
친구를	도와주다		생각을	★ 바꾸다
운동장을	돌다		합격을	바라다
가방을	돌려주다		기름을	바르다
고개를	돌리다		용돈을	★ 받다
뒤로	돌아가다		어휘를	받아쓰다
인사를	드리다		쓰레기를	버리다
소리를	듣다		시간을	벌다
손을	들다		옷을	벗다
박물관에	들르다		성격이	변하다
종소리가	들리다		선물을	보내다
집에	들어가다		사람을 눈으로	보다
아침에	떠나다		콩을	볶다
수업 시간에	★ 떠들다		친구를 큰 소리로	★ 부르다
잎이	떨어지다		편지를	★ 부치다
걷지 않고	★ 뛰다		책을	빌리다
물에	뜨다		옷을	★ 빨다
ㅁ			못을	빼다
물을	★ 마시다		풀을	뽑다
일을	★ 마치다		ㅅ	
길이	막히다		이웃을	★ 사귀다
친구를	★ 만나다		모자를	★ 사다
손을	만지다		고향이	생각나다
눈을	맞추다		앞에	서다
밥을	★ 먹다		귀국을	서두르다
차를	멈추다		공부를	★ 쉬다
가방을	메다		물건을	싣다
답을	★ 모르다		모기를	싫어하다
부모님을	모시다		꽃을	★ 심다
돈을	모으다		친구와	싸우다
사람이	모이다		돌을	★ 쌓다
음식이	모자라다		배추를	썰다
뜻을	★ 물어보다		글씨를	★ 쓰다

길잡이말	어휘
껌을	씹다
손을	★ 씻다
ㅇ	
강아지를	안다
자리에	앉다
한국을	★ 알다
안부를	여쭙다
문을	★ 열다
손님이	★ 오다
산 위로	올라가다
이름을	외우다
발이	움직이다
기쁘게	웃다
성공을	원하다
일찍	★ 일어나다
책을	★ 읽다
슬픔을	잊다
ㅈ	
늦게	★ 자다
건강하게	자라다
꼬리를	자르다
물고기를	★ 잡다
설명을	적다
소식을	전하다
종이를	접다
순서를	정하다
옷이	젖다
휴지를	★ 줍다
사람이	지나가다
즐겁게	지내다
소리를	지르다
낙서를	지우다
재산을	지키다
밥을	★ 짓다
사진을	★ 찍다

길잡이말	어휘
ㅊ	
발로 공을	차다
고통을	★ 참다
영화관을	찾아가다
춤을	추다
벽을	치다
ㅌ	
버스를	★ 타다
아들이	태어나다
감자를	튀기다
ㅍ	
사과를	★ 팔다
허리를	펴다
불을	★ 피우다
ㅎ	
공부를	하다
물이	흐르다
손을	흔들다
땀을	흘리다

형용사

길잡이말	어휘
ㄱ	
사이가	★ 가깝다
목이	가늘다
몸이	가볍다
모양이	간단하다
힘이	★ 강하다
성적이	★ 오르다
배가	고프다
맛이	괜찮다
나무가	굵다
소식이	궁금하다
얼굴이	★ 귀엽다
모든 일이	귀찮다
하는 일이	그렇다
가족이	★ 그립다
일이	급하다
만나서	★ 기쁘다
다리가	★ 길다
강물이	★ 깊다
손이	하얗다
방이	깨끗하다
ㄴ	
날씨가	★ 나쁘다
몸이	날씬하다
감기가	★ 낫다
책상이	★ 낮다
운동장이	넓다
산이	높다
걸음이	느리다
수업에	★ 늦다
ㄷ	
초콜릿이	달다
사무실이	답답하다

길잡이말	어휘
이불이	두껍다
날씨가	따뜻하다
얼굴이	똑같다
친구가	똑똑하다
몸이	뚱뚱하다
국이	★ 뜨겁다
ㅁ	
날씨가	★ 맑다
비빔밥이	맛있다
고추가	맵다
우체국이	멀다
안경이	★ 멋있다
가방이	★ 무겁다
뱀이	★ 무섭다
ㅂ	
일이	★ 바쁘다
손님이 와서	반갑다
빛이	밝다
성격이	부드럽다
배가	★ 부르다
가족 모두가	★ 부지런하다
사고가 난 게	분명하다
시험에 떨어져서	불쌍하다
얼굴이	붉다
성격이	비슷하다
물건 값이	★ 비싸다
비행기가	★ 빠르다
ㅅ	
바람이	선선하다
대우가	섭섭하다
가족이	소중하다
시험 문제가	★ 쉽다
헤어져서	★ 슬프다

길잡이말	어휘
바람이	★ 시원하다
채소가	신선하다
더위가	★ 싫다
친구가 없어	심심하다
오염이	심하다
반찬이	싱겁다
입장료가	★ 싸다
날씨가	쌀쌀하다
맛이	★ 쓰다
ㅇ	
정답이	아니다
야경이	★ 아름답다
발이	아프다
공부하기에	알맞다
몸이	★ 약하다
공책이	얇다
방 안이	어둡다
문제가	★ 어렵다
나이가	★ 어리다
얼굴이	예쁘다
한국어 공부한 지	오래되다
혼자라서	★ 외롭다
상황이	이렇다
시기가	이르다
길이	익숙하다
보람이	★ 있다
ㅈ	
키가	★ 작다
얼굴이	잘생기다
한국어 공부가	★ 재미있다
숙제가	★ 적다
기온이	적당하다
나이가	젊다
길이	좁다
기분이	★ 좋다

길잡이말	어휘
늦어서	죄송하다
영화가	지루하다
하루가	★ 짧다
ㅊ	
물이	차갑다
마음이	착하다
날씨가	춥다
음식이	충분하다
이웃과	친하다
ㅋ	
키가	★ 크다
ㅌ	
이가	튼튼하다
ㅍ	
하늘이	파랗다
마음이	★ 편하다
새싹이	푸르다
ㅎ	
일이 없어	한가하다
장식이	화려하다
인격이	★ 훌륭하다
날씨가	★ 흐리다
일이	힘들다

감탄사

어휘	길잡이말
ㄱ	
★ 그래	그래, 우리 열심히 공부하자
★ 글쎄	글쎄, 잘 모르겠어
그렇지	그렇지, 내 말이 맞았지?
ㄴ	
★ 네	네, 제가 맞아요
ㅁ	
★ 뭐	뭐? 나는 모르는 일이야
말이지	말이지, 그러면 안 돼
ㅅ	
★ 쉬	쉬, 조용히 해
ㅇ	
★ 아	아, 미안해
아이고	아이고, 내 잘못이야
★ 어머나	어머나, 반가워요
★ 여보세요	여보세요, 누구를 찾나요?
오냐	오냐, 잘 알았다
★ 옳지	옳지, 그렇게 하는 거야
ㅈ	
자	자, 이제 한국어 공부합시다
★ 저런	저런, 기회를 놓치고 말았네
ㅊ	
★ 천만에	천만에, 나는 모르는 일이야
ㅎ	
휴	휴, 이제 숙제를 끝냈다

02. 문법/문장

한국어 기초 문법

품사

❶ 명사: 사물이나 사람의 이름을 가리킨다.

구분	활용/예문
자립 명사	홀로 쓰이는 명사 예 하늘, 희망, 해, 강, 이순신 등
의존 명사	홀로 쓰이지 못하고 다른 것에 의지해서 쓰이는 명사 예 바, 나름, 것, 수, 대로, 만큼, 개, 명 등

❷ 대명사: 사람이나 사물의 이름이나 장소를 대신하여 가리킨다.

예 나(저), 당신, 그이, 그것, 여기 등

❸ 수사: 사물의 수량이나 순서를 가리킨다.

구분	활용/예문
양수사	수량을 나타내는 수사 예 하나, 둘, 일, 이 등
서수사	순서를 나타내는 수사 예 첫째, 둘째, 셋째, 제일, 제이, 제삼 등

❹ 동사: 주로 동작이나 상태를 나타낸다.

예 먹다, 자다, 가다, 있다 등

구분	활용/예문
어간	활용할 때에 변하지 않는다. 예 가다(가니, 가서 등)
어미	• 종결 어미: 문장의 끝을 맺어 준다. 예 자다, 먹자, 없구나!, 놀까?, 가라 등 • 연결 어미: 문장과 문장을 연결시켜 준다. 예 봄이 오면 꽃이 핀다. • 선어말 어미: 어간과 어말 어미 사이에 오는 어미이다. 예 가시다.

동사의 활용	동사에 어미가 붙어 문장에서 다양한 기능을 한다. 예 먹다(어간 + 어미 – <u>먹어서</u>, <u>먹으니</u>, <u>먹으니까</u> 등)
동사의 불규칙 활용	• 동사를 활용할 때 어간이나 어미가 바뀌거나 어간과 어미가 모두 바뀐다. 예 묻다(<u>물으니</u>, <u>물어서</u> 등 – 어간이 바뀜) 　　하다(<u>하여</u>, <u>하여서</u> 등 – 어미가 바뀜) 　　파랗다(<u>파래</u>, <u>파래서</u> – 어간과 어미가 바뀜) • 관형사형 어미: 동사를 관형사 형태로 바꾸어 준다. 예 먹<u>는</u> 물 • 부사형 어미: 동사를 부사 형태로 바꾸어 준다. 예 삼겹살을 먹<u>고</u> 싶다. • 명사형 어미: 동사를 명사 형태로 바꾸어 준다. 예 해가 떠야 날이 밝<u>음</u>을 안다.
사동사	대상에 대해 행위를 하거나 무엇을 시키는 동사이다. 예 옷을 입<u>히</u>다. / 옷을 입<u>게 하</u>다.
피동사	행위나 동작을 당하는 의미를 드러내는 동사이다. 예 그림이 벽에 걸<u>리</u>다.
'–이다' 동사	명사와 결합해 서술어를 만든다. 예 여기가 서울<u>이다</u>.

❺ 형용사: 주로 성질이나 상태를 나타낸다.

　예 뜨겁다, 덥다, 기쁘다, 아름답다 등

❻ 관형사: 어떤 대상이나 사물의 성질, 상태, 수량이나 순서를 나타내며, 주로 명사, 대명사, 수사를 꾸며준다.

구분	활용/예문
지시 관형사	특정한 대상을 지시하여 가리키는 관형사 예 이, 그, 저 등
성상 관형사	사람이나 사물의 모양 · 상태 · 성질을 나타내는 관형사 예 헌, 새, 첫, 온갖 등
수 관형사	사물의 수나 양을 나타내는 관형사 예 한, 두, 여섯 등

❼ 부사: 주로 문장에서 동사나, 형용사(용언, 서술어), 문장 전체를 꾸며준다.

구분	활용/예문
성상 부사(상태, 정도)	잘, 매우, 바로, 빨리, 펄펄, 천천히 등
지시 부사(장소, 시간)	이리, 저리, 그리, 어제, 오늘, 내일 등
부정 부사(용언 내용 부정)	안(아니), 못 등
양태 부사(화자의 태도)	과연, 정말, 다행히, 설마, 제발, 결코, 어찌 등
접속 부사(문장, 단어)	그러므로, 그래서, 그러나, 그런데 등

❽ 감탄사: 화자의 느낌, 놀람, 부름, 대답을 나타낸다.

구분	활용/예문
감정	아차, 아하, 어머나, 아이고, 휴, 저런
요구	자, 쉬, 아서라
긍정, 부정, 부르는 말	응, 네, 그래, 오냐, 아니, 여보세요
입버릇, 의미 없는 소리	어, 저, 말이지, 에헴

❾ 조사: 명사나 부사, 조사, 연결 어미에 붙어 문법적 관계를 나타낸다.

구분	활용/예문
격 조사	문장에서 일정한 자격을 갖게 한다. 예 주격 조사: 가/이 (날씨가 덥다. 봄이 왔다.) 목적격 조사: 를/을 (축구를 하다. 밥을 먹다.) 부사격 조사: 에/에서/에게 (서울에 가다. 미국에서 오다. 친구에게 주다.)
보조사	의미를 더해 주는 역할을 한다. 예 는/은(대조, 차이 – 나는 영어는 잘 하지만 한국어는 잘 못한다.) 만(단독 – 나만 제주도 여행을 간다.) 만큼(정도 – 나도 너만큼 기쁘다.)
접속 조사	어휘나 절을 연결해 주는 역할을 한다. 예 과/와(어휘 연결 – 나는 비빔밥과 불고기를 먹었다.) 고(절 연결 – 나는 밥을 먹고 학교에 갔다.)

시제

❶ 현재

- 말을 한 시간과 사건이 일어난 시간이 일치한다.
- 'V+는다/ㄴ다'의 형태로 실현된다.

구분	활용/예문
동작 동사	현재 동작이 진행되고 있음을 나타낸다. 예 지금 밥을 먹어요. 　어머니가 음식을 만드신다.
상태 동사	사물의 현재 상황이나 상태를 나타낸다. 예 오늘 날씨가 무척 더워요. 　꽃향기가 너무 좋아요.
'이다' 동사	명사 뒤에 붙어 서술어를 만든다. 예 저는 한국대학 학생입니다. 　오늘은 방학 첫 날이다.

❷ 과거

- 사건이 말보다 먼저 일어났음을 나타낸다.
- 'V+ㅆ, 았, 었'의 형태로 실현된다.

구분	활용/예문
동작의 완료	동작이 현재나 과거에 완료됨을 나타낸다. 예 갑자기 친구 생각이 났다. (현재 완료) 　그는 작년에 한국대학에 합격했다. (과거 완료)
동작이나 상태의 지속	동작이 끝나지 않고 과거에서 현재까지 계속됨을 나타낸다. 예 나는 여기서 너를 기다리고 있다. (기다리는 상태의 지속) 　철수는 안경을 쓰고 있다. (쓰고 있는 상태의 지속)

❸ 미래

- 말보다 사건이 나중에 일어남을 나타낸다.
- 'V+겠'의 형태로 실현된다.

구분	활용/예문
주어가 1인칭일 경우	말하는 사람의 의도나 의지를 나타낸다. 예 저는 내일 가겠어요. 　이제 그만 먹겠습니다.
주어가 2인칭일 경우	말하는 사람의 추측을 나타낸다. 예 내일은 비가 오겠다. 　철수는 지금 도서관에 있겠다.

한국어 어순

구분	예문
주어-서술어	예 날씨가 좋다.
주어-목적어-서술어	예 나는 밥을 먹었다.
주어-부사어-서술어	예 구름이 비로 변했다.
목적어-부사어-서술어	예 밥을 빨리 먹었다.
관형어-명사	예 나의 꿈
주어-보어-서술어	예 나는 학생이 아니다.

한국어 문장 종결법

❶ 평서문: 사실이나 상황에 대한 일반적인 서술을 나타내는 문장이다.

구분	활용/예문
일반 평서문	• 사실이나 상황에 대해 일반적으로 서술하는 문장이다. • '-ㅂ/습니다, -는/ㄴ다, -(으)네, -어(아/여)요, -어(아/여)' 형태로 실현된다. 예 눈이 옵니다. 책이 있습니다. 꽃이 피네. 눈이 와요. 눈이 와. 사과가 있어.
약속 평서문	• 말하는 사람의 의지가 들어간 약속을 나타내는 문장이다. • '-(으)ㄹ게요' 형태로 실현된다. 예 저 먼저 갈게요. 오늘 저녁은 제가 살게요. 제가 그 일을 도와 드릴게요.
확인 평서문	• 듣는 사람의 동의를 바탕으로 사실이나 상황을 확인하는 문장이다. • '-지요, -지' 형태로 실현된다. 예 저에게는 한국 유학의 꿈이 있었지요. 여름에는 수박이 제일 좋지.

❷ 의문문: 사실이나 상황에 대한 질문을 나타낸다.

구분	활용/예문
일반 의문문	• 모르는 사실이나 상황에 대한 순수한 물음을 나타낸다. • '-ㅂ/습니까?, -는/은가?, -나?, -는가요?' 등의 형태로 실현된다. 　예 우체국이 어디입니까? 　　시험이 언제인가? 　　밥은 먹었나? 　　도서관이 여기서 먼가요?
확인 의문문	• 상대방의 동의 여부를 묻는 의문문이다. • '-지?, -지요?'의 형태로 실현된다. 　예 내 한국어 실력이 많이 늘었지? 　　오늘 날씨가 더운데 시원한 아이스크림이 생각나지요?

❸ 청유문
- 말하는 사람이 상대방에게 행동을 같이 하기를 권유하는 내용이 나타난다.
- '-(으)ㅂ시다, (으)십시다, -자' 등의 형태로 실현된다.
　예 차례를 기다려 봅시다.
　　함께 한국어 공부를 하자.

❹ 명령문: 상대방의 행동을 금지하거나 무엇을 시키는 내용이 나타난다.

구분	활용/예문
일반 명령문	'-(으)십시오, -게, -라, -요' 등의 형태로 실현된다. 　예 오늘은 그만 돌아가 주십시오. 　　빨리 서둘러 주게. 　　쓰레기를 함부로 버리지 말아라. 　　열심히 공부하세요.
허락 명령문	'-렴, -려무나' 등의 형태로 실현된다. 　예 지금 가고 싶으면 가렴. 　　필요한 것이 있으면 말하려무나.

❺ 부정문

구분	활용/예문
'안' 부정 (짧은 부정)	행위자의 의지에 의해 행위가 일어나지 않음을 나타낸다. 예 여행을 안 가요. 사과를 안 먹어요. 운동을 안 해요. 요즘 나는 철수와 연락을 안 한다.
'V+-지 않다' (긴 부정)	예 수학을 좋아하는 학생은 많지 않다. 저는 등산을 좋아하지 않아요.
'못' 부정	행위자의 능력 부족이나 상황에 의해 행위가 일어나지 못함을 나타낸다. 예 내일 시험이라 영화관에 못 갔다. 가족 모임이 있어서 숙제를 못했다.
'V(A)'+'-지 못하다'(긴 부정)	예 저는 영어를 잘 하지 못합니다. 저는 아직도 한국을 잊지 못하고 있습니다. 교실이 깨끗하지 못합니다. 저는 한국어 발음이 정확하지 못합니다.
'이다'의 부정	'이다'의 부정은 '아니다'로 실현된다. 예 이것은 나의 책이 아니다. 철수는 나쁜 친구가 아닙니다.
'있다'의 부정	'있다'의 부정은 '없다'로 실현된다. 예 운동장에 학생들이 없다. 마실 물이 없습니다.
'말다'의 부정	'-지 마라, -지 마십시오'의 형태로 실현된다. 예 떠들지 마라. 큰 소리로 말하지 마십시오.

한국어 인용문

❶ 직접 인용문

- 다른 사람의 말과 생각을 그대로 나타낸다.
- 큰따옴표(" ") 형태로 실현된다.
- 따옴표 뒤에 '−라고 하다, −라고 말하다' 형태의 표현이 따라온다.

> 예 선생님께서는 "아버님께서 말씀하셨어."라고 하셨습니다.
> 철수는 내게 "빨리 가자."라고 말했다.

❷ 간접 인용문

- '−고 하다' 형태의 표현이 따라온다.

구분	예문
'동사'+'−ㄴ/는다고 하다'	예 철수는 서울에 산다고 해요. 시험이 끝나면 고향에 간다고 합니다.
'형용사'+'−다고 하다'	예 이번 한국어 시험이 작년보다 어려웠다고 합니다. 비행기로 가면 비싸다고 한다.
'명사'+'−(이)라고 하다'	예 저는 민영주라고 합니다. 철수의 친구는 회사원이라고 한다.

한국어 존댓말

❶ 주체 존대
- 문장에서 주어에 해당하는 대상을 높인다.
- '-(으)시'의 문법 요소로 실현된다.
  > 예 할아버지께서 내일 오십니다.
  > 교수님께서 방금 말씀하셨습니다.

❷ 상대 존대
- 말하는 사람이 듣는 사람을 높인다.
- 격식체(하십시오, 하오, 하게, 해라 등의 형태로 실현됨)
- 비격식체(해요, 해 등의 형태로 실현됨)
  > 예 안녕히 가십시오.
  > 안녕하세요.
  > 공부 열심히 해라.
  > 자리에 편하게 앉아요.
  > 떡볶이가 맛있게 먹어.

❸ 어휘에 의한 간접 존대: 문법적 요소가 아닌 어휘를 통해 높임을 나타낸다.

구분	예문	
동사의 경우	예 먹다 → 잡수시다 주다 → 드리다 있다 → 계시다	말하다 → 여쭙다 자다 → 주무시다
접미사 '-님'을 붙이는 경우	예 사장 → 사장님 아들 → 아드님	선생 → 선생님 어머니 → 어머님
명사의 경우	예 나이 → 연세 사람 → 분 말 → 말씀	집 → 댁 밥 → 진지
조사의 경우	예 -가/이 → 께서	-에게 → 께
대명사의 경우	예 나 → 저 * 낮춤을 통해 상대방을 높임	우리 → 저희

한국어 숫자

구분	활용/예문
순 한국어 숫자	순 한국어 숫자가 단위 명사와 결합한다. 예 한 개　　　　한 분　　　　한 명 　　한 살　　　　한 칸
한자어 숫자	한자어 숫자가 단위 명사와 결합한다. 예 일 년　　　　일 번　　　　일 인분 　　일 주일　　　일 층
대략의 숫자 표현	예 1~2 한두　　　2~3 두세　　　3~4 서너
형태가 바뀌는 숫자 표현	특정 단위 명사들과 결합될 때 숫자 형태가 바뀐다. 예 석 달　　　　석 잔　　　　서 말(곡식)　　　서 돈(금)
날짜 표현	아라비아 숫자를 순 한국어로 표현할 수 있다. 예 1일-하루　　　2일-이틀　　　3일-사흘　　　4일-나흘 　　5일-닷새　　　6일-엿새　　　7일-이레　　　8일-여드레 　　9일-아흐레　　10일-열흘

03. 실전 모의고사 어휘풀이

실전 모의고사 1회

TOPIK Ⅰ 교재의 실전 모의고사에 출제된 어휘를 직접 쓰면서 복습해 보세요.

01

한국어		영어	
여자 친구	여자 친구	girlfriend	girlfriend

02

한국어		영어	
사다		buy	
싫어하다		dislike	
좋아하다		like	
피아노를 치다		play the piano	

03

한국어		영어	
감기에 걸리다		have a cold	
공부하다		study	
만나다		meet	
뭐		what	
밥을 먹다		have a meal	
어제		yesterday	
오늘		today	
지금		now	

04

한국어		영어	
배우다		learn	
요리		dish	
집		home	

05

한국어		영어	
당신		you	
저		I	

06

한국어		영어	
괜찮다		fine/It's okay/No, thanks	
모르다		have no idea	
실례하다		Excuse me	

07

한국어		영어	
도서관		library	
문구점		stationery store	
비빔밥		Bibimbap	
주문하다		order	

08

한국어		영어	
계산하다		calculate	
우체국		post office	
편의점		convenience store	

09

한국어		영어	
박물관		museum	
출구		exit	

10

한국어		영어	
신발 가게		shoe store	
체육관		gym	

11

한국어		영어	
일하다		work	
직업		job	
취미		hobby	

12

한국어		영어	
계획		plan	
낚시		fishing	
쉬다		have a rest	
여가		free time	

13

한국어		영어	
독서		reading	
장점		advantage	
축제		festival	

14

한국어		영어	
사과		apology	
약속		promise	

15

한국어		영어	
모시다		serve	

16

한국어		영어	
기침		cough	

17

한국어		영어	
~에서 …까지		from ~ to …	
정보		information	

18

한국어		영어	
고르다		choose	
교환		exchange	
금반지		gold ring	
선물		gift	
안목		discernment	
영수증		receipt	

20

한국어		영어	
사진을 찍다		take a photograph	
휴가		vacation	

21

한국어		영어	
배달시키다		make a delivery	
주문하다		order	

22

한국어		영어	
다짐하다		assure	
우정		friendship	
재미있다		funny	
친구를 사귀다		make a friend	

23

한국어		영어	
색깔		color	
할인		discount	
환불		refund	

24

한국어		영어	
늦게		late	
혼자		alone	

25~26

한국어		영어	
굽다		toast	
만들다		make	
방법		way	

27~28

한국어		영어	
달리기		running	
던지기		throwing	

29~30

한국어		영어	
방문하다		visit	
추천하다		recommend	
홍보하다		promote	

33

한국어		영어	
꿈		dream	
미래		future	

35

한국어		영어	
덥다		hot	
선풍기		electric fan	

37

한국어		영어	
군것질을 하다		eat between meals	
날씬하다		slim	
뚱뚱하다		fat	

38

한국어		영어	
과연		indeed	
과음		heavy drinking	
혹시		maybe	

39

한국어		영어	
켜다		turn on	

40

한국어		영어	
대여료		rental fee	
입장료		entrance fee	
전시회		exhibition	

41

한국어		영어	
어렵다		difficult	
전문가		expert	

44

한국어		영어	
열심히		eagerly	

45

한국어		영어	
돌		stone	
유명하다		famous	

46

한국어		영어	
아르바이트		part-time job	
출시되다		be released	

48

한국어		영어	
존경하다		respect	

51~52

한국어		영어	
모양		shape	
본뜨다		imitate	

53~54

한국어		영어	
새치기하다		push in	

59~60

한국어		영어	
새콤달콤하다		sweet-and-sour	

61~62

한국어		영어	
도우미		assistant	

63~64

한국어		영어	
물기가 있다		wet	

67~68

한국어		영어	
아끼다		economize	
용돈		pocket money	

69~70

한국어		영어	
놀러 가다		go out	
된장을 담그다		make doenjang	
매달다		hang	
부엌		kitchen	

실전 모의고사 2회

01

한국어		영어	
부러지다		break	
연필		pencil	

03

한국어		영어	
~랑(와)		with someone	
버스를 타다		take a bus	
언제		when	

04

한국어		영어	
개봉하다		release	

05

한국어		영어	
(음식을) 주문하다		order	

06

한국어		영어	
비싸다		expensive	
신분증		identification card	

07

한국어		영어	
공항		airport	
식당		restaurant	

08

한국어		영어	
감기약		cold medicine	
미용실		beauty salon	
약국		pharmacy	

10

한국어		영어	
미술관		art gallery	
여행사		travel agency	

11

한국어		영어	
운동화		sneakers	
홈쇼핑		home shopping	

12

한국어		영어	
가구		furniture	
날짜		date	
사진		photo	

13

한국어		영어	
모자		hat	
손수건		handkerchief	
숫자		number	

14

한국어		영어	
금방		soon	
나이		age	
주소		address	

15

한국어		영어	
기다리다		wait	
운행하다		operate	
짝수		even number	

16

한국어		영어	
세탁		wash	
흘리다		spill	

17

한국어		영어	
맛있다		delicious	
생각하다		consider	

18

한국어		영어	
과제		assignment	
한가하다		free	

19

한국어		영어	
목		throat	
배		stomach	
아프다		sick	
진료하다		examine and treat	

20

한국어		영어	
여행을 가다		take a trip	
우산		umbrella	

21

한국어		영어	
깎다		cut the price	
부탁		request	
인상		impression	

22

한국어		영어	
분위기		mood	
얼른		quickly	
크다		grow up	

23

한국어		영어	
부족하다		lack	
주관식 문제		subjective question	

24

한국어		영어	
요금		fee	
빨리		rapidly	

25~26

한국어		영어	
비판		criticism	
소개		introduction	
어린이집		daycare center	

27~28

한국어		영어	
어버이날		Parent's day	
음악 감상		listening to music	
자전거		bike	

29~30

한국어		영어	
감자전		potato pancake	
알레르기		allergy	
탄산 음료		soda	

31

한국어	영어
잘하다	do well

32

한국어	영어
생일	birthday
태어나다	be born

34

한국어	영어
대화	conversation

35

한국어	영어
재료	ingredient

36

한국어	영어
깨끗하다	clean
넓다	wide
더럽다	dirty
청소하다	clean up

37

한국어	영어
계획을 세우다	make a plan
방학	vacation
지내다	spend

39

한국어	영어
춤을 추다	dance

40

한국어	영어
기상하다(일어나다)	wake up
취침하다(자다)	sleep

41

한국어	영어
출근하다	go to work

42

한국어	영어
결혼식	wedding

43

한국어	영어
축구하다	play soccer

44

한국어	영어
면접	interview
면접시험	an oral test
이발하다	have one's hair cut

45

한국어		영어	
잡념		idle thoughts	

46

한국어		영어	
보람이 있다		rewarding	
봉사 활동		voluntary service	

47

한국어		영어	
늦잠		oversleep	

48

한국어		영어	
몸이 약하다		weak	

49~50

한국어		영어	
계속하다		continue	
이해하다		understand	
정리하다		arrange	

51~52

한국어		영어	
관람하다		watch	
(신발을) 신다		wear (shoes)	
편리하다		convenient	

53~54

한국어		영어	
바다		ocean	
수박		watermelon	
여름		summer	
참외		Korean melon	

55~56

한국어		영어	
맵다		hot	
종류		kind	

58

한국어		영어	
성적		grade	

59~60

한국어		영어	
복잡하다		complicated	

63~64

한국어		영어	
문화		culture	
체험		experience	

65~66

한국어		영어	
관심		interest	
민화		folk painting	
종류		kind	

67~68

한국어		영어	
고기		meat	
소금		salt	
태권도		Taekwondo	

69~70

한국어		영어	
꿈을 이루다		achieve one's dream	
준비를 하다		prepare	

실전 모의고사 3회

01

한국어		영어	
형제		brothers	

03

한국어		영어	
시험을 보다		take an exam	

04

한국어		영어	
동화책		fairy tales	
만화책		comic book	

05

한국어		영어	
물 한 잔		a glass of water	

07

한국어		영어	
전철역		subway station	

09

한국어		영어	
~후에		after	

10

한국어		영어	
사과		apple	
과일 가게		fruit store	

12

한국어		영어	
약을 먹다		take medicine	

16

한국어		영어	
거울		mirror	
마음에 들다		like	
옷을 입다		try on clothes	
탈의실		fitting room	

17

한국어		영어	
~하러 가다		go to do something	

18

한국어		영어	
놀이공원에 가다		go to an amusement park	
비가 오다		it rains	

19

한국어		영어	
책을 읽다		read a book	

20

한국어		영어	
부모님		parents	
유학		studying abroad	
전화하다		make a phone call	
즐겁다		pleasant	
한국을 좋아하다		like Korea	
힘들다		hard	

21

한국어		영어	
숙제를 하다		do one's homework	

22

한국어		영어	
맛이 있다		delicious	
만들다		make	

23

한국어		영어	
시험에 합격하다		pass an examination	

24

한국어		영어	
불고기		Bulgogi	
A가 (B보다) 더 좋다		prefer A to B	
점심을 먹다		have a lunch	
짜장면		Jajangmyeon	

25~26

한국어		영어	
과학 영화		science film	
과학자		scientist	
자주 보다		meet(see) frequently	

27~28

한국어		영어	
구경		sightseeing	
어디		where	
~에 가고 싶다		want to go to (place)	

29~30

한국어		영어	
몇 분(사람)		how many people	
~물어보려고		to ask	
예매하다		book	
~하려고		to do	

31

한국어		영어	
요일		day of the week	

34

한국어		영어	
발을 다치다		hurt one's foot	

36

한국어		영어	
모래		sand	
목이 마르다		be thirsty	

37

한국어		영어	
춥다		cold	

40

한국어		영어	
기념품		souvenir	

41

한국어		영어	
친절하게		kindly	

42

한국어		영어	
음악회		concert	

43

한국어		영어	
김밥		Gimbab	

44

한국어	영어
일기 예보	weather forecast

45

한국어	영어
모기	mosquito
바람이 불다	windy
시원하다	cool
하늘이 푸르다	The sky is blue

46

한국어	영어
걷기	walking

47

한국어	영어
농구	basketball
키	height

48

한국어	영어
등산을 하다	climb a mountain
주말	weekend
평일	weekday

49

한국어		영어	
가끔		sometimes	
부드럽게		softly	
준비 운동		warming-up	

51~52

한국어		영어	
나무		tree	
방법		way	
심다		plant	
죽다		die	

53~54

한국어		영어	
돈		money	
명동		Myeong dong	
~하기 위해 ~하다		(do something) in order to do (something)	

55~56

한국어		영어	
유학생		international student	
1등		first prize	
혼자		alone	

57

한국어		영어	
멀다		far	
지각을 하다		be late	

58

한국어		영어	
카페		cafe	

59~60

한국어		영어	
겨울		winter	
느리다		slow	
미끄럽다		slippery	
빨리		quickly	
지하철		subway	

63~64

한국어		영어	
연락처		contact address	
전혀		not at all	
포장지		wrapping paper	
함께		with (someone, something)	
홍보하다		promote	

65~66

한국어		영어	
들어오다		come in	
따뜻하다		warm	
방		room	

67~68

한국어		영어	
빨래		laundry	
세탁기		washing machine	
손으로		by hand	
옛날		the past	

69~70

한국어		영어	
덥다		hot	
상품		product	
에어컨		air conditioner	
여름		summer	
인기 있다		popular	
자연 바람		natural wind	
켜다		turn on	
항상		always	

에듀윌 한국어능력시험
TOPIK I
종합서

저자의 말

사랑에는 국경이 없지만 언어에는 국경이 있다고 했습니다. 언어를 안다는 것은 곧 세상과의 소통을 의미합니다. 그 소통을 통해 닫힌 국경의 한계를 극복할 수 있습니다. 언어 공부는 단순한 문자 사용의 차원에 머무르지 않습니다. 언어 기능 학습을 넘어 한 나라의 문화를 이해하는 차원으로까지 나아가야 진정한 언어 공부가 완성됩니다.

이 책을 쓰기 위해 다음과 같은 과정을 거쳤습니다.
– 기출문제 분석을 통한 문제 유형화
– 유형별 문제 해결 방법 이론화
– 단계적 문제 해결 방안 모색

아울러 한국어 기초 능력 배양과 실전 문제 해결에 도움이 되도록, 부록 '어휘+문법 기출 PICK'을 만들었습니다. '어휘+문법 기출PICK'에는 다음과 같은 내용을 담았습니다.
– 품사별 중요 어휘 목록
– 한국어 기초 문법
– 실전 모의고사 관련 어휘 목록

이 책이 세상에 나오는 데 도움을 주신 에듀윌 대표님과 임직원 여러분, 그리고 토픽 담당 교재개발팀 여러분께 진심으로 감사의 말씀을 드립니다.

저자 **민 태 윤**

고려대학교 국어교육과 졸업
연세대학교 대학원 외국어로서의 한국어교육과 석사
고등학교 국어생활 교과서 공동 집필

前) EBS 교육방송 국어, 논술 교재 집필 위원
　　중국 산동성 요성대학교 초빙교수
　　중국 천진 사범대학 외래교수
　　주중북경 한국대사관 한국어 강사
　　대학수학능력시험 언어 영역 출제 · 검토위원

이 책에 있는 **3가지**

1

한눈에 보는
유형 + 개념
TOPIK 평가틀과 발문을 바탕으로 문항 유형을 정리하여,
각 유형별로 문제를 풀어내는 전략과 개념을 제시합니다.

2

단숨에 푸는
예상문제 + 모의고사
영역·유형별 예상문제와 실전 모의고사 3회분까지,
자신의 실력과 학습 시기에 맞게 풀어 볼 수 있는 문제를
아낌없이 수록했습니다.

3

입이 떡 벌어지는
단기합격팩
부록, 핵심특강, IBT 모의고사, 자동채점 서비스 등
목표 등급으로 합격할 수 있도록 돕는 다양한 무료 서비스를 제공합니다.

TOPIK의 모든 것

한국어능력시험 TOPIK이란?

한국어를 모국어로 하지 않는 재외동포 및 외국인의 한국어 학습 방향 제시, 한국어 보급 확대를 목적으로 하며, 한국어 사용 능력을 측정·평가하고 그 결과를 국내 대학 유학 및 취업 등에 활용할 수 있는 시험입니다.

• [주관기관] 교육부 국립국제교육원
• [유효기간] 성적 발표일로부터 2년간 유효

누가 응시할 수 있는 시험이죠?

한국어를 모국어로 하지 않는 재외동포 및 외국인으로서
• 한국어 학습자 및 국내 대학 유학 희망자
• 국내외 한국 기업체 및 공공 기관 취업 희망자
• 외국 학교에 재학 중이거나 졸업한 재외국민
※ 희망자는 한국인도 응시 가능

시험 결과는 어디에 활용할 수 있나요?

• 외국인 및 이수 재외동포의 국내 대학(원) 입학 및 졸업
• 국내외 기업체 및 공공 기관 취업
• 영주권 취업 등 체류비자 획득
• 정부 초청 외국인 장학생 프로그램 진학 및 학사 관리
• 국외 대학의 한국어 관련 학과 학점 및 졸업 요건

■ 시험 일정

구분		시험일	성적 발표일	시행 지역
PBT	제A회	매년 1월 중순경	매년 2월 말경	한국
	제B회	매년 4월 중순경	매년 5월 말경	한국, 해외
	제C회	매년 5월 중순경	매년 6월 말경	한국, 해외
	제D회	매년 7월 중순경	매년 8월 말경	한국, 해외
	제E회	매년 10월 중순경	매년 11월 말경	한국, 해외
	제F회	매년 11월 중순경	매년 12월 말경	한국, 해외
IBT	제A회	매년 2월 말경	매년 3월 중순경	한국, 해외
	제B회	매년 3월 말경	매년 4월 중순경	한국, 해외
	제C회	매년 6월 중순경	매년 7월 초경	한국, 해외
	제D회	매년 9월 중순경	매년 10월 초경	한국, 해외
	제E회	매년 10월 말경	매년 11월 중순경	한국, 해외
	제F회	매년 11월 말경	매년 12월 중순경	한국, 해외

– 최종 시험 일정은 반드시 TOPIK 홈페이지(topik.go.kr)를 통하여 확인하시기 바랍니다.
– 시험 결과는 발표 당일 15:00에 홈페이지를 통해 발표됩니다.

■ 원서 접수 기간(한국 기준)

구분		원서 접수 기간	비고
PBT	제A회	매년 12월 중순경	한국 접수만 해당
	제B회	매년 2월 중순경	
	제C회	매년 3월 중순경	
	제D회	매년 5월 중순경	
	제E회	매년 8월 중순경	
	제F회	매년 9월 중순경	
IBT	제A회	매년 12월 중순경	
	제B회	매년 1월 중순경	
	제C회	매년 4월 중순경	
	제D회	매년 7월 중순경	
	제E회	매년 8월 중순경	
	제F회	매년 9월 중순경	

– 해외 원서 접수 기간은 한국 내 접수 기간과 다르므로 국외 현지 시행 기관에서 확인하시기 바랍니다.
– 위 시험 일정과 원서 접수 기간은 국내외 시행 기관의 사정 등에 따라 변경될 수 있습니다.

TOPIK의 모든 것

■ 원서 접수 절차

TOPIK 홈페이지 로그인 ▶ 시험 및 수준 선택 ▶ 기본정보 입력 ▶ 시험장 선택 ▶ 사진 등록 및 정보 입력 ▶ 응시료 결제 ▶ 접수 완료

■ 문제지 종류(A · B형)

종류	A형	B형(홀수, 짝수)
시행 지역	미주 · 유럽 · 아프리카 · 오세아니아	아시아
시행 요일	토요일	일요일

■ 문항 구성

시험 수준	교시	영역(시간)	유형	문항 수	배점	총점
TOPIK I	1교시	듣기(40분)	선택형	30	100	200
		읽기(60분)	선택형	40	100	
TOPIK II	1교시	듣기(60분)	선택형	50	100	300
		쓰기(50분)	서답형	4	100	
	2교시	읽기(70분)	선택형	50	100	

• 선택형 문항(4지선다형)
• 서답형 문항(쓰기 영역)
  – 문장 완성형(단답형): 2문항
  – 작문형: 2문항(200~300자 정도의 중급 수준 설명문 1문항, 600~700자 정도의 고급 수준 논술문 1문항)

■ TOPIK I 시험의 진행 & 유의사항

시간	내용	유의사항
~ 09:20까지	시험실 입실 완료	수험표, 신분증 지참 09:20 이후 시험실 입실 절대 불가
09:20 ~ 09:50 (30분)	답안지 작성 안내 및 본인 확인	휴대폰 및 전자기기 제출
09:50 ~ 10:00 (10분)	문제지 배부 및 듣기 시험 방송	
10:00 ~ 10:40 (40분)	듣기 시험	
10:40 ~ 11:40 (60분)	읽기 시험	

▶ 유효 신분증을 지참하지 않은 경우 시험에 응시할 수 없습니다.
▶ 시험 시간, 쉬는 시간에 모든 전자기기를 사용할 수 없으며, 소지 적발 시에는 부정행위로 간주합니다.

※ 신분증 인정 범위
  • 기간 만료 전의 여권, 외국인등록증, 외국국적동포 국내거소신고증, 영주증, 복지 카드(장애인등록증), 대한민국 주민등록증(발급신청확인서), 대한민국 운전면허증
  • 대학(원)생의 경우 한국어능력시험 신원확인증명서 인정
  • 초·중·고등학생의 경우 한국어능력시험 신원확인증명서, 학생증(학교명/성명/사진/학교장의 직인 또는 철인이 있는 것), 청소년증 인정

I TOPIK의 모든 것

■ 등급별 평가 기준

구분	등급		평가 기준
TOPIK I	1급	80점 이상	자기 소개하기, 물건 사기, 음식 주문하기 등 생존에 필요한 기초적인 언어 기능을 수행할 수 있으며 '자기 자신, 가족, 취미, 날씨 등 매우 사적이고 친숙한 화제에 관련된 내용을 이해하고 표현할 수 있다.
			약 800개의 기초 어휘와 기본 문법에 대한 이해를 바탕으로 간단한 문장을 생성할 수 있다. 또한 간단한 생활문과 실용문을 이해하고, 구성할 수 있다.
	2급	140점 이상	전화하기, 부탁하기 등의 일상생활에 필요한 기능과 우체국, 은행 등의 공공시설 이용에 필요한 기능을 수행할 수 있다.
			약 1,500~2,000개의 어휘를 이용하여 사적이고 친숙한 화제에 관해 문단 단위로 이해하고 사용할 수 있다.
			공식적 상황과 비공식적 상황에서의 언어를 구분해 사용할 수 있다.
TOPIK II	3급	120점 이상	일상생활을 영위하는 데 별 어려움을 느끼지 않으며 다양한 공공시설의 이용과 사회적 관계 유지에 필요한 기초적 언어 기능을 수행할 수 있다.
			친숙하고 구체적인 소재는 물론, 자신에게 친숙한 사회적 소재를 문단 단위로 표현하거나 이해할 수 있다.
			문어와 구어의 기본적인 특성을 구분해서 이해하고 사용할 수 있다.
	4급	150점 이상	공공시설 이용과 사회적 관계 유지에 필요한 언어 기능을 수행할 수 있으며, 일반적인 업무 수행에 필요한 기능을 어느 정도 수행할 수 있다. 또한 뉴스, 신문 기사 중 비교적 평이한 내용을 이해할 수 있다. 일반적인 사회적 · 추상적 소재를 비교적 정확하고 유창하게 이해하고 사용할 수 있다.
			자주 사용되는 관용적 표현과 대표적인 한국 문화에 대한 이해를 바탕으로 사회 · 문화적인 내용을 이해하고 사용할 수 있다.
	5급	190점 이상	전문 분야에서의 연구나 업무 수행에 필요한 언어 기능을 어느 정도 수행할 수 있으며, 정치, 경제, 사회, 문화 전반에 걸쳐 친숙하지 않은 소재에 관해서도 이해하고 사용할 수 있다.
			공식적 · 비공식적 맥락과 구어적 · 문어적 맥락에 따라 언어를 적절히 구분해 사용할 수 있다.
	6급	230점 이상	전문 분야에서의 연구나 업무 수행에 필요한 언어 기능을 비교적 정확하고 유창하게 수행할 수 있으며, 정치, 경제, 사회, 문화 전반에 걸쳐 친숙하지 않은 주제에 관해서도 이해하고 사용할 수 있다.
			원어민 화자의 수준에는 이르지 못하나 기능 수행이나 의미 표현에는 어려움을 겪지 않는다.

출제 패턴 완벽 분석!

문항 번호 题号 No	영역(출제 비율) 领域(出題比率) Area(Percentage of examination questions)		유형 类型 Types	문제 수(배점) 问题数量(分值) The number of questions(Point)
[1~30]	듣기 (100점) 听力 (100分) Listening (100 points) (43%)	[1~24] 단독문제 24문항 单独问题 24个问题 24 questions (34%)	이어지는 내용 유추 类推下文 Choosing the best choice for what would follow after listening	6(4~3)
			대화의 장소 또는 화제 파악 对方场所或者话题的把握 Figuring out the place and subject in conversation	8(4~3)
			대화 상황에 알맞은 그림 파악 找出符合对话场景的图画 Choosing the correct picture according to the dialogues	2(4)
			대화 상황과 같은 내용 파악 掌握符合对方话情景的内容 Choosing the choice that agrees with the content of the conversation	5(3)
			중심 생각 파악 掌握中心思想 Finding the main idea	3(3)
		[25~30] 통합문제 6문항 综合问题 6个问题 Some questions per passage 6 questions (9%)	대화의 목적 파악 掌握对话主题 Choosing the purpose of dialogue	1(3)
			대화의 중심 내용 파악 掌握对话中心内容 Choosing the main content	1(3)
			대화 상황에서 이유 파악 掌握对话情景中的原因 Figuring out the reason in situation of the conversation	1(3)
			대화 상황과 같은 내용 파악 掌握与对话情景一致的内容 Choosing the choice that agrees with the content of the conversation	3(4)
[31~70]	읽기 (100점) 阅读 (100分) Reading (100 points) (57%)	[31~48, 57~58] 단독문제 20문항 单独问题 20个问题 20 questions (28.5%)	문장의 중심 소재 파악 掌握句子的主题 Understanding the main theme of the sentence	3(2)
			빈칸 채우기 填空 Filling in the blank	6(3~2)
			실용문 / 맞지 않는 내용 파악 实用文 / 找出不一致内容 Practical Sentence / Choosing the incorrect content	3(3)
			글 / 같은 내용 파악 文章 / 找出一致内容 Content / Choosing the same content	3(3~2)
			글의 중심 내용 파악 掌握文章的中心正题 Finding the main idea	3(3~2)
			글의 흐름 파악 掌握文章动向 Understanding the flow of the contents	2(3~2)
		[49~56, 59~70] 통합문제 20문항 综合问题 20个问题 some questions per passage 20 questions (28.5%)	빈칸 채우기 填空 Filling in the blank	8(3~2)
			글의 사실적 이해 (글 / 같은 내용 파악, 글의 중심 내용 파악, 문장이 들어갈 위치 파악, 글을 쓴 이유 파악) 理解文章(文章 / 找出一致内容, 找出文章中心内容, 找出句子的准确位置, 找出写文章的理由) Understanding content(Content / figuring out the same content, Figuring out the main topic, Finding the right place to put the sentence, Figuring out the reason why writer has written this content)	12(3~2)

30문항
100점!

40문항
100점!

구성과 특징

1

듣기·읽기의 Skill

어떠한 문제가 나와도 자신 있게 풀어 낼 수 있는 듣기와 읽기 영역의 Skill!

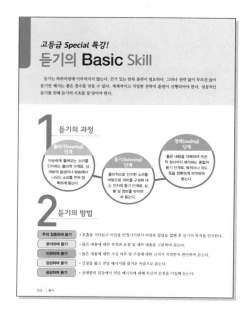
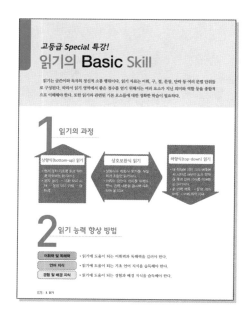

2

기출문제 완벽 분석

기출패턴 분석으로 TOPIK Ⅰ 영역별 문제 유형 정리, 예상문제 제시!

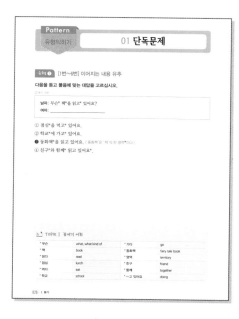
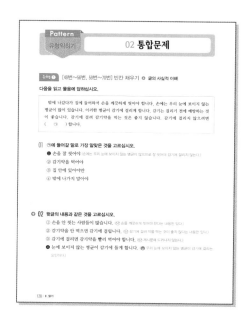

3 '한국어+중국어+영어' 다국어 해설

한국어와 중국어, 영어 해설을 한눈에!
다국어로 해설을 제시하여 바로 문제풀이에 적용!

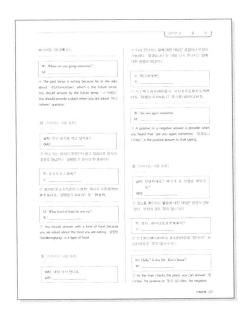

4 특별부록 · 무료특강 · 듣기 MP3

주요 어휘와 문법을 담은
어휘+문법 기출PICK

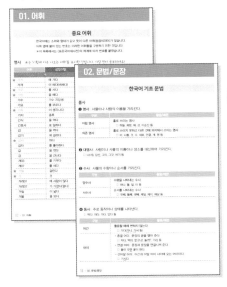

수험생의 부담을 덜어 주는
TOPIK Ⅰ 핵심특강!

에듀윌 도서몰(book.eduwill.net)에서 수강할 수 있습니다.

 듣기 MP3 음원 다운로드

에듀윌 도서몰(book.eduwill.net) → 도서자료실 → MP3 자료실
※ 교재 내 QR 코드를 통해서도 들을 수 있습니다.

차례 & 공부 계획표

스스로 학습진도를
체크해 보세요!

듣기

"

핵심 어휘에 귀를 기울이세요.
그 몇 개의 어휘만 정확히 들어도 답이 보입니다.

"

TOPIK

듣기

[01번~30번]

I

고등급 *Special* 특강!
듣기의 **Basic** Skill

듣기는 하루아침에 이루어지지 않는다. 끈기 있는 반복 훈련이 필요하다. 그러나 전략 없이 무조건 많이 듣기만 해서는 좋은 점수를 얻을 수 없다. 체계적이고 치밀한 전략적 훈련이 선행되어야 한다. 성공적인 듣기를 위해 듣기의 기초를 잘 닦아야 한다.

1 듣기의 과정

청해(auding) 단계

들은 내용을 이해하여 주관적 정서까지 해석하는 종합적 듣기 단계로, 목적이나 의도 등을 정확하게 파악하며 듣는다.

들리기(hearing) 단계

단순하게 들려오는 소리를 인지하는 물리적 단계로, 상대방의 음성이나 방송에서 나오는 소리를 먼저 정확하게 듣는다.

듣기(listening) 단계

물리적으로 인지한 소리를 바탕으로 의미를 구성해 내는 인지적 듣기 단계로, 상황 및 정보를 파악하며 듣는다.

2 듣기의 방법

주의 집중하며 듣기	• 호흡을 가다듬고 마음을 안정시키면서 머릿속 잡념을 없앤 후 듣기의 목적을 인식한다.
분석하며 듣기	• 들은 내용에 대한 목적과 요점 및 세부 내용을 구분하며 듣는다.
비판하며 듣기	• 들은 내용에 대한 사실 여부 및 주장에 대한 근거가 적절한지 판단하며 듣는다.
감상하며 듣기	• 긴장을 풀고 전달 메시지를 즐거운 마음으로 듣는다.
공감하며 듣기	• 상대방의 입장에서 전달 메시지에 대해 자신의 감정을 이입해 듣는다.

3 일반적 듣기 능력 향상 전략

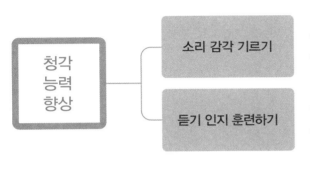

청각 능력 향상

소리 감각 기르기
- 다양한 소리를 듣고 특성 구별해 보기
- 상대방의 말을 듣고 내용 구별해 보기

듣기 인지 훈련하기
- 다양한 소리를 듣고 소리 나는 곳을 구별해 보기
- 상대방의 말을 듣고 전달 메시지를 이해해 보기

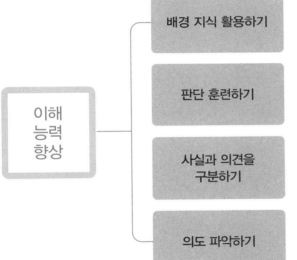

이해 능력 향상

배경 지식 활용하기
- 자신의 경험이나 배경 지식을 동원해 들은 내용 이해하기

판단 훈련하기
- 들은 내용에 대한 진위 여부를 판단하는 연습하기
- 상대방의 발화 목적을 판단하며 듣는 연습하기
- 상대방의 말에 대한 적합성을 판단하며 듣는 연습하기

사실과 의견을 구분하기
- 들은 내용에 대한 사실(객관)과 의견(주관)을 구별해 듣는 연습하기

의도 파악하기
- 상대방이 전달하고자 하는 내용이 무엇인지 파악하는 연습하기
- 중심 화제를 파악하는 연습하기

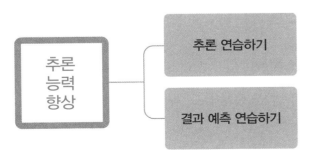

추론 능력 향상

추론 연습하기
- 다양한 소리를 듣고 상황을 예측해 보는 연습하기
- 발화의 앞이나 뒤, 중간 부분을 비우고 생략된 부분의 내용을 예측해 보는 연습하기

결과 예측 연습하기
- 상황이나 사실에 대한 결과를 예측하는 연습하기

세부적 듣기 능력 향상 전략

(1) 내용 측면에서의 전략

> ❶ 발화의 화제를 파악하며 듣는다.
> - **중심 화제 파악**: 발화의 중심 내용을 신속하게 메모하며 듣는다.
> - **부수적 화제 파악**: 발화의 중심 내용을 뒷받침하는 내용을 메모하며 듣는다.

> ❷ 발화의 대상을 파악하며 듣는다.
> - **중심 대상 파악**: 발화에 등장하는 대상(사람, 사물)을 신속하게 메모하며 듣는다.
> - **부수적 대상 파악**: 중심 대상을 뒷받침하는 대상을 메모하며 듣는다.

> ❸ 발화의 정보 내용을 파악하며 듣는다.
> - **개괄적 정보 파악**: 발화에 드러나는 여러 정보를 신속하게 메모하며 듣는다.
> - **핵심 정보 파악**: 발화에 드러나는 중요한 정보를 메모하며 듣는다.

> ❹ 발화에서 정보 간의 관계를 파악하며 듣는다.
> - **상위 정보 파악**: 발화 내용 중에 하위 내용을 포괄하는 상위 정보를 메모하며 듣는다.
> - **하위 정보 파악**: 상위 내용에 포함되는 하위 정보를 메모하며 듣는다.

❺ 발화의 상황을 판단하며 듣는다.

물건 사기	물건의 종류, 물건을 사는 장소, 물건을 산 시간, 물건의 양이나 가격 등을 신속하게 메모하며 듣는다.
음식 주문하기	음식을 주문하는 장소, 주문하는 음식의 종류, 종업원의 성별, 주문하는 음식의 가짓수, 음식의 가격 등을 메모하며 듣는다.
길 묻기	길을 묻는 장소, 상대방의 성별, 목적지까지의 거리, 목적지에 도달하는 방법 등을 메모하며 듣는다.
시험 보기	시험 시작과 끝 시간, 시험을 보는 장소, 시험 과목, 시험을 보는 요일, 시험을 보는 목적 등을 메모하며 듣는다.
영화 보기	영화의 제목, 영화의 종류, 영화의 내용, 영화관이 위치한 곳, 영화를 보는 시간, 영화 표의 가격 등을 메모하며 듣는다.
운동하기	운동의 종류, 운동하는 장소, 운동하는 시간 등을 메모하며 듣는다.
음식 만들기	음식의 종류, 음식을 만드는 재료, 음식을 만드는 시간과 장소, 음식의 맛, 음식의 특징 등을 메모하며 듣는다.
부탁하기	부탁의 내용, 부탁의 대상, 부탁에 대한 상대방의 반응, 부탁의 원인, 부탁의 결과 등을 메모하며 듣는다.
설명하기	설명 대상, 설명 방법, 설명 시간, 설명에 대한 상대방의 반응 등을 메모하며 듣는다.
소개하기	소개 대상, 소개하는 장소와 시간, 소개의 목적, 소개 방법, 소개의 결과 등을 메모하며 듣는다.
주장하기	주장하는 내용, 주장의 근거, 주장의 결과, 주장에 대한 상대방의 반응 및 태도 등을 메모하며 듣는다.
칭찬하기	칭찬의 대상, 칭찬의 방법, 칭찬의 이유나 근거, 칭찬에 대한 상대방의 반응 등을 메모하며 듣는다.
비판하기	비판의 대상, 비판의 목적, 비판의 이유, 비판에 대한 상대방의 반응이나 태도 등을 메모하며 듣는다.

❻ 발화가 이루어지는 장소를 예측하며 듣는다.

시장이나 상점	발화 내용 중에 물건의 종류나 가격, '싸다, 비싸다, 팔다, 사다' 등의 어휘가 드러나는지 판단하며 듣는다.
우체국	발화 내용 중에 우표나 편지, '부치다' 등의 어휘가 드러나는지 판단하며 듣는다.
도서관	발화 내용 중에 '책(책 제목), 읽다, 빌리다, 좌석, 입구, 출구' 등의 어휘가 드러나는지 판단하며 듣는다.
학교	발화 내용 중에 '교실, 선생님, 학생, 숙제, 공부, 배우다, 가르치다' 등의 어휘가 드러나는지 판단하며 듣는다.
병원	발화 내용 중에 '주사, 의사, 간호사, 약, 처방, 구급차, 환자, 보호자' 등의 어휘가 드러나는지 판단하며 듣는다.
정류장	발화 내용 중에 '버스, 기차, 차표, 출발, 신호, 운전기사, 정류장, 내리다, 타다, 서다, 가다' 등의 어휘가 드러나는지 판단하며 듣는다.
영화관	발화 내용 중에 '매표소, 매진, 영화, 보다, 관객, 입구, 출구, 비상구' 등의 어휘가 드러나는지 판단하며 듣는다.
정육점	발화 내용 중에 '소고기, 돼지고기, 근, 그램, 킬로그램, 사다, 팔다, 1등급' 등의 어휘가 드러나는지 판단하며 듣는다.
은행	발화 내용 중에 '환전, 안내, 대기표, 돈, 찾다, 바꾸다, 예금하다, 출금하다' 등의 어휘가 드러나는지 판단하며 듣는다.
회사	발화 내용 중에 '출근, 퇴근, 결재, 기안, 출장, 외근, 회의, 월급, 일' 등의 어휘가 드러나는지 판단하며 듣는다.
집	발화 내용 중에 '가족, 엄마, 아빠, 할머니, 할아버지, 아들, 딸, 휴식, 거실, 안방' 등의 어휘가 드러나는지 판단하며 듣는다.
기숙사	발화 내용 중에 '유학생, 입사, 퇴사, 방, 식당, 도서관, 공동 세탁기' 등의 어휘가 드러나는지 판단하며 듣는다.

❼ 발화에 등장하는 대상 간의 관계를 파악하며 듣는다.

가족	발화 내용 중에 '아빠, 엄마, 아들, 딸' 등의 어휘가 드러나는지 판단하며 듣는다.
부부	발화 내용 중에 '여보, 당신, 남편, 아내' 등의 어휘가 드러나는지 판단하며 듣는다.
친구	발화 내용 중에 '우정, 놀다, 도와주다' 등의 어휘가 드러나는지 판단하며 듣는다.
형제자매	발화 내용 중에 '형, 동생, 누나, 아우, 언니, 오빠' 등의 어휘가 드러나는지 판단하며 듣는다.
부모와 자식	발화 내용 중에 '아빠, 엄마, 아들, 딸, 잔소리, 용돈, 주다, 받다, 공부, 귀가' 등의 어휘가 드러나는지 판단하며 듣는다.
교사와 학생	발화 내용 중에 '선생님, 학생, 제자, 숙제, 검사, 청소, 성적, 시험, 교실, 교무실' 등의 어휘가 드러나는지 판단하며 듣는다.
감독과 선수	발화 내용 중에 '운동, 연습, 선발, 교체, 승리, 패배' 등의 어휘가 드러나는지 판단하며 듣는다.
주인(상점이나 식당 포함)과 손님	발화 내용 중에 '초대, 방문, 접대, 주문, 계산, 깎아주다' 등의 어휘가 드러나는지 판단하며 듣는다.

❽ 발화의 공간적 위치를 파악하며 듣는다.
- **전후좌우(前後左右), 상하(上下)의 경우:** 발화 내용 중에 앞, 뒤, 왼쪽, 오른쪽, 위, 아래 등의 어휘 쓰임에 주목하며 듣는다.

❾ 발화의 시간을 파악하며 듣는다.

오전	발화 내용 중에 '아침, 오후 이전, 점심 이전' 등의 표현에 주목하며 듣는다.
오후	발화 내용 중에 '저녁 전, 오전 이후, 점심 이후' 등의 표현에 주목하며 듣는다.
점심	발화 내용 중에 '아침 후 저녁 전, 아침 이후 저녁 전 식사' 등의 표현에 주목하며 듣는다.
저녁	발화 내용 중에 '오후 이후 밤 전, 점심 이후의 식사' 등의 표현에 주목하며 듣는다.
밤	발화 내용 중에 '저녁 이후 시간, 하루 일이 끝난 늦은 시간' 등의 표현에 주목하며 듣는다.

❿ 발화의 계절 배경을 파악하며 듣는다.

봄	발화 내용 중에 '새싹, 따뜻하다, 꽃, 피다' 등의 어휘 쓰임에 주목하며 듣는다.
여름	발화 내용 중에 '덥다, 수박, 푸르다, 봄 다음의 계절' 등의 어휘 쓰임과 표현에 주목하며 듣는다.
가을	발화 내용 중에 '낙엽, 단풍, 수확, 국화, 여름 다음의 계절' 등의 어휘 쓰임과 표현에 주목하며 듣는다.
겨울	발화 내용 중에 '눈, 춥다, 바람, 얼음, 귀마개, 장갑, 스키, 가을 다음의 계절' 등의 어휘 쓰임과 표현에 주목하며 듣는다.

(2) 문법적 측면에서의 전략

❶ 문장 유형에 드러나는 내용을 파악하며 듣는다.

평서문	발화에서 무엇이 긍정적으로 표현되고, 무엇이 부정적으로 표현되고 있는지 판단하며 듣는다.
의문문	발화에서 무엇에 대해 묻고 있는지 판단하며 듣는다.
명령문	발화에서 누구에게 무엇을 요구하고 있는지 판단하며 듣는다.
청유문	발화에서 누구를 대상으로 행동이나 생각의 변화를 요구하고 있는지 판단하며 듣는다.
감탄문	발화에서 누가 무엇에 대해 감정을 드러내는지 판단하며 듣는다.

❷ 문장 성분에 드러나는 내용을 파악하며 듣는다.

주어	• 발화에서 '무엇이'에 해당하는 것을 메모하며 듣는다. • 발화에서 '이/가, 은/는'이 결합돼 이루어진 말이 무엇인지 판단하며 듣는다.
목적어	• 발화에서 '무엇을'에 해당하는 것을 메모하며 듣는다. • 발화에서 '을/를'이 결합돼 이루어진 말이 무엇인지 판단하며 듣는다.
서술어	• 발화에서 '어찌하다'에 해당하는 것을 메모하며 듣는다. • 발화에서 동사, 형용사와 서술격 조사 '이다'가 결합돼 이루어진 말이 무엇인지 판단하며 듣는다.
부사어	• 발화에서 '어찌'에 해당하는 것을 메모하며 듣는다. • 발화에서 부사격 조사(에/에서, (으)로 등)가 결합돼 이루어진 말이 무엇인지 판단하며 듣는다.
관형어	• 발화에서 꾸밈을 받는 말의 상태나 성질을 메모하며 듣는다. • 발화에서 관형격 조사 '의'나 용언의 관형사형 어미가 결합돼 이루어진 말이 무엇인지 판단하며 듣는다.
독립어	• 발화에서 감정이 드러나는 말을 메모하며 듣는다. • 발화에서 놀람, 슬픔, 당황을 드러내는 어휘(아, 아이고, 이런 등)가 무엇인지 판단하며 듣는다.

(3) 문장과 어휘 측면에서의 전략

> ❶ 발화에서 중심 내용을 담고 있는 문장을 파악하며 듣는다.
>
> • **중심 문장**: 발화의 중심 문장에 드러나는 내용, 대상, 소재가 무엇인지 판단하며 듣는다.
> • **뒷받침 문장**: 발화의 뒷받침 문장 속에 중심 내용을 보조하는 내용, 대상, 소재가 무엇인지 판단하며 듣는다.

> ❷ 발화에서 중심 내용이나 정보, 상황을 드러내는 어휘를 파악하며 듣는다.
>
> • **핵심어**: 발화에서 중심 내용, 정보, 상황을 드러내는 어휘가 무엇인지 판단하며 듣는다.
> • **부수어**: 발화에서 핵심어를 보조하는 어휘가 무엇인지 판단하며 듣는다.

5 듣기 영역 문제 풀이 비법

 ❶ 선택지를 먼저 본다.

- 방송이 나오기 전에 선택지에 드러난 개념어, 어휘, 서술어 등에 신속하게 밑줄을 친다.

❷ 화제가 무엇인지 판단한다.

- 발화에 나오는 중심 내용이 무엇인지 신속하게 메모한다.

❸ 발화의 상황이 무엇인지 판단한다.

- 발화에 드러나는 내용이 어떤 상황인지 신속하게 메모한다.

❹ 문제의 내용이 무엇인지 판단한다.

- 무엇을 묻고 있는지 신속하게 메모한다.

❺ 중심 문장이나 어휘가 무엇인지 판단한다.

- 발화나 대화 내용에서 중심 문장이나 어휘가 무엇인지 신속하게 메모한다.

❻ 메모하면서 듣고 선택지와 비교 후 정답을 판단한다.

- 핵심 어휘를 메모하면서 듣고 선택지와 신속하게 비교한다.
- 발화의 내용이 선택지에 있는 그대로 표현되었는지, 또는 변형되어 표현되었는지 신속하게 비교하며 메모한다.

01 단독문제

유형 ❶ [1번~6번] 이어지는 내용 유추

다음을 듣고 물음에 맞는 대답을 고르십시오.

🎧 듣기 대본

> **남자:** 무슨* 책*을 읽고* 있어요?
>
> **여자:** _____

① 점심*을 먹고* 있어요.

② 학교*에 가고* 있어요.

❸ 동화책*을 읽고 있어요. ('동화책'은 '책'의 한 영역*이다.)

④ 친구*와 함께* 읽고 있어요*.

📖 TOPIK I 끝내기 어휘

*무슨	what, what kind of	*가다	go
*책	book	*동화책	fairy tale book
*읽다	read	*영역	territory
*점심	lunch	*친구	friend
*먹다	eat	*함께	together
*학교	school	*~고 있어요	doing

[1번~6번] '이어지는 내용 유추' 듣기의 기술

Skill

대화를 듣고 이어질 내용을 유추하는 문제 유형이다. 무엇을 묻고 있는지 먼저 파악한다. 아울러 답변을 유도하는 말이 무엇인지 판단한다.

문제에 나온 대화에서 남자는 여자에게 읽고 있는 책의 영역을 묻고 있다. 대화에서 책을 꾸미는 수식어 '무슨'이 답변을 유도하는 말이다. 이러한 '무슨'에 어울리는 대답은 책의 분야에 해당하는 것이어야 한다. 선택지에서 '동화책'이 책의 한 영역에 해당한다.

문제 해결의 Tip

의문문의 물음 형식

행위의 주체	누가 ~합니까?, 누가 ~갑니까?, 누가 ~먹습니까?, 누가 ~옵니까? 등
시간	언제 ~합니까?, 언제 ~갑니까? 등
장소	어디 ~갑니까?, 어디에서 ~합니까? 등
목적, 행위	무엇을 ~입니까?, 무엇을 ~고 있나요? 등
방법, 수단	어떻게 ~합니까?, 어떻게 ~갑니까? 등

의문문의 답변 형태

긍정	예, ~입니다, ~있어요 등
부정	아니요, ~아닙니다, ~없어요 등

유형 ② [7번~10번] 대화의 장소 파악

여기는 어디입니까? 알맞은 것을 고르십시오.

🎧 듣기 대본

> **여자:** 20*번* 자리*가 어디*예요?
> **남자:** 영화 표* 좀 보여 주세요*.

① 은행*

② 공항*

❸ 영화관* ('영화 표'는 영화관에서 필요한 것이다.)

④ 도서관*

유형 ②-1 [11번~14번] 대화의 화제 파악

무엇에 대해 말하고 있습니까?

> **여자:** 누구*예요?
> **남자:** 이 분*은 제* 어머니*이고, 저 분은 제 아버지*입니다.

① 친구*

❷ 부모* ('어머니'와 '아버지'를 '부모'라고 한다.)

③ 이웃*

④ 친척*

📖 TOPIK I 끝내기 어휘

*20	twenty	*누구	who
*번	number	*분	person
*자리	seat	*제	my
*어디	where	*어머니	mother
*영화 표	movie ticket	*아버지	father
*보여 주다	show	*친구	friend
*은행	bank	*부모	parents
*공항	airport	*이웃	neighbor
*영화관	theater	*친척	relation
*도서관	library		

[7번~14번] '대화의 장소 또는 화제 파악' 듣기의 기술

Skill

대화를 듣고 구체적인 장소나 화제를 찾는 문제 유형이다. 우선 장소가 어디인지를 유추할 수 있는 말이 무엇인지 판단하고, 중심 화제가 무엇인지 파악한다.

제시된 문제는 세부적으로 장소를 파악하는 유형이다. '20번 자리'와 '영화 표'가 영화관이라는 장소를 유추하게 해 주는 말에 해당한다.

💡 문제 해결의 Tip

✍ **장소를 묻는 의문문의 형태 및 관련 어휘**
① 물음 형태: ~가 어디예요?, ~가 어디입니까? 등
② 장소별 관련 어휘

영화관에서	~번 자리(좌석), 영화 표, 상영, 제목, 재미있다, 재미없다 등
박물관에서	유물, 전시실, 역사, 옛날, 오래되다 등
시장에서	채소, 과일, 생선, 고기, 가격, 싸다, 비싸다 등
공항에서	비행기, 도착, 출발, 좌석, 일등석, 승무원 등
은행에서	예금, 출금, 안내원, 창구, 돈, 찾다, 입금하다 등

✍ **화제를 묻는 의문문의 형태 및 관련 어휘**
① 물음 형태: 무엇이에요?, 누구예요? 등
② 화제별 관련 어휘

관계	가족, 부모, 친구, 이웃, 동료 등
취미	여행, 운동, 독서, 등산, 음악 감상 등

유형 ❸ [15번~16번] 대화 상황에 알맞은 그림 파악

대화를 듣고 알맞은 그림을 고르십시오.

🎧 듣기 대본

> **남자:** 미국 돈* 100달러를 한국 돈으로 바꿔* 주세요.
>
> **여자:** 어서 오세요*. 잠깐만 기다려 주세요*.

①

②

③

❹

(100달러를 받고 있는 여자가 은행 직원이다.)

📖 TOPIK I 끝내기 어휘

*돈	money	*어서 오세요	come on in
*바꾸다	exchange	*잠깐만 기다려 주세요	please wait a moment

[15번~16번] '대화 상황에 알맞은 그림 파악' 듣기의 기술 *Skill*

대화 상황에 적절한 그림을 찾는 문제 유형이다. 우선 대화의 전체적인 상황을 이해한다. 아울러 대화자의 행동이나 모습을 파악한다.

문제에 제시된 대화는 남자가 은행에서 환전을 하는 상황이다. 또한 은행 여직원은 남자 손님을 맞이하고 있다. 따라서 이에 어울리는 그림, 즉 환전 장면이 구체적으로 드러나는 그림이 답에 해당한다.

💡 문제 해결의 Tip

🖉 그림과 연결하여 자주 출제되는 대화 상황 및 어휘

길 묻기	길, 오른쪽, 왼쪽, 건너편, 맞은편, 똑바로, 직진 등
물건을 둔 장소 묻기	위, 아래, 앞, 뒤, 오른쪽, 왼쪽 등
음식 주문하기	음식의 종류, 메뉴판을 보여 주는 모습, 음식을 먹는 모습 등
물건 사기	점원이 손님을 맞이하는 모습, 물건 값을 치르는 모습 등

유형 ④ [17번~21번] 대화 상황과 같은 내용 파악

다음을 듣고 대화 내용과 같은 것을 고르십시오.

🎧 듣기 대본

> **남자:** 그* 책상* 뭐예요?
>
> **여자:** 네, 이* 책상 이제* 필요 없어서요*.
>
> **남자:** 제가 책상이 없는데 주시겠어요*?
>
> **여자:** 네, 드릴게요.

① 남자는 책상을 샀습니다*. (☹ 남자가 책상을 샀다는 내용은 나오지 않는다.)

❷ 남자는 책상이 필요합니다. (😀 남자에게는 지금 책상이 없다.)

③ 여자는 버릴* 물건*이 많습니다. (☹ 여자는 책상 외의 다른 물건에 대해서는 말하지 않았다.)

④ 여자는 해야 할* 일이 없습니다. (☹ 여자는 자신이 해야 할 일에 대한 말은 하지 않았다.)

📖 TOPIK Ⅰ 끝내기 어휘

*그	that	*주다	give
*이	this	*사다	buy
*책상	desk	*버리다	throw away
*이제	now	*물건	thing
*필요 없다	unnecessary	*해야 한다	have to, must

[17번~21번] '대화 상황과 같은 내용 파악' 듣기의 기술

Skill

대화 내용과 같은 것을 찾는 문제 유형이다. 우선 화제나 상황이 무엇인지 판단한다. 아울러 대화의 상황이나 화제를 드러내는 어휘가 무엇인지 파악한다.

문제에 제시된 대화는 버리는 책상을 얻으려는 남자와 상대방 여자가 나누는 대화이다. 이 대화에서 '책상', '없다', '주다' 등이 화제를 뒷받침하는 어휘에 해당한다. 남자는 현재 책상이 없는 상태인데, 마침 여자가 필요 없는 책상을 버리려고 한다. 이러한 상황에서, 책상을 달라는 남자의 요구에 대해 여자는 동의하고 있다.

유형 ⑤ [22번~24번] 중심 생각 파악

다음을 듣고 여자의 중심 생각을 고르십시오.

🎧 듣기 대본

> **남자:** 내일* 야구* 보러 갈* 거예요?
>
> **여자:** 아니요, 저는 내일 친구들과 등산*을 하기로 했어요. 등산은 좋은 운동이에요.
>
> **남자:** 저는 운동 경기* 보는* 것을 더 좋아해요. 운동 경기를 보는 것만으로도 건강해지는* 느낌이 들어요*.
>
> **여자:** 운동 경기를 보는 것도 좋지만 직접 움직이는 것이 건강에 더 좋아요.

① 친구들도 등산을 좋아합니다.

② 등산은 직접 움직이는 운동입니다.

③ 운동 경기를 보는 것은 건강에 좋습니다.

❹ 등산이 야구 보는 것보다 건강에 더 좋습니다. (여자는 직접 움직이는 등산이 야구장에서 경기를 보는 것보다 건강에 더 좋다고 생각한다.)

📖 TOPIK Ⅰ 끝내기 어휘

*내일	tomorrow	*운동 경기	sports
*야구	baseball	*보다	watch
*가다	go	*건강해지다	become healthy
*등산	climbing	*느낌이 들다	have a feeling of

[22번~24번] '중심 생각 파악' 듣기의 기술

Skill

대화를 듣고 중심 생각을 찾는 문제 유형이다. 중심 생각은 흔히 대상이나 사실, 상황, 현상에 대한 화자의 주관적 판단에 해당한다. 주의할 점은, 지나치게 부분적인 사실에 초점을 맞춰서 답을 고르면 안 된다는 것이다. 말 그대로 '중심' 생각을 고르는 문제이므로 화자가 중점적으로 말하고자 하는 바가 무엇인지를 파악한다. 또한 '여자'의 중심 생각을 고르는 문제에서 선택지에 '남자'의 중심 생각이 나오는 경우가 있다. 이 경우, 답을 혼동할 수 있으므로 '여자' 혹은 '남자'의 중심 생각을 정확하게 파악하여 헷갈리지 않도록 한다.

문제에 제시된 대화에서 여자는 직접 움직이는 운동인 등산이, 야구 경기를 보기만 하는 것에 비해 건강에 더 좋다고 말하고 있다.

🎧 왼쪽 상단의 QR 코드의 듣기 음원을 들으면서 문제를 풀어 보세요.

[01~04] 다음을 듣고 물음에 맞는 대답을 고르십시오.

01 ① 네, 볼펜이에요.

② 네, 볼펜이 좋아요.

③ 아니요, 볼펜이 없어요.

④ 아니요, 볼펜이 싫어요.

02 ① 네, 비빔밥이 있어요.

② 네, 비빔밥 좋아해요.

③ 아니요, 비빔밥이 아니에요.

④ 아니요, 비빔밥 먹고 있어요.

03 ① 운동을 했어요.

② 어제 만났어요.

③ 시장에 있어요.

④ 동물원에 갈 거예요.

04 ① 아침을 먹어요.

② 설렁탕을 먹어요.

③ 공원에서 먹어요.

④ 동생과 함께 먹어요.

[05~06] 다음을 듣고 이어지는 말을 고르십시오.

05 ① 알겠습니다.
　② 그렇습니다.
　③ 앉으십시오.
　④ 싫어합니다.

06 ① 네, 좋습니다.
　② 네, 맞습니다.
　③ 네, 알겠습니다.
　④ 네, 감사합니다.

[07~10] 여기는 어디입니까? 알맞은 것을 고르십시오.

07 ① 공항
　② 식당
　③ 학교
　④ 시장

08 ① 극장
　② 회사
　③ 여행사
　④ 우체국

09 ① 편의점
② 음식점
③ 가구점
④ 문구점

10 ① 박물관
② 기차역
③ 미술관
④ 우체국

[11~14] 다음은 무엇에 대해 말하고 있습니까? 알맞은 것을 고르십시오.

11 ① 경기
② 식사
③ 약속
④ 출근

12 ① 공부
    ② 시험
    ③ 계획
    ④ 독서

13 ① 날씨
    ② 운동
    ③ 약속
    ④ 여행

14 ① 시간
    ② 주말
    ③ 날짜
    ④ 교통

[15~20] 다음 대화를 듣고 알맞은 그림을 고르십시오.

15 ①  ②

③  ④

16 ①  ②

③  ④

17

①

②

③

④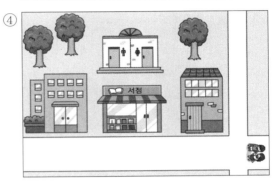

18

①

②

③

④

19

①

②

③

④

20

①

②

③

④

[21~26] 다음을 듣고 대화 내용과 같은 것을 고르십시오.

21　① 여자는 음악회에 갔습니다.

　　② 여자는 음악을 좋아합니다.

　　③ 남자는 내일 음악회에 갑니다.

　　④ 남자는 내일 한국어 시험을 봅니다.

22　① 남자는 가방을 뗐습니다.

　　② 여자는 빨간색을 좋아합니다.

　　③ 남자는 아이들을 좋아합니다.

　　④ 여자의 딸은 빨간색을 좋아합니다.

23　① 남자는 책을 찾았습니다.

　　② 남자는 기분이 좋지 않습니다.

　　③ 여자는 오늘 새 책을 샀습니다.

　　④ 여자는 책을 잃어버린 곳을 모릅니다.

24　① 남자는 비를 좋아합니다.

　　② 여자는 우산을 샀습니다.

　　③ 남자는 노란색을 좋아합니다.

　　④ 여자는 마음에 드는 우산을 사지 못했습니다.

25 ① 남자는 오늘 미국에 갑니다.

② 여자는 비행기 표를 샀습니다.

③ 여자는 비행기 표가 2장 있습니다.

④ 남자는 비행기 표 2장이 필요합니다.

26 ① 여자는 배가 많이 고픕니다.

② 남자는 짜장면을 먹었습니다.

③ 남자는 물을 기다리고 있습니다.

④ 여자는 혼자 짜장면을 먹고 있습니다.

[27~32] **다음을 듣고 여자의 중심 생각을 고르십시오.**

27 ① 비싼 옷이 좋은 옷입니다.

② 싼 옷을 입는 것이 좋습니다.

③ 백화점에서 비싼 옷을 사지 않을 겁니다.

④ 주말마다 동대문 시장에 가는 것이 좋습니다.

28 ① 주말에는 기차가 많이 밀립니다.

② 차를 많이 갈아타면 불편합니다.

③ 차를 가져가면 이동하기 편합니다.

④ 차가 밀리는 주말에는 기차를 타면 좋습니다.

29 ① 박물관에는 전시물이 많아야 합니다.

② 역사를 알려면 언어를 공부해야 합니다.

③ 박물관에는 자동 번역기가 많아야 합니다.

④ 역사를 알고 싶으면 박물관에 가는 것이 좋습니다.

30 ① 명동은 가는 데 시간이 많이 걸립니다.

② 오후 1시에 만나는 것이 제일 좋습니다.

③ 한국대학교는 사람들이 많아서 복잡합니다.

④ 만남의 장소는 쉽게 찾을 수 있는 곳이 좋습니다.

31 ① 음식을 많이 먹어야 건강합니다.

② 음식은 맛있게 먹어야 건강합니다.

③ 몸에 좋지 않은 음식은 먹지 말아야 합니다.

④ 건강을 위해 음식을 많이 먹지 않는 게 좋습니다.

32 ① 밝은색 스키복은 위험합니다.

② 검은색 스키복은 좋지 않습니다.

③ 스키장은 야간에 가는 것이 좋습니다.

④ 야간 스키장에서는 검은색 스키복이 좋습니다.

Answer 정답과 해설

01 단독문제

본문 pp.036~045

01	③	02	②	03	④	04	②	05	①
06	②	07	①	08	①	09	②	10	④
11	①	12	③	13	③	14	④	15	①
16	②	17	③	18	①	19	④	20	③
21	③	22	④	23	④	24	④	25	④
26	①	27	④	28	④	29	④	30	④
31	④	32	②							

01 [이어지는 내용 유추]

🎧 듣기 대본

> 여자: 볼펜이 있어요?
> 남자: _____

③ 있고 없음을 묻는 문제이다. 긍정은 '예, 있어요', 부정은 '아니요, 없어요'로 대답한다.

> 女: 你有圆珠笔吗?
> 男: _____

③ 对 '있어요?(有吗?)', '없어요?(没有吗?)'的肯定回答是 '예,있어요(是的, 有)', 否定回答是 '아니요, 없어요(不, 没有)'。

> W: Do you have a pen?
> M: _____

③ This is the question whether someone has something or not. You should say '예, 있어요(Yes, I do.)' if you have, or '아니요, 없어요(No, I don't.)' if you don't have.

02 [이어지는 내용 유추]

🎧 듣기 대본

> 남자: 비빔밥 좋아해요?
> 여자: _____

② 좋아하는지 묻고 있으므로 '좋다', '싫다'로 대답한다.

> 男: 您喜欢拌饭吗?
> 女: _____

② 对喜不喜欢的问句, 应该用 '좋다(喜欢)' 或者 '싫다(不喜欢)' 回答。

> M: Do you like Bibimbap?
> W: _____

② You should say '좋다(Yes, I do.)', or '싫다(No, I don't.)' because he or she asks you if you like something or not.

03 [이어지는 내용 유추]

🎧 듣기 대본

> 여자: 내일 어디 가요?
> 남자: _____

④ '내일'이라는 미래 시제로 물었으므로 과거 시제는 옳지 않다. 미래 시제 '-ㄹ 거예요'로 대답한다. '어디' 냐고 물어보면 장소로 대답한다.

> 女: 明天去哪儿?
> 男: _____

④ '내일(明天)'是未来的时间, 所以不能用过去时, 而应该用将来时 '-ㄹ 거예요' 的形式回答。应该用具体

地点回答 '어디(哪儿)'。

W: Where are you going tomorrow?
M: _____

④ The past tense is wrong because he or she asks about '내일(tomorrow)' which is the future tense. You should answer by the future tense '-ㄹ 거예요.' You should provide a place when you are asked '어디(where)' question.

04 [이어지는 내용 유추]
🎧 듣기 대본

남자: 무슨 음식을 먹고 있어요?
여자: _____

② 먹고 있는 음식이 무엇인지 묻고 있으므로 음식의 종류로 대답한다. '설렁탕'은 음식의 한 종류이다.

男: 您在吃什么饭呢?
女: _____

② 提问的是正在吃的什么食物, 所以应该用食物的种类来回答。'설렁탕(牛杂碎汤)'是一种食物。

M: What kind of food do you eat?
W: _____

② You should answer with a kind of food because you are asked about the food you are eating. '설렁탕 (Seolleongtang)' is a type of food.

05 [이어지는 내용 유추]
🎧 듣기 대본

여자: 내일 다시 만나요.
남자: _____

① 다시 만나자는 말에 대한 대답은 긍정이나 부정이 가능하다. '알겠습니다'는 내일 다시 만나자는 말에 대한 긍정의 대답이다.

女: 明天再见吧。
男: _____

① 对于明天再见面的提议, 可以有肯定和否定两种回答。'알겠습니다(知道了)'是对提议的肯定回答。

W: See you again tomorrow.
M: _____

① A positive or a negative answer is possible when you heard that 'See you again tomorrow.' '알겠습니다(Yes)' is the positive answer to that saying.

06 [이어지는 내용 유추]
🎧 듣기 대본

남자: 안녕하세요? 여기가 김 선생님 댁인가요?
여자: _____

② 장소를 확인하는 물음에 대한 대답은 긍정의 경우 '맞다', 부정의 경우 '맞지 않다'이다.

男: 您好, 请问这是金老师家吗?
女: _____

② 关于地点确认的问句, 肯定的回答是 '맞다(对)', 否定的回答是 '맞지 않다(不对)'。

M: Hello? Is this Mr. Kim's house?
W: _____

② As the man checks the place, you can answer '맞다(Yes)' for positive or '맞지 않다(No)' for negative.

07 [대화의 장소 또는 화제 파악]
🎧 듣기 대본

> 여자: 몇 시에 출발하는 표를 드릴까요?
> 남자: 오전 10시에 출발하는 표를 주세요.

① 표를 사는 곳은 보통 공항, 기차역, 버스 정류장과 같은 교통수단과 관련된 장소이다.

> 女: 请问, 您买几点的票?
> 男: 请给我一张上午10点出发的票。

① 购票处一般应该设在机场、火车站和汽车站等和交通工具有关的场所。

> W: When do you want to depart?
> M: I want a ticket departing 10 a.m.

① Tickets are sold at an airport, a train station or a bus stop where is related to transportation.

08 [대화의 장소 또는 화제 파악]
🎧 듣기 대본

> 남자: '가'열 6번 자리가 어디예요?
> 여자: 2층 두 번째 줄이에요.

① 좌석이 정해져 있는 곳은 영화나 연극, 음악, 무용 등을 공연하는 '극장'이다.

> 男: 请问 '가' 列6号座位在哪里?
> 女: 在2楼第二排。

① 有固定座位号的地方应该是电影、话剧、音乐和舞蹈等演出的 '극장(剧场)'。

> M: Where is a row '가', number 6?
> W: It's the second low on the second floor.

① A reserved seat is avaliable at a 'theater' in which a movie, a play, a music, dance and so on are performed.

09 [대화의 장소 또는 화제 파악]
🎧 듣기 대본

> 여자: (손님을 맞이하는 어투로) 무엇을 드시겠어요?
> 남자: 불고기 2인분 주세요.

② '불고기 2인분'으로 보아 음식을 주문하는 상황이다. '음식점'이 적절하다.

> 女: (迎接客人的语气)请问, 您需要点什么?
> 男: 请来两份烤肉。

② 从点餐 '불고기 2인분(两份烤肉)' 来看, 对话应该发生在饭店。

> W: (Tone greeting guests) What do you want to eat?
> M: Bring me two servings of Bulgogi, please.

② You can infer that they're in a 'restaurant' through man's order '불고기 2인분(two servings of Bulgogi)'.

10 [대화의 장소 또는 화제 파악]
🎧 듣기 대본

> 남자: 새 우표 나왔어요?
> 여자: 아니요, 내일 나와요.

④ 우표를 사려고 하는 상황이다. 우표는 '우체국'에서 살 수 있다.

> 男: 新邮票出来了吗?
> 女: 没有, 明天出来。

④ 对话场景是关于买邮票的。邮票只能在邮局买到。

M: Is a new stamp released?
W: No, it'll be released tomorrow.

④ The man is trying to buy a stamp. A stamp is sold at a 'post office'.

11 [대화의 장소 또는 화제 파악]
🎧 듣기 대본

여자: 어느 팀이 이겼어요?
남자: 저희 팀이 졌어요.

① 경기에서 팀의 승패를 묻고 있다. 승패는 '이기다', '지다'로 표현한다.

女: 哪个队赢了?
男: 我们队输了。

① 问句提问的是比赛队的胜负。胜负用'이기다(赢)' 或 '지다(输)'等词语来表达。

W: Which team won?
M: Our team lost.

① The woman asked the man which team won the game. Victory or defeat is expressed as '이기다(win)', '지다(lose)'.

12 [대화의 장소 또는 화제 파악]
🎧 듣기 대본

남자: 방학 때 뭐 하실 거예요?
여자: 미국 여행할 거예요.

③ 방학 때 할 일을 묻고 있다. 여자는 방학 때 미국 여행을 계획하고 있다.

男: 您放假的时候要做什么?
女: 我打算去美国旅行。

③ 男的对女的问假期将要做的事情,女的回答假期的 时候计划去美国旅行。

M: What will you do this vacation?
W: I'll travel U.S.

③ The man is asking the woman about her plan on vacation. She is planning a trip to the U.S.

13 [대화의 장소 또는 화제 파악]
🎧 듣기 대본

여자: 내일은 늦지 않을 거예요?
남자: 네, 일찍 올게요.

③ 내일 일찍 올 것인지를 묻고 있다. 남자는 일찍 오 겠다고 여자에게 약속하고 있다.

女: 明天不会迟到吧?
男: 是, 明天会早点来。

③ 问句对明天会不会早去进行了提问。男的对女的 承诺会早点过去。

W: Aren't you going to be late tomorrow?
M: Yes, I'll come early.

③ The woman asks the man whether he will come early or not. He promises her that he will come early.

14 [대화의 장소 또는 화제 파악]
🎧 듣기 대본

남자: 주말에 뭐 타고 가는 게 좋아요?
여자: 도로가 복잡해요. 기차 타고 오세요.

④ 여자는 주말에 도로가 복잡하니 기차를 타고 오라 고 남자에게 말하고 있다. 교통에 대한 대화 상황이다.

男: 周末乘坐什么交通工具了?
女: 比较拥挤, 乘坐火车来吧。

④ 女的告诉男的, 周末比较拥挤, 让他乘坐火车来。 这是一则关于交通情况的对话。

M: What should I take on weekend?
W: The roads are busy. You'd better take a train.

④ As the roads are busy during the weekend, the woman recommends the man to take a train. The dialog is about transportation.

15 [대화 상황에 알맞은 그림 파악]
🎧 듣기 대본

남자: 여기 장미꽃 있어요?
여자: 네, 장미가 많아요.

① 장미는 꽃이므로 꽃가게(화원)에서 대화를 나누는 그림을 찾는다.

男: 这里有玫瑰花吗?
女: 是, 这里有很多玫瑰花。

① 因为玫瑰是一种花, 所以应该找在花店里进行对话的图片。

M: Do you have roses here?
W: Yes, there are many roses.

① As roses are flowers, you should choose the picture that the two are talking at a flower shop.

16 [대화 상황에 알맞은 그림 파악]
🎧 듣기 대본

여자: 오늘 영화 몇 시에 시작되죠?
남자: 1시 반에 시작해요.

② 1시 반은 1시 30분을 가리킨다. 작은 바늘이 1을 좀 지나고 큰 바늘이 6(30분)에 있는 그림을 찾는다.

女: 今天的电影几点开始呀?
男: 一点半开始。

② 一点半就是指的1:30。短的指针越过了1, 长的指针指向6的图片正确。

W: What time does the movie start?
M: It'll start at half past one.

② Half past one means 1:30. Choose a picture that a short needle points to 1 and a large needle points to 6(half minute).

17 [대화 상황에 알맞은 그림 파악]
🎧 듣기 대본

여자: 여기 화장실 어디 있어요?
남자: 서점 맞은편 길 건너에 있어요.

③ '맞은편'은 '마주 보이는 방향'과 같은 뜻이다. 길 건너편, 서점과 마주 보고 있는 곳에 화장실이 있다.

女: 请问, 卫生间在哪里?
男: 穿过街书店对过, 就是了。

③ '맞은편(对过)' 就是 '마주 보이는 방향(前面)' 的意思。书店正对着的地方就是卫生间。

W: Where is a restroom?
M: It's opposite from the bookstore, across the street.

③ '맞은편(opposite)' has same meaning with 'facing each other'. Across the street, a restroom is opposite from the bookstore.

18 [대화 상황에 알맞은 그림 파악]

🎧 듣기 대본

> 남자: 책 가져왔어요. 죄송합니다. 반납일이 하
> 루가 지났어요.
> 여자: 네. 다음부터 반납일을 잘 지켜주세요.

① 빌린 책을 반납하는 곳은 '도서관'이다.

> 男: 我把书拿来了。很抱歉，还晚了一天。
> 女: 是啊，下次请遵守日期。

① 还借书的地方是图书馆。

> M: I brought the book. Sorry, it is one day overdue.
> W: Okay. Please return your books before their due
> dates next time.

① The place where you return books you borrowed
is a 'library'.

19 [대화 상황에 알맞은 그림 파악]

🎧 듣기 대본

> 남자: 안녕하세요. 옷 찾으러 왔어요. 다 됐나요?
> 여자: 죄송해요. 세탁기가 고장 나서 아직 못
> 했어요.

④ '옷', '세탁기'로 보아 남자가 세탁소에서 옷을 찾
으려는 상황임을 알 수 있다.

> 男: 您好，我是来拿衣服的。都洗好了吗？
> 女: 很抱歉。由于洗衣机故障，目前还没有洗好了。

④ 从'옷(衣服)', '세탁기(洗衣机)'词语可以看出,男的
是去干洗店拿衣服。

> M: Hello. I came to pick up my clothes. Are they ready?
> W: Sorry, not yet. The washing machine is broken.

④ It is a situation that the man came to pick up his
laundry according to the words '옷(clothes)' and '세
탁기(washing machine)'.

20 [대화 상황에 알맞은 그림 파악]

🎧 듣기 대본

> 남자: 어서 오세요. 무슨 일로 오셨어요?
> 여자: 네, 이 휴대폰이 켜지지 않아요. 한 번 봐
> 주세요.

③ 휴대폰은 전자 제품이므로 전자 제품 수리점에서
수리를 부탁하는 그림을 찾는다.

> 男: 欢迎光临，有什么事吗？
> 女: 嗯，这个手机打不开了。请帮我看一下吧。

③ 因为手机发生故障，所以去电子产品维修店，找维
修员修理。

> M: Hello, what have you come here for?
> W: This cellphone won't turn on. Take a look at it,
> please.

③ Because a cellphone is electrical goods, you should
find a picture the woman asks the man to repair it in
the repair shop.

21 [대화 상황과 같은 내용 파악]

🎧 듣기 대본

> 남자: 수연 씨, 내일 음악회에 같이 갈래요? 내
> 일이 마지막 날이거든요.
> 여자: 미안해요. 저도 가고 싶은데 내일 한국어
> 시험이 있어요.
> 남자: 아, 그렇군요. 알았어요.

③ 여자는 내일 한국어 시험 때문에 남자랑 음악회에
가지 못한다. 남자만 내일 음악회에 간다.

男: 秀妍, 明天一起去听音乐会怎么样? 明天是最后一天了呢。

女: 对不起, 我也想去, 可是明天有韩语考试。

男: 啊, 原来如此。我知道了。

③ 女的因为明天有韩语考试, 所以不能和男子一起去听音乐会了。男的明天去听音乐会。

M: Suyeon, shall we go to the concert together tomorrow? Tomorrow is the last day.

W: Sorry, I want to go but I have a Korean test tomorrow.

M: OK, I see.

③ The woman won't be able to go to the concert, because she has a Korean test tomorrow. The man is going to go to the concert tomorrow without her.

---

22 [대화 상황과 같은 내용 파악]
🎧 듣기 대본

여자: 가방 좀 보여 주세요.

남자: 네. 어서 오세요. 누가 멜 거예요?

여자: 제 딸이 멜 거예요. 빨간색 가방 있어요? 딸이 빨간색을 좋아해서요.

남자: 네. 요즘 아이들이 가장 좋아하는 색깔이에요.

④ 여자는 빨간색을 좋아하는 딸을 위해 빨간색 가방을 사려고 한다. 빨간색은 요즘 아이들이 가장 좋아하는 색깔이다.

女: 请给我看一下包。

男: 欢迎光临, 包给谁背呢?

女: 给我女儿背, 有红色的包吗? 我女儿喜欢红色的。

男: 有, 红色是现在孩子们最喜欢的颜色。

④ 女的女儿喜欢红色, 女的想给女儿买一个包, 红色是最近孩子们最喜欢的颜色。

W: Please show me some bags.

M: Welcome. For whom do you want?

W: For my daughter. Do you have any red bags? My daughter likes red.

M: I see. Kids these days like red the most.

④ The woman'd like to buy a red bag for her daughter who likes red. Red is the most popular color among children these days.

---

23 [대화 상황과 같은 내용 파악]
🎧 듣기 대본

남자: 무슨 일 있어요? 기분이 안 좋아 보여요.

여자: 책을 잃어버렸어요. 어제 산 새 책이에요.

남자: 그래요? 어디서 잃어버렸어요? 제가 찾아볼게요.

여자: 고마워요. 그런데 생각이 안 나요.

④ 여자는 어제 새로 산 책을 잃어버려 기분이 좋지 않다. 남자가 도와주려고 하지만 여자는 책을 잃어버린 곳을 알지 못한다.

男: 有什么事情吗? 我看你心情不好。

女: 书丢了。昨天刚买的新书。

男: 是吗? 在那儿丢的? 我找找看。

女: 谢谢。但是想不起来了。

④ 女的丢了昨天买的新书, 心情不好。男的想帮助她, 但是女的想不起来在哪儿丢的。

M: What's wrong? You look depressed.

W: I lost my book. I bought it yesterday.

M: Really? Where did you lose it? I'll try to find it.

W: Thank you, but I can't remember.

④ The woman feels bad since she lost her book which she had bought yesterday. The man is trying to help her, but she doesn't remember where she lost it.

24 [대화 상황과 같은 내용 파악]

🎧 듣기 대본

> 여자: 우산 있어요? 비가 많이 와요.
> 남자: 네. 여기서 골라 보세요. 좋아하는 색깔 있으세요?
> 여자: 노란색 우산 있어요?
> 남자: 죄송해요. 다 팔렸어요.

④ 여자는 노란색 우산을 사려고 했지만 다 팔려서 사지 못했다.

> 女: 请问, 有雨伞吗? 雨下得太大了。
> 男: 是, 请在这儿选一下吧。有您喜欢的颜色吗?
> 女: 有黄色的吗?
> 男: 很抱歉, 都卖光了。

④ 女的想买黄色的雨伞, 但是都卖完了, 没有买成。

> W: Do you have an umbrella? It's raining a lot.
> M: Choose one among these. Do you have any particular color you like?
> W: Is there a yellow one?
> M: Sorry, it is sold out.

④ The woman wanted to buy a yellow umbrella, but she couldn't buy it because it was sold out.

25 [대화 상황과 같은 내용 파악]

🎧 듣기 대본

> 남자: 미국 가는 비행기 표 있어요? 주말에 가려고 하는데요.
> 여자: 네. 그런데 몇 시 비행기 표를 드릴까요?
> 남자: 오후 4시 비행기 표 주세요. 두 장이요.
> 여자: 죄송해요. 한 장밖에 없는데요. 어떡하죠?

④ 남자는 주말 오후 4시에 미국 가는 비행기 표를 2장 사려고 한다.

🎓 오답풀이

③ 비행기 표가 1장밖에 없다.

> 男: 请问, 有去美国的机票吗? 我想要周末去。
> 女: 好的。您需要几点的呢?
> 男: 请给我下午4点的吧, 要两张。
> 女: 不好意思。只有一张了。怎么办呢?

④ 男的想买两张周末下午4点到美国的机票。

🎓 误答解析

③ 飞机票只有一张了。

> M: Is there any airline ticket to the U.S.? I'm going to go on weekend.
> W: Yes, when do you want to fly?
> M: Give me the tickets departing at 4 p.m. Two tickets, please.
> W: Sorry, I have only one. What can I do?

④ The man is trying to buy two airline tickets departing at 4 p.m. on weekend to the U.S.

🎓 Wrong answer explanation

③ There is only one ticket left.

26 [대화 상황과 같은 내용 파악]

🎧 듣기 대본

> 여자: 지금 짜장면 먹을 수 있어요? 배가 너무 고파요.
> 남자: 네. 앉으세요. 몇 분이세요?
> 여자: 모두 네 사람이에요. 세 사람은 지금 오고 있어요.
> 남자: 네. 빨리 준비할게요. 조금만 기다리세요. 물 먼저 드릴게요.

① 배가 많이 고픈 여자는 다른 3명과 함께 짜장면을 먹으려고 한다. 남자는 주문을 받고 여자에게 물을 먼저 주려고 한다.

女: 现在可以点炸酱面吗? 肚子很饿。
男: 好的, 请坐。您几位?
女: 一共四个人。还有三个人正在来的路上。
男: 好的, 这就给您准备, 您稍等。请先喝点水吧。

① 女的肚子很饿, 她想和其他三个人一起吃炸酱面。男的在客人点好餐后, 先给女的准备了水。

W: Can I eat Jajangmyeon now? I'm very hungry.
M: Have a seat, please. How many in your party?
W: There are four people. The three are coming now.
M: I see. I'm going to prepare fast. Wait a minute, please. I'll serve you a glass of water first.

① The woman feeling hungry is going to eat Jajangmyeon(black-bean-sauce noodle) with three people. The man takes her order and serves a water to her first.

27 [중심 생각 파악]

🎧 듣기 대본

남자: 지난 주말에 뭐 했어요?
여자: 여름옷을 사려고 동대문 시장에 갔어요. 싸고 좋은 옷이 많아요. 여름옷 두 벌 샀어요.
남자: 저도 가끔 동대문 시장에 구경을 가요. 그런데 옷은 백화점에서 사요. 다음에 함께 백화점에 옷 사러 가요. 좋은 옷이 많아요.
여자: 네. 그런데 저는 동대문 시장에서 살 거예요. 백화점은 좀 비싸서요.

③ 여자는 주말에 동대문 시장에 가서 옷을 샀다. 백화점보다 싸기 때문에 동대문 시장에서 옷을 사는 것을 좋아한다.

🎓 오답풀이

①, ② 대화에 나오지 않은 내용이다.
④ 여자는 이번 주말에 동대문 시장에 갔지만, 주말마다 간다는 말은 하지 않았다.

男: 您上周末做什么了?
女: 我想买夏季衣服, 所以去了东大门市场。那里有很多又便宜又好的衣服。我买了两套夏季的衣服。
男: 我也是偶尔去东大门市场看看。但是买衣服一般都是在百货商店。下次一起去百货店买衣服吧, 有很多好衣服。
女: 好的, 但是我还是要在东大门市场买衣服。因为百货店有点儿贵。

③ 女的周末去东大门市场买衣服了。因为那儿的衣服比百货商店便宜, 所以她喜欢去东大门市场买衣服。

🎓 误答解析

①, ② 的内容对话里没有出现。
④ 虽然女的这个周末去了东大门市场, 但是没有说每个周末都去。

M: What did you do last weekend?
W: I went to the Dongdaemun market to buy some summer clothes. There are so many cheap and pretty clothes. I bought two.
M: I sometimes go there for sightseeing. But I buy clothes at a department store. Let's go to the department store together to purchase clothes. There are lots of good ones.
W: Yes. But I'll buy them at the Dongdaemun market because they are expensive in the department store .

③ The woman went to the Dongdaemun market and bought some clothes on weekend. She prefers buying them there to at a department store because of cheap price.

🎓 Wrong answer explanation

①, ② It is not shown on the dialogue.
④ The woman went to the Dongdaemun market this weekend, but there is no mention that she goes there every weekend.

28 [중심 생각 파악]

🎧 듣기 대본

> 남자: 수연 씨, 전주에 가 본 적이 있어요? 어떻게 가는 것이 좋아요? 주말에 가려고요.
>
> 여자: 제 생각에는 기차를 타는 것이 좋을 거 같아요. 주말에는 차가 많이 밀려요. 그래서 저는 주말에는 꼭 기차를 타요.
>
> 남자: 그렇군요. 그런데 차를 안 가져가면 불편해요. 차를 많이 갈아타야 해서요.
>
> 여자: 그래도 기차가 좋아요. 밀리지 않고 편하게 갈 수 있으니까요.

④ 여자는 주말에 차가 많이 밀려서 기차를 타는 것이 좋다고 생각한다.

🎓 오답풀이

②, ③ 남자는 차를 가져가지 않으면 불편하다고 생각한다.

> 男: 秀妍, 你去过全州吗? 怎么去比较好呢? 我想周末去。
>
> 女: 我觉得乘火车去比较好。周末开车去的话会很拥堵, 所以周末我一定乘火车去。
>
> 男: 原来是这样啊。但是不开车去的话不方便, 经常需要换乘。
>
> 女: 就算这样也还是乘火车比较好。去的时候既不堵车又比较舒服。

④ 女的认为周末开车会很堵, 还是乘火车去比较好。

🎓 误答解析

②, ③ 男的认为不开车去的话会很不方便。

> M: Suyeon, have you ever been to Jeonju? How can I get there? I plan to go there on weekend.
>
> W: I think you'd better take a train. There is a lot of traffic on weekends. So I always take a train then.
>
> M: I see. But it is inconvenient if I don't take my car, because I have to transfer many times.

> W: I prefer a train, though. I can go easily without a traffic jam.

④ The woman thinks taking a train is better than a car on weekends because of a traffic jam.

🎓 Wrong answer explanation

②, ③ The man thinks not taking a car is inconvenient.

---

29 [중심 생각 파악]

🎧 듣기 대본

> 남자: 한국 역사를 공부하고 싶은데 어디로 가면 좋을까요?
>
> 여자: 박물관이 좋아요. 한국의 다양한 역사가 전시되어 있으니까요.
>
> 남자: 네, 고마워요. 그런데 제가 한국어를 잘 몰라서요. 어떻게 도움을 받을 수 있을까요?
>
> 여자: 걱정 마세요. 박물관에 가면 자동 번역기가 있어요. 원하는 언어로 설명을 들을 수 있어요.

④ 여자는 한국 역사 공부를 하려면 다양한 역사 전시물이 있는 박물관에 가는 것이 좋다고 생각한다. 한국어를 몰라도 자동 번역기가 있어서 문제없다고 생각한다.

> 男: 我想学习韩国历史, 去哪儿学比较好呢?
>
> 女: 博物馆就很好。因为那里展示着韩国的各种历史。
>
> 男: 好的, 谢谢。但是我不太懂韩语, 怎么能得到帮助呢?
>
> 女: 别担心, 博物馆有自动翻译机。听讲解时可以选择用自己需要的语言。

④ 女的认为要想学习韩国历史的话, 去博物馆比较好, 因为那里展示着各种历史物品。而且博物馆有自动翻译机, 即便不懂韩语也完全不成问题了。

M: Where should I go when I want to study Korean history?

W: I recommend you a museum. A variety of history is exhibited there.

M: Ah, thanks. As I am not goot at Korean, how can I get help?

W: Don't worry about that. There is an automatic translation machine there. You can hear explanation with any languages you want.

④ The woman thinks a museum is a good place to study Korean history because lots of historic things are exhibited. Also she thinks not being good at Korean is not a problem, because there is the automatic translation machine there.

④ 女的认为韩国大学正门比较好找方。在那儿见面正好。

M: Young-Hee, where should we meet tomorrow? How about Myungdong?

W: I think meeting at the main entrance of the Korea University is better. It takes a lot of time to find since Myungdong is very complicated.

M: OK. Let's meet at 1 p.m. tomorrow.

W: Yes. Let's meet at the main entrance of the Korea University. It is easy to find.

④ The woman thinks the main entrance of the Korea University is easy to find. She thinks a place that can be found easily is the best meeting point.

30 [중심 생각 파악]
🎧 듣기 대본

남자: 영희 씨, 내일 어디서 만날까요? 명동 어때요?

여자: 한국대학교 정문이 좋을 거 같아요. 명동은 복잡해서 찾는 데 시간이 많이 걸려요.

남자: 알았어요. 그럼 내일 오후 1시에 만나요.

여자: 네. 한국대학교 정문 바로 앞에서 만나요. 그래야 쉽게 찾을 수 있어요.

④ 여자는 찾기 쉬운 장소로 한국대학교 정문을 생각하고 있다. 여자는 찾기 쉬운 곳이 만남의 장소로 적절하다고 생각하고 있다.

男: 英熙, 明天在哪儿见呢? 明洞怎么样?

女: 我觉得韩国大学正门更好。明洞很复杂找起来太浪费时间。

男: 知道了, 那就明天下午1点见吧。

女: 好的, 就在韩国大学正门前见吧。那样比较好找。

31 [중심 생각 파악]
🎧 듣기 대본

남자: 돼지갈비 1인분 더 시킬까요?

여자: 저는 됐어요. 음식은 너무 많이 먹지 않는 게 좋아요. 몸에 좋지 않아요.

남자: 아, 그래요. 저는 좀 더 먹고 싶은데요. 돼지갈비를 정말 좋아해서요.

여자: 너무 많이 먹으면 소화가 잘 안 돼요. 건강에도 안 좋아요.

④ 여자는 음식을 너무 많이 먹으면 소화가 잘 되지 않고 건강에 나쁘다고 생각한다.

男: 再来一份猪肉排骨吗?

女: 不用了, 不吃太多比较好。对身体不好。

男: 啊, 是吗。我还想再吃点儿, 太喜欢猪肉排骨了。

女: 吃太多的话消化不好。对身体也不好。

④ 女的认为吃太多的话消化不好, 不利于身体健康。

M: Shall we order one more plate of fork?

W: No thanks. Too much eating is not good. It's not good for your health.

M: I see. However, I want some more, because I like the fork so much.

W: Too much eating causes indigestion, and it is not good for your health.

④ The woman thinks too much eating causes indigestion and it is not good for health.

32 [중심 생각 파악]

🎧 듣기 대본

여자: 지호 씨, 이번 주말에 스키장에 같이 갈 래요?

남자: 네, 좋아요. 그런데 스키복이 없어요. 스 키복 사러 같이 가요. 검은색 스키복을 사 고 싶어요. 제가 검은색을 좋아하거든요.

여자: 저는 검은색 스키복은 안 좋아해요. 특히 야간 스키를 탈 때 눈에 잘 보이지 않아 요. 충돌 사고가 날 수 있어서 위험해요. 밝은색 스키복이 좋아요.

남자: 네, 알겠어요.

② 여자는 검은색 스키복이 사람들 눈에 잘 보이지 않아 좋지 않다고 생각한다. 특히 야간에 스키를 탈 때 사고 위험이 있다고 생각한다.

女: 志浩，这周末一起去滑雪场吗?

男: 恩，好啊。但是我没有滑雪服。一起去买滑 雪服吧。我想买黑色的滑雪服，我喜欢黑色。

女: 我不喜欢黑色的滑雪服。特别是在晚上，在 滑雪场不容易看清楚。也可能发生冲撞事 故很危险。亮点儿颜色的滑雪服比较好。

男: 知道了。

② 女的认为黑色的滑雪服不容易看见，所以不好。特 别是在夜间滑雪场容易出事故，很危险。

W: Jiho, would you like to go to ski resort together this weekend?

M: Yes, I would. But I don't have ski wear. Let's go and buy it together. I want to buy a black one. I like black.

W: I don't like black ski wear. Especially it can't be seen well when you ski at night. It is dangerous because an accident might arise. So light color one is better.

W: OK, I see.

② The woman thinks black ski wear isn't good because it is hard to be noticed at night. She thinks black ski wear is especially dangerous when we ski at night because there is danger of accident.

02 통합문제

유형 ❶ [25번~26번] 대화의 목적 파악 ➕ 대화 상황과 같은 내용 파악

다음을 듣고 물음에 답하십시오.

🎧 듣기 대본

> **남자:** 여러분*, 이제 듣기 시험*이 시작됩니다*. 여러분들이 가지고 있는 휴대 전화* 전원을 모두 꺼* 주세요. 그리고 시험에 필요 없는 물건은 모두 가방에 넣어* 주세요. 시험은 9시부터 12시까지*입니다. 정답*은 하나만 골라서* 답안지*에 정확하게* 표시해* 주세요. 종*이 울리면* 시험이 시작됩니다. 눈을 감고* 조용히 기다려* 주세요.

01 남자가 왜 이 이야기를 하고 있는지 고르십시오.

❶ 안내 (듣기 시험의 유의 사항을 안내하고 있다.)

② 소개

③ 감사

④ 인사

📖 TOPIK I 끝내기 어휘

*여러분	everyone	*하나만 고르다	choose one only
*듣기 시험	listening test	*답안지	answer sheet
*시작되다	begin	*정확하게	correctly
*휴대 전화	cellular phone	*표시하다	mark
*전원을 끄다	turn off the power	*종	bell
*가방에 넣다	put sth in a bag	*울리다	ring
*9시부터 12시까지	from 9 a.m. to noon	*눈을 감다	close your eyes
*정답	correct answer	*조용히 기다리다	stay silently

✚ 02 들은 내용과 같은 것을 고르십시오.

① 휴대 전화가 없습니다. (☹️ 휴대 전화를 꺼달라는 내용만 있다.)

② 듣기 시험이 끝났습니다. (☹️ 듣기 시험이 시작된다는 내용만 있다.)

③ 정답이 답안지에 있습니다. (☹️ 정답을 답안지에 정확하게 표기하라는 내용만 있다.)

❹ 시험은 세 시간 동안 봅니다. (😄 시험은 9시부터 12시까지이다.)

[25번~26번] '대화의 목적 파악' 듣기의 기술

대화의 목적을 찾는 문제 유형이다. 우선 대화의 중심 화제가 무엇인지 판단하여 어떠한 상황에서의 대화인지 파악한다.

문제에 제시된 대화에서 '듣기 시험'이 중심 화제이다. 듣기 시험 전에 지켜야 할 사항을 설명하고 있다. 이는 듣기 시험에 대한 구체적인 '안내'에 해당한다.

💡 문제 해결의 Tip

🖉 대화의 목적

부탁	부탁의 내용, 대상 등에 주목한다.
감사	감사의 내용, 이유 등에 주목한다.
계획	계획의 내용, 목표, 실행 방법 등에 주목한다.
설명	설명의 목적, 주체, 대상 등에 주목한다.
인사	인사의 목적, 내용, 주체, 대상 등에 주목한다.
초대	초대의 목적, 내용, 주체, 대상, 장소, 시간 등에 주목한다.
소개	소개의 목적, 내용, 방법, 주체, 대상 등에 주목한다.
안내	안내의 목적, 내용, 방식 등에 주목한다.

유형 ② [27번~28번] 대화의 중심 내용 파악 ➕ 대화 상황과 같은 내용 파악

다음을 듣고 물음에 답하십시오.

🎧 듣기 대본

> **여자:** 방과 후에* 주로* 뭐 해요? 운동하세요*?
> **남자:** 아니요. 저는 집에 가서* 한국어 공부를 해요*.
> **여자:** 아, 누구랑 함께 해요*? 아니면…….
> **남자:** 저는 혼자* 공부해요. 집중이 잘 되거든요*.
> **여자:** 그래요? 저는 친구와 함께 한국어 공부를 해요. 함께 모여서 공부하는 것도 좋아요. 같이 해 볼래요?
> **남자:** 아니요. 저는 그냥 혼자 공부할래요.

01 두 사람이 무엇에 대해 이야기를 하고 있는지 고르십시오.

① 운동하는 곳

❷ 한국어 공부 (대화에서 두 사람은 한국어 공부에 대해 이야기를 하고 있다.)

③ 친구가 사는 곳

④ 혼자 공부하는 방법

📖 TOPIK I 끝내기 어휘

*방과 후에	after school	*한국어 공부를 하다	study Korean language
*주로	mostly	*누구랑 함께 하다	do with someone
*운동하다	exercise	*혼자	alone
*집에 가다	go home	*집중이 잘 되다	concentrate well

◉ 02 들은 내용과 같은 것을 고르십시오.

① 여자는 학교에서 운동을 합니다. (☹ 여자가 친구와 공부한다는 내용만 있다.)

② 남자와 여자는 함께 운동을 합니다. (☹ 남자와 여자가 운동한다는 내용은 없다.)

③ 여자는 혼자서 한국어 공부를 합니다. (☹ 여자는 친구와 함께 공부한다.)

❹ 남자는 방과 후에 운동을 하지 않습니다. (😄 남자는 방과 후에 집에서 혼자 한국어 공부를 한다.)

[27번~28번] '대화의 중심 내용 파악' 듣기의 기술

　대화의 중심 내용을 찾는 문제 유형이다. 우선 화제가 무엇인지 판단한 후 화제 전개 내용을 정리한다. 아울러 화제가 일관되게 전개되는지 파악한다. 일관되게 전개되는 화제가 바로 중심 내용에 해당된다. 이때, 분명 반복적으로 들리는 어휘가 있을 것이다. 그 어휘를 중심으로 중심 내용을 찾는다.

　문제에 제시된 대화에서 여자와 남자는 학교 수업이 끝난 후에 한국어 공부를 하는 것에 대하여 이야기하고 있다. '한국어 공부'라는 어구가 여러 번 언급되고 있다는 점에서 그것이 중심 내용에 해당한다.

유형 ③ **[29번~30번] 대화 상황에서 이유 파악 ⊕ 대화 상황과 같은 내용 파악**

다음을 듣고 물음에 답하십시오.

🎧 듣기 대본

> **남자:** 여보세요? 거기 택배 회사*지요?
>
> **여자:** 네. 맞습니다. 무슨 일 있으세요*?
>
> **남자:** 친구*가 보낸* 물건이 아직* 도착하지* 않아서요. 아마* 오늘쯤 도착할 거라고 해서요.
>
> **여자:** 아, 알겠습니다. 제가 확인해* 보겠습니다.
>
> **남자:** 좀 서둘러* 주세요. 제가 급해서요*.
>
> **여자:** 잠깐만요. 아, 여기 있네요. 오늘 오후 4시까지 도착 가능합니다. 그 시간에 택배 받아 주세요.

01 **남자가 여자에게 전화를 한 이유를 고르십시오.**

① 친구를 만나기 위해서

② 물건을 친구에게 보내려고

③ 오후 4시까지 택배 회사에 가려고

❹ 친구가 보낸 물건의 도착 시간을 확인해 보려고 (남자는 친구가 보낸 물건이 언제쯤 도착할지에 대해 묻고 있다.)

📖 TOPIK I 끝내기 어휘

*택배 회사	parcel delivery company	*도착하다	arrive
*무슨 일 있으세요?	What's the matter?	*아마	maybe, probably
*친구	friend	*확인하다	confirm
*보내다	send	*서두르다	hurry, rush, hasten
*아직	yet	*급하다	urgent, pressing

✚ **02** 들은 내용과 같은 것을 고르십시오.

❶ 친구가 남자에게 물건을 보냈습니다. (😊 남자는 친구가 보낸 택배의 도착 시간에 대해 묻고 있다.)

② 친구는 오후 4시까지 물건을 보낼 것입니다. (☹️ 택배 회사에서 물건을 보내기로 한 시간이 오후 4시이다.)

③ 여자는 남자에게 물건이 무엇이냐고 물었습니다. (☹️ 여자가 남자에게 물건의 내용을 묻고 있지 않다.)

④ 남자가 친구에게 물건의 도착 시간을 물어보았습니다. (☹️ 남자가 여자에게 물건의 도착 시간을 묻고 있다.)

[29번~30번] '대화 상황에서 이유 파악' 듣기의 기술   *Skill*

대화 상황에서 이유를 찾는 문제 유형이다. 먼저 무엇에 대해 묻고 있는지를 판단한다. 아울러 응답자의 답변 내용을 정확하게 파악한다. 특히 대화의 첫 부분을 주목해 듣는다. 특정 상황에 대한 이유는 흔히 시작 부분에 드러나기 때문이다.

문제에 제시된 대화의 첫 문장에서는 '택배'라는 어휘가 나온다. 첫 문장을 듣고, 택배를 주고 받는 것과 관련된 상황임을 예상할 수 있다. 대화의 내용을 보면, 남자는 물건이 언제 도착할지 궁금해하며 물어보고 있고, 여자는 확인을 한 후 도착 가능한 시간을 남자에게 알려 주고 있는 대화 상황이다.

음원 듣기

🎧 왼쪽 상단의 QR 코드의 듣기 음원을 들으면서 문제를 풀어 보세요.

[01~02] 다음을 듣고 물음에 답하십시오.

01 남자가 왜 이 이야기를 하고 있는지 고르십시오.
① 주문   ② 소개   ③ 신청   ④ 비판

02 들은 내용과 같은 것을 고르십시오.
① 김철수 씨는 바쁜 가수입니다.
② 김철수 씨는 시간이 많습니다.
③ 김철수 씨는 미국을 좋아합니다.
④ 김철수 씨는 매주 양로원에 갑니다.

[03~04] 다음을 듣고 물음에 답하십시오.

03 여자가 왜 이 이야기를 하고 있는지 고르십시오.
① 설명   ② 감사   ③ 부탁   ④ 비교

04 들은 내용과 같은 것을 고르십시오.
① 사람들이 한국 회사를 좋아합니다.
② 청소기에는 세 개의 버튼이 있습니다.
③ 한국 회사에서는 청소기를 사용합니다.
④ 배터리를 바꾸면 한 달 쓸 수 있습니다.

[05~06] 다음을 듣고 물음에 답하십시오.

05 두 사람이 무엇에 대해 이야기를 하고 있는지 고르십시오.

① 잃어버린 지갑

② 잃어버린 수첩

③ 잃어버린 가방

④ 잃어버린 시계

06 들은 내용과 같은 것을 고르십시오.

① 남자는 한국 회사 직원입니다.

② 여자는 지금 회의를 하고 있습니다.

③ 여자는 수첩을 남자에게 주었습니다.

④ 남자는 잃어버린 수첩을 찾고 있었습니다.

[07~08] 다음을 듣고 물음에 답하십시오.

07 두 사람이 무엇에 대해 이야기를 하고 있는지 고르십시오.

① 방학 때 살 것

② 방학 때 갈 곳

③ 방학 때 할 일

④ 방학 때 먹을 것

08 들은 내용과 같은 것을 고르십시오.

① 남자는 해외여행을 가고 싶어 합니다.

② 여자는 한국어능력시험을 어려워합니다.

③ 남자는 아르바이트를 해서 옷을 샀습니다.

④ 여자는 시험이 끝나도 해야 할 일이 많습니다.

[09~10] 다음을 듣고 물음에 답하십시오.

09 여자가 청바지를 사지 <u>않은</u> 이유를 고르십시오.

① 입고 싶지 않아서

② 가격이 너무 비싸서

③ 마음에 들지 않아서

④ 색깔이 너무 진해서

10 들은 내용과 같은 것을 고르십시오.

① 여자는 파란색을 좋아합니다.

② 남자는 대학생들을 좋아합니다.

③ 여자는 청바지를 사고 싶어 합니다.

④ 남자는 여자에게 청바지를 팔았습니다.

[11~12] 다음을 듣고 물음에 답하십시오.

11 여자가 드라마를 보지 못한 이유를 고르십시오.

① 피곤해서

② 재미없어서

③ 시간이 없어서

④ 드라마를 싫어해서

12 들은 내용과 같은 것을 고르십시오.

① 남자는 가족 드라마를 봤습니다.

② 여자는 회사에서 드라마를 봅니다.

③ 여자는 가족 드라마를 좋아합니다.

④ 남자는 나중에 드라마를 보려고 합니다.

내를 건너서 숲으로
고개를 넘어서 마을로

어제도 가고 오늘도 갈
나의 길 새로운 길

– 윤동주, '새로운 길'

02 통합문제

본문 pp.064~066

01	②	02	①	03	①	04	②	05	②
06	④	07	③	08	④	09	②	10	③
11	③	12	①						

[01~02]

🎧 듣기 대본

> 남자: 이번에 나오실 분은 한국과 미국에서 사랑을 받고 있는 유명한 가수입니다. 이분은 부드러운 목소리로 많은 사람들에게 인기를 얻고 있는 분입니다. 노래를 잘 부르고 춤도 무척 잘 춥니다. 그래서 매일 바쁘게 시간을 보내고 있습니다. 그리고 시간이 나는 대로 노인들을 위해 공연을 하기도 합니다. 한 달에 한 번 양로원에 봉사를 갑니다. 마음씨도 아름다운 분입니다. 여러분, 가수 김철수 씨입니다!

01 [대화의 목적 파악]
② 남자는 유명한 가수 김철수 씨를 소개하고 있다.

02 [대화 상황과 같은 내용 파악]
① 김철수 씨는 한국과 미국에서 인기가 많은, 바쁜 가수이다.

🎓 오답풀이
④ 김철수 씨는 매주가 아니라, 매월 양로원에 간다.

> 男: 这次要向大家介绍的是在韩国和美国都很受欢迎的著名歌手。他因柔和的嗓音而深受大家的喜爱。他不仅歌唱的好，而且舞技也很棒。所以每天都过得很忙碌。他一有时间就会为老人们进行演出。每月都会到养老院做一次公益活动。他是一位心地善良的人。各位！是歌手金哲洙。

01
② 男子正在介绍著名歌手金哲洙。

02
① 金哲洙是一名在韩国和美国都很受欢迎的忙碌歌手。

🎓 误答解析
④ 金哲洙不是每周，而是每月去养老院。

> M: Here comes a famous singer who is be loved in Korea and the U.S. He is acknowledged as his soft voice and is very popular among many people. He is good at singing and dancing. So he keeps himself busy everyday. And he holds a concert for the elderly when time permits. He volunteers at a nursing home once a month. He has a warm heart. Ladies and Gentlemen, here comes a singer Mr. Kim Cheol-su!

01
② The man is introducing a famous singer Mr. Kim Cheol-su.

02
① Mr. Kim is a busy singer who is famous in Korea and the U.S.

🎓 Wrong answer explanation
④ Mr. Kim visits a nursing home not once a week but a month.

[03~04]

🎧 듣기 대본

> 여자: 이번 여름 한국 회사에서 만든 새로운 청소기입니다. 새로 나온 청소기는 사용하기도 쉽고 가벼워서 사람들이 좋아합니다. 배터리를 사용하기 때문에 비용도 많이 들지 않아 실용적입니다. 한 번 배터리를 바꾸면 몇 달 동안 쓸 수 있습니다. 청소기에는 빨간색, 파란색, 노란색 버튼이 각각 한 개씩 있는데 빨간색 버튼을 누르면 힘이 가장 셉니다. 그리고 노란색 버튼을 누르면 힘이 가장 약합니다. 원하는 대로 버튼을 눌러 사용할 수 있습니다.

03 [대화의 목적 파악]

① 한국 회사에서 새롭게 만든 청소기의 특징과 사용 방법에 대해 설명하고 있다.

04 [대화 상황과 같은 내용 파악]

② 버튼은 빨간색, 파란색, 노란색 세 개가 있다.

🎓 오답풀이

① 한국 회사에서 새롭게 만든 청소기는 실용적이어서 사람들이 좋아한다.

④ 배터리를 한 번 바꾸면 몇 달 동안 쓸 수 있다.

> 女: 这是在韩国公司这个夏天推出的新型吸尘器。新推出的这种吸尘器使用起来简单轻便，深受人们喜爱。该款吸尘器使用蓄电池供电，花费不多，非常实用。换一次电池，就可以使用好几个月。吸尘器上各有一个红色、蓝色和黄色按钮，红色按钮力量最大。黄色按钮力量最弱。客人可以根据自己的需要选择按钮。

03

① 本文介绍了韩国公司新生产出来的吸尘器的特点和使用方法。

04

② 吸尘器上有红色、蓝色和黄色3个按钮。

🎓 误答解析

① 韩国公司新生产出来的吸尘器因具有较高实用性而深受人们的喜爱。

④ 换一次电池可以使用好几个月。

> W: This is the new released vacuum made by a Korean company this summer. People like it, because it is light and easy to use. As we can use a battery, it is practical and costs less. Once you change your battery, you can use the vacuum for several months. There are a red, a blue, and a yellow button, respectively. The red button is the most strongest one. And the yellow button is the weakest one. You can press these buttons as you want.

03

① The woman explains features and how to use of a new released vacuum made by a Korean company.

04

② There are three buttons, a red, a blue, and a yellow one respectively.

🎓 Wrong answer explanation

① People like the new vacuum made by a Korean company, because it is practical.

④ Once you change your battery, you can use the vacuum for several months.

[05~06]

🎧 듣기 대본

> 여자: 안녕하세요. 김 사장님. 한국 회사 직원입니다. 통화 가능하신가요?
>
> 남자: 네. 그런데 제가 지금 바빠서요. 회의 끝나면 통화 가능합니다. 무슨 일이시죠?
>
> 여자: 지난번에 김 사장님께서 저희 회사에 오셨을 때 수첩을 두고 가셨더라고요.
>
> 남자: 아! 계속 찾고 있었는데 거기 있었군요. 잃어버린 줄 알았어요. 지금 가지고 계신가요?
>
> 여자: 네. 제가 갖고 있어요. 시간 나시는 대로 오세요.
>
> 남자: 감사합니다. 회의 끝나면 찾아뵙겠습니다.

05 [대화의 중심 내용 파악]
② 남자는 잃어버린 줄 알았던 수첩을 여자가 갖고 있다는 전화를 받고 감사하고 있다.

06 [대화 상황과 같은 내용 파악]
④ 남자는 여자가 근무하는 한국 회사에 자신의 수첩을 놓고 온 줄 모르고 계속 찾고 있었다. 남자는 회의가 끝나면 한국 회사로 수첩을 찾으러 가려고 한다.

> 女: 您好，金总经理。我是韩国公司的职员。您现在方便接听电话吗？
>
> 男: 嗯，我现在比较忙。会议结束之后才有时间接电话，有什么事吗？
>
> 女: 上次金总经理来我们公司的时候，把记事本忘在我们公司了。
>
> 男: 啊，我一直在找它，没想到在你们公司啊。我还以为丢了呢。现在在你那里吗？
>
> 女: 是的，现在在我这呢。请金总经理有时间的时候来我们公司一趟吧。
>
> 男: 谢谢，会议结束之后我就过去。

05
② 男的接到了女的的电话，男子一直以为记事本丢了。原来是在女的那里，男的对女的表达了感谢。

06
④ 男的不知道他把自己的记事本放在了女的工作的公司，一直在找。男子打算会议一结束就去韩国公司拿记事本。

> W: Hello, president Kim. This is a staff from Korean company. Are you avaliable to speak?
>
> M: Yes, but I'm busy now. I can speak after meeting. What's up?
>
> W: You left your notebook when you visited our company last time.
>
> M: Ah! I've tried to find it, and it is there. I think I lost it. Do you have it now?
>
> W: Yes, I do. Please come at any time.
>
> M: Thank you. I'll visit there after I finish the meeting.

05
② The man thanks to the woman since he got a call from her that she had the notebook he lost.

06
④ The man was trying to find his notebook, because he didn't know where his notebook was. After meeting, he'll visit Korean company to get his notebook.

[07~08]

🎧 듣기 대본

> 남자: 해진 씨, 이번 방학에 뭐 하고 지낼 거예요?
>
> 여자: 저는 해외여행을 가고 싶지만 한국어능력시험 준비 때문에 힘들 거 같아요.
>
> 남자: 그렇군요. 시험 끝나면 갈 수 있겠네요.
>
> 여자: 잘 모르겠어요. 방학 때 할 일이 너무 많아서요. 철수 씨는 방학 계획이 있어요?
>
> 남자: 네. 저는 영어 시험 공부를 하려고요. 그리고 아르바이트를 해서 옷도 사고 싶어요. 맛있는 음식도 먹고요.

여자: 저희 모두 시험 공부만 하면서 방학을 보내겠네요.

07 [대화의 중심 내용 파악]

③ 방학 때 여자는 한국어능력시험을 준비하고, 남자는 영어 공부와 아르바이트를 하려고 한다.

08 [대화 상황과 같은 내용 파악]

④ 여자는 방학 때 한국어능력시험 때문에 해외여행을 갈 수 없다. 그리고 방학 때 할 일이 너무 많아서 시험이 끝나도 해외여행을 가기가 어렵다.

🎓 오답풀이

② 여자는 시험 준비 때문에 해외여행을 가는 것이 힘들 거 같다고 말했다. 한국어능력시험이 어렵다는 것이 아니다.

男: 海眞, 这个假期你打算怎么度过?

女: 我想去海外旅行, 但是还要准备韩国语能力考试, 可能去不了了。

男: 原来是这样啊。考完试之后可以去啊。

女: 我也不太确定。假期要做的事情太多了。哲洙, 你假期有计划吗?

男: 嗯, 我打算准备英语考试。然后再做点打工, 买衣服, 吃好吃的。

女: 我们都要在准备考试度过假期。

07

③ 假期期间, 女的打算准备韩国语能力考试。男的打算学习英语和做兼职。

08

④ 女的假期期间因为要准备韩国语能力考试, 所以没有办法去海外旅行了。而且假期要做的事情太多了, 就算考试结束了, 也不能去旅行了。

🎓 误答解析

② 女的说因为要准备考试, 所以去海外旅行可能比较困难, 但不是说韩国语能力考试难。

M: Hello, Haejin. What will you do this vacation?

W: I want to go trip to abroad, but it is hard to go because I have to prepare TOPIK.

M: I see. You can go there after finishing the test.

W: I don't know. I have a lot of work to do on vacation. Is there any plan for your vacation, Cheol-su?

M: Yes. I am planning to study for English test. And I also want to buy some clothes and eat delicious food by working part-time.

W: Both you and I will only spend our time studying during vacation.

07

③ During vacation, the woman will be studying TOPIK and the man is going to study English and work part-time.

08

④ The woman can't go trip to abroad during vacation because of TOPIK. And she also isn't able to go after the test, because she has a lot of work to do.

🎓 Wrong answer explanation

② The woman says it is hard to go trip to abroad because of preparing test. It doesn't mean that TOPIK is hard.

[09~10]

🎧 듣기 대본

남자: 어서 오세요. 어떤 옷 찾으세요?

여자: 청바지 좀 보여 주세요. 요즘 유행하는 색이 뭐예요?

남자: 진한 파란색이 많이 팔려요. 특히 대학생들이 좋아해요. 남녀 모두 좋아해요. 천천히 골라 보세요.

여자: 아, 그래요. 진한 파란색 청바지 좀 보여 주세요. 저도 사고 싶어요.

남자: 여기 있습니다. 마음에 드시면 입어 보셔도 돼요.

여자: 네. 마음에 드는데 가격이 너무 비싸네요. 다음에 다시 올게요.

09 [대화 상황에서 이유 파악]
② 여자는 청바지가 마음에 드는데 가격이 너무 비싸서 사지 못하고 다음에 온다고 했다.

10 [대화 상황과 같은 내용 파악]
③ 여자는 청바지를 사고 싶어 옷가게에 갔다.

男: 欢迎光临! 您想买什么样的衣服?
女: 我想看一下牛仔裤。最近流行什么颜色?
男: 最近深蓝色很畅销。特别是大学生非常喜欢。男女都喜欢。请您慢慢挑选。
女: 哦, 是吗? 那就给我看一下深蓝色的牛仔裤吧。我也想买。
男: 给您。如果喜欢的话, 也可以试穿一下。
女: 嗯, 挺喜欢的。就是太贵了。我下回再来吧。

09
② 女的说很喜欢那款牛仔裤, 可是太贵了, 买不起, 打算下次再来。

10
③ 女子想买牛仔裤, 所以去了衣服店。

M: Welcome. What kind of clothes are you looking for?
W: I'm looking for jeans. What's the popular color these days?
M: Deep blue one is sold well. University students especially like it. Both men and woman like it. Take your pick slowly, please.
W: Oh, I see. Show me deep blue jeans, please. I want to buy them, too.
M: Here you are. Try them on if you want.
W: Yes. I like them, but they are too expensive. I'll come back next time.

09
② The woman likes jeans, but she says she'll be back next time because of expensive price.

10
③ The woman went to the clothing shop to buy jeans.

[11~12]

🎧 듣기 대본

남자: 소라 씨, 요즘 한국 드라마 봐요?
여자: 아니요. 요즘에 회사 일이 너무 바빠서 볼 시간이 없어요. 무슨 드라마가 재미있어요?
남자: 가족 드라마가 재미있어요. 깊은 감동도 받았어요. 나중에 한 번 꼭 보세요.
여자: 알았어요. 급한 일 끝나면 꼭 볼게요. 일이 많아서 피곤해요. 그런데 어느 방송에서 해요?
남자: 한국 방송에서 저녁 8시에 시작해요. 피곤할 때 드라마를 보면 좋아요.
여자: 네. 알려줘서 고마워요.

11 [대화 상황에서 이유 파악]
③ 여자는 한국 드라마를 보려고 해도 회사 일이 많아서 볼 시간이 없다.

12 [대화 상황과 같은 내용 파악]
① 회사 일로 바빠서 한국 드라마를 보지 못한 여자에게 남자는 자신이 본 한국의 가족 드라마를 볼 것을 권유하고 있다.

男: 素罗, 最近看韩剧了吗?
女: 没有。最近公司的工作太忙了, 没有时间看。什么电视剧比较有意思?
男: 家庭剧比较有意思。很感人, 以后一定要看一看。
女: 好的。忙完这些比较急的事情我就看。事情太多了, 有点累。哪个台播放啊?
男: 韩国广播电视台晚上八点开始播放。累的时候可以看看电视剧。
女: 好的, 谢谢您。

11

③ 女的想看韩剧, 但是公司的事情太多了, 没有时间看。

12

① 女的因为公司的工作太忙, 不能看电视。男的正在劝她看自己看过的韩国家庭剧。

M：Sora, do you watch a Korean drama these days?

W：No, I have no time to watch it because of heavy work load. Which drama is interesting?

M：A family drama is interesting. I was impressed deeply. Don't miss it.

W：OK. I'll watch it after I finish the urgent work. I'm tired because I have a lot to do. Anyway, which channel broadcasts the drama?

M：It starts at 8：00 p.m. on Korea Broadcasting. It is good to watch a drama when you are tired.

W：I see. Thank you for notifying me of that.

11

③ The woman has no time to watch the Korean drama because of heavy work load.

12

① The man recommends the woman who can't watch the drama because of heavy workload to watch the Korean family drama.

> 각 유형별 문제풀이 Skill을 익히면
> 빠르게 답을 찾을 수 있어요.

TOPIK

읽기

II

[31번~70번]

고등급 *Special* 특강!
읽기의 **Basic** Skill

읽기는 글쓴이와 독자의 정신적 소통 행위이다. 읽기 자료는 어휘, 구, 절, 문장, 단락 등 여러 문법 단위들로 구성된다. 따라서 읽기 영역에서 좋은 점수를 얻기 위해서는 여러 요소가 지닌 의미와 역할 등을 종합적으로 이해해야 한다. 또한 읽기와 관련된 기본 요소들에 대한 정확한 학습이 필요하다.

1 읽기의 과정

상향식(bottom-up) 읽기
- 먼저 문자 기호를 읽고 의미를 파악하는 읽기이다.
- 문자 읽기 → 어휘 의미 이해 → 문장 의미 이해 → 글 이해

상호보완식 읽기
- 상향식과 하향식 읽기를 적절하게 조합한 읽기이다.
- 어휘와 문장의 의미를 이해하면서, 전체 내용을 동시에 예측하며 글 이해

하향식(top-down) 읽기
- 글 전체에 대한 의미 예측에서 시작해 세부적 요소 파악을 통해 전체 의미를 이해하는 읽기이다.
- 글 전체 예측 → 문장 의미 이해 → 어휘 의미 이해

2 읽기 능력 향상 방법

어휘력 및 독해력 • 읽기에 도움이 되는 어휘력과 독해력을 길러야 한다.

언어 지식 • 읽기에 도움이 되는 기초 언어 지식을 습득해야 한다.

경험 및 배경 지식 • 읽기에 도움이 되는 경험과 배경 지식을 습득해야 한다.

3 일반적 읽기 능력 향상 전략

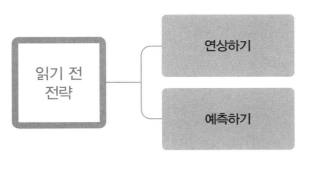

읽기 전
전략

연상하기
• 배경지식을 활용하여 내용을 연상하는 연습하기

예측하기
• 제목을 보고 내용을 예측하는 연습하기

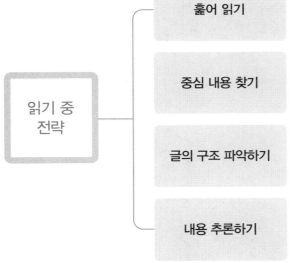

읽기 중
전략

훑어 읽기
• 필요한 특정 정보만 골라 읽는 연습하기

중심 내용 찾기
• 핵심어를 찾는 연습하기
• 핵심어를 통해 글쓴이의 중심 생각을 찾는 연습하기

글의 구조 파악하기
• 글의 개요 이해를 통해 글 전체 내용을 파악하는 연습하기

내용 추론하기
• 표면 정보를 통해 숨겨진 정보나 생략된 정보 내용을 파악하는 연습하기

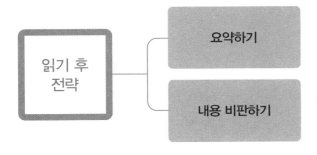

읽기 후
전략

요약하기
• 중요한 부분을 취사선택해 내용을 압축하는 연습하기

내용 비판하기
• 글쓴이의 생각이나 내용 전개 방식, 근거의 적절성 등을 평가하는 연습하기

4 세부적 읽기 능력 향상 전략

(1) 내용 측면에서의 전략

❶ 대상이나 사물의 공통적 특성이나 관계를 파악하는 연습하기

- **공통적 특성**: 대상이나 사물을 공통된 특성에 맞추어 묶는다.
  예 사과, 배, 포도 등 → 과일
  　　월요일, 화요일, 수요일 등 → 요일
- **관계**: 대상 간의 관계를 파악한다.
  예 아빠, 엄마, 아들, 딸 등 → 가족

❷ 중심 생각을 파악하는 연습하기

글쓴이나 화자가 말하고자 하는 핵심 내용, 즉 중심 화제를 파악한다.
예 공부, 여행, 물건 사기, 길 찾기, 공연 안내 등

❸ 사실과 의견을 파악하는 연습하기

- **사실**: 제시문에 드러나는 객관적 정보 내용
  예 서울은 한국의 수도이다.
- **의견**: 글쓴이의 주관적 생각
  예 장미꽃은 아름다운 여자 얼굴 같다.

❹ 같은 내용이나 다른 내용을 파악하는 연습하기

- **같은 내용 찾기**: 제시문에 드러나는 정보를 모두 파악한다.
- **다른 내용 찾기**: 제시문에 드러나지 않는 선택지를 찾는다.

❺ 빈칸 채우는 연습하기

- **문장의 논리적 연결 파악**: 화제어(핵심어) 연결에 주목한다.
- **접속어 파악**: 문장을 연결하는 접속어에 주목한다.

❻ 글의 흐름 파악하는 연습하기

- **화제 파악**: 내용 전개에 중심이 되는 화제에 주목한다.
- **연결어 파악**: 접속어, 어미, 조사의 연결에 주목한다.

(2) 문법적 측면에서의 전략

(1) 조사 파악 연습

'조사'는 보통 명사나, 대명사, 수사 등에 붙어 의미를 더해 주거나 문법적 기능을 하는 한국어 품사 중 하나이다.

> **예문**
> 사람**은** 무엇을 위해 사는가? 이상**을** 위하여 산다. 이상을 위하여 산다는 것은 오직 인간**만이** 누릴 수 있는 특권이다. 여타**의** 동물**은** 이상이라는 것이 없다. 다만 현실**만을** 위하여 산다. 즉, 먹기 위하여 살고, 살기 위하여 먹는다. 그러나 인생은 그렇지 않다. 먹기**도** 해야겠지만, 먹는 것**만으로는** 만족하지 않는다. 그리하여 사람**은** 빵**만으로** 사는 동물**이** 아니라고 하였다.

은/는	반복 사용을 통해 내용을 강조하고 있음
을	목적을 나타내며 자신이 하고 싶은 말을 중점적으로 드러냄
만	'단독', '홀로'의 의미를 지니며 강조하고 있음
이	강조의 뜻을 드러냄
의	뒤에 나오는 말을 수식하는 기능을 함
도	'동일'의 뜻을 지니며 더함의 의미를 드러냄
으로	'수단', '도구'의 의미를 나타내며 내용을 보충함

(2) 어미 파악 연습

'어미'는 동사나 형용사 어간에 붙어 의미를 더해 주거나 문법적 기능을 하는 요소를 뜻한다. 또한 어미는 앞의 말과 뒤의 말을 자연스럽게 연결하는 기능을 한다.

> **예문**
>
> (가) 우리는 언어의 세계에서 생활하고 있다. 친구와 이야기를 하**거나** 책을 읽는 것뿐만 아니라, 간판을 보**거나** 노래를 부르는 것 모두 일종의 언어 활동이라고 할 수 있다. 우리가 의식하지 못할 뿐이지, 사실 우리는 아침에 눈을 떠**서** 잠자리에 들 때까지 언어 속에 파묻혀 생활하고 있는 셈이다.
>
> (나) 표준어는 나라에서 대표로 정한 말이기 때문에, 각급 학교의 교과서는 물론 신문이나 책에서 이것을 써야 하고, 방송에서도 바르게 사용해야 한다. 이와 같이 국가나 공공 기관에서 공식적으로 사용해야 하**므로**, 표준어는 공용어이기도 하다. 그러나 어느 나라에서나 표준어가 곧 공용어는 아니다. 만일 한 나라에 여러 개의 언어가 있**다면** 표준어를 어떻게 정해야 할까? 나라에 따라서는 다른 나라 말이나 여러 개의 언어로 공용어를 삼는 수도 있다. 인도나 필리핀의 경우가 그러하다. 또한 여러 민족이 함께 살**므로** 그들의 언어를 공용어로 인정해 주는 경우도 있**는데**, 스위스 같은 나라가 이에 속한다.

(가)	–거나	• 대상의 행위 내용을 알려 주는 어미 • 어떤 것이든 선택될 수 있음을 나타냄
	–(어)서	• 행위의 시간적 선후 관계를 알려 줌 • 앞의 말과 뒤의 말을 연결함
(나)	–므로	• 원인이나 이유를 나타내는 어미 • 앞의 말과 뒤의 말을 자연스럽게 연결시키면서 세부 정보를 알려 줌
	–다면	• 어떠한 사실을 가정하여 조건으로 삼는 뜻을 나타냄 • 앞의 말과 뒤의 말을 자연스럽게 연결시킴
	–는데	• 상황 설명을 할 때 사용함 • 앞의 말과 뒤의 말을 문법적으로 연결시키면서 세부 내용을 드러냄

(3) 반복어 파악 연습

글에는 어휘나 어구 혹은 문장 등의 문법 단위가 반복된다. 이러한 반복은 의도성을 띤다. 즉, 의도하는 바에 대한 강조일 경우가 많다. 글에서 반복되는 말이 있으면, 그 의미가 강조된다. 따라서 반복어 분석을 통해 글의 중심 내용을 파악할 수 있다.

> **예문**
>
> **방송** 기술의 눈부신 발전은, **방송**이 다룰 수 있는 내용의 범위와 수준을 이전과 비교할 수 없을 만큼 높이 끌어올렸고, 우리의 일상생활 패턴까지 바꾸어 놓았다. 또한, 이러한 기술의 발전으로 인해 **방송**은 오늘날 매우 중요한 광고 매체의 하나로 자리 잡게 되었다. **방송**이 지닌 이와 같은 성격은 문화에 큰 영향을 주는 요인으로 작용했다고 할 수 있다.

방송	단어의 반복을 통해 말하고자 하는 바를 강조함

(4) 대용어 파악 연습

대용어는 지칭 대상을 대신하여 사용하는 문맥 연결 표지어이다. 대용 표지는 주로 지시 대명사로 나타난다. 이러한 대용 표현은 언어 표현의 경제성에도 기여한다. 지시어를 통해, 동일한 의미를 지닌 어휘나 어구, 문장, 단락 등을 압축해서 표현할 수 있다. 지시어는 지시 대명사(이, 그, 저 등)나 지시 부사(이렇게, 그렇게 등) 형태로 실현된다.

❶ 어휘 대용 표지어

> **예문**
>
> 어떠한 이상을 추구하여 **그것**을 실현하면, **그것**은 벌써 현실이 되어 버리고, 이상은 아닌 것이다.

그것	'이상'의 대용적 표현

* 지시어가 무엇을 대용하고 있는지를 이해하는 것은 글쓴이가 의도하는 바를 파악하게 한다.

❷ 어구 및 문장 대용 표지어

예문

> 현실과 이상의 차이는, 그것이 실현되었느냐 않았느냐에 달려 있는 것이라 하겠다. 가령, 사람이 월세계에 가서 살려고 **그** 방법을 연구하고 있다고 하자. **이것**은 어디까지나 이상이요, 아직 현실은 아니다. 우리의 월세계에서의 생활은 오늘날까지도 이상에 지나지 않는 것이요, 현실로는 이루어지지 못하였다.

그	'사람이 월세계에 가서 살려고' 어구를 받는 대용 지시어
이것	앞 문장 전체, 즉 '가령 ～하자'를 받는 문장 대용 지시어

* 지시어가 무엇을 대용하고 있는지를 이해하는 것은 글쓴이가 의도하는 바의 핵심 내용을 파악하게 한다는 점에서 중요하다.

❸ 단락 대용 표지어

예문

> **(가)** 지식을 획득하는 제3의 방법은 연구와 터득이다. 배움은 어디까지나 수동적이지만, 터득은 자력으로 미지의 새로운 지식을 향하여 개척하여 나가는 것이다. 이것은 능동적이고 적극적인 지식의 획득 방법이니, 수확에 비하여 그 노력은 막대한 바가 있다. 기지의 지식과 끈기 있는 실험으로써, 또는 추리로써 대상에 대한 진상을 밝혀내면, 거기서 비로소 새 지식을 획득하게 되는 것이다. 이와 같이 새 지식을 향하여 연구하고 터득해 나가는 데에는 선배나 기타 전문가의 힘을 빌리게 되는 일도 있는데, 거기에는 여러 가지 불편과 곤란이 개재된다. 그러므로 어느 방향의 전문가가 되든지, 대성하는 사람들은 대개 독자적으로 연구하여 나가는 경우가 많다.
>
> **(나)** **이렇게** 독력으로 개척하여 나가는 데에 무엇보다도 필요하며 또 비교적 쉽사리 입수할 수 있는 재료가 서적이다. 서적은 어떠한 종류를 막론하고, 그 저자가 적거나 많거나 간에 자기의 체험과 상상력 또는 추리력을 근거로 하고 토대로 삼아서 저작하였기 때문에, 그들의 무한한 노고와 오랜 세월의 연마를 거쳐서 이루어진 것이다.

	(가) 내용 전체를 받고 있는 지시적 대용어
이렇게	└→ 지식 획득의 방법으로 가장 능동적이고 적극적이고 노력이 많이 드는 방법이 '연구와 터득'이라는 것

* (나)의 내용을 정확하게 파악하기 위해서는 '이렇게'가 지시하는 내용을 알아야 한다.

(5) 접속어 파악 연습

단어와 단어, 구절과 구절, 문장과 문장을 이어 주는 성분을 '접속어'라 한다. 접속어는 접속의 기능 이외에, 의미상으로 어떤 부사적 의미를 나타냄으로써 전체 문장의 의미를 강화해 주는 수식의 기능도 한다.

 ❶ 단어 접속어

단어 접속어는 '및', '또는', '혹은'과 같은 부사나 '와/과', '하고', '이며', '이나' 등과 같은 조사로 단어를 연결하는 기능 이외에 전체 문장의 의미를 강화해 주는 수식 기능을 한다.

> 예문
> **(가)** 회장 **및** 사장들이 회의에 참석했다.
> **(나)** 오전 **또는** 오후에 다시 한 번 만나자.
> **(다)** 1년 **혹은** 2년이 걸릴지도 모른다.

및	• '회장'과 '사장'을 연결함 • 회의에 참석한 대상이 단수가 아닌 복수라는 사실을 알게 함
또는	• 접속의 기능 외에 문장의 의미를 더해 주는 기능을 가짐 • '다시 한 번 만나자'라는 시간에 관한 정보가 '오전', '오후' 모두 가능하다는 사실을 알려 줌
혹은	• 접속의 기능 외에 문장의 의미를 더해 주는 기능을 가짐 • 앞뒤 어휘를 긴밀하게 연결하면서 관련된 정보를 알게 함

❷ 문장 접속어

'문장 접속어'는 문장과 문장을 이어 주는 기능을 한다. '문장 접속 부사'도 '단어 접속 부사'와 마찬가지로 문장과 문장을 접속하는 기능 이외에 뒤 문장의 의미를 강화하는 수식의 기능을 아울러 갖고 있다.

예 그래서, 그러나, 그러면, 그런데, 그리고, 그러므로, 그렇지만, 그리하여

> 예문
> 이상을 위하여 산다는 것은 어떠한 꿈을 그리며 산다는 말이 된다. 이 꿈이란 것은 현실이 아니란 말이다. 현실 이상의 것, 초현실적인 것을 의미한다.
> **그런데** 꿈과 이상은 꼭 같지가 않다. 꿈은 허탄한 가공의 환상을 가리키는 일이 많다. **그러나** 이상은 결코 허황한 망상이 아니다. 초현실적이고, **따라서** 비현실적인 점에서는 이상과 꿈이 상통하는 면이 있다고 하겠지만, **그러나** 이상은 실현의 가능성이란 것을 수반하는 사고 작용이다.

그런데	• 앞의 문장을 전환적으로 받아 결속시키는 역할 • '꿈과 이상'이 같지 않음을 강조하는 기능
그러나	• 앞의 문맥과는 상반되는 뒤의 내용을 전개시키는 역할 • 새롭게 전개되는 뒤의 문맥을 부각시키는 역할
따라서	• 앞의 문맥을 순리적으로 이어서 결속시키는 역할 • 앞에 전개된 내용을 이어받아 한 번 더 강조하는 데 기여

> **예문**
>
> 학문의 연구는 이와 같이 하여 점점 깊이 들어가고 폭이 넓어지게 되는 것이니, 그러기 위해서는 물론 노력이 든다. **그리고** 이러한 노력은 결코 아낄 일이 아니다. 매사가 정성과 노력을 안 들이고 공으로 이루어지는 것은 하나도 없다. **또**, 노력을 들이면, 그 노력은 결코 허사로 돌아가는 것도 아니다. 그 노력의 효과는 언젠가는 어떠한 형식으로든지 거두어지게 마련이다.

그리고	• 앞의 문맥에 덧붙여 연결하는 역할 • 문맥을 강조하는 기능
또	• '그리고'와 비슷하게 문맥을 강조 • 문장을 결속시키는 역할

(6) 부사 파악 연습

부사는 용언이나 문장 전체를 꾸며 주는 역할을 한다. 부사에는 시간이나 성질, 상태 및 장소를 지시하는 부사와 상황을 부정하는 부사 등이 있다.

❶ 시간 부사

시간을 나타내는 부사이다. 과거, 현재, 미래 상황과 호응한다.

예 나는 <u>어제</u> 영화관에 <u>갔다</u>. → 과거 상황과 호응

<u>지금</u> 밖에 비가 <u>내린다</u>. → 현재 상황과 호응

나는 <u>내일</u> 도서관에 <u>갈 것이다</u>. → 미래 상황과 호응

❷ 성상 부사

성질이나 상태를 꾸며 주는 부사이다.

예 영주는 우리 반에서 <u>가장</u> 공부를 잘 한다.

❸ 지시 부사

장소나 시간 등을 가리키는 부사이다.

예 <u>이리</u> 가면 한국대학교이다.

❹ 부정 부사

특정 내용을 부정하는 부사이다.

예 나는 오늘 영화관에 <u>못</u> 간다.

❺ 기타

언제	시간을 묻는 부사 예 시험이 <u>언제</u> 끝나요?
왜	이유나 원인을 묻는 부사 예 오늘 수업에 <u>왜</u> 늦었니?
전혀 / 결코	주로 부정 서술어와 호응하는 부사 예 그는 <u>전혀</u> 사과할 마음이 없다. 　　그의 마음은 <u>결코</u> 변하지 않을 거야.
비록	'-ㄹ지라도'와 호응하는 부사 예 <u>비록</u> 힘든 일이 있을지라도 나는 포기하지 않을 거야.
오직 / 다만	'오로지'의 뜻을 지니며 '~뿐이다'와 호응하는 부사 예 나는 <u>오직</u> 너뿐이야. 　　나는 <u>다만</u> 네가 걱정스러울 뿐이다.

5 읽기 영역 문제 풀이 비법

❶ 문제를 읽고 이해한다.

- 긍정형의 문제인지 부정형의 문제인지 파악한다.
- 물어 보는 내용이 무엇인지 파악한다.

❷ 선택지를 읽고 중요 부분에 밑줄을 친다.

- 선택지에 드러난 중요 어휘에 밑줄을 치며 이해한다.
- 수식어나 서술어에 밑줄을 치며 이해한다.

❸ 문제에서 묻고 있는 내용과 선택지에 나온 내용을 염두에 두고 제시문을 읽는다.

- 중심 화제를 파악한다.
- 사실적 정보 내용을 파악한다.
- 의견이나 주장 등의 주관적 생각을 파악한다.
- 화제어(핵심어)를 파악한다.
- 핵심 문장을 파악한다.
- 지시어가 가리키는 내용을 파악한다.
- 접속어의 문맥 상황을 파악한다.
- 표면적인 정보 속에 숨겨진 의도를 파악한다.

❹ 제시문과 선택지를 비교하며 정답을 판단한다.

- 제시문의 내용이 선택지에서 어떻게 변용되어 표현되었는지 파악한다.
- 제시문의 내용과 선택지의 내용이 일관성을 지니고 있는지 파악한다.

유형 ① [31번~33번] 문장의 중심 소재 파악

무엇에 대한 내용입니까? 알맞은 것을 고르십시오.

> 형은 회사원입니다. 그리고 남동생은 대학생입니다.

① 회사

❷ 형제 (형과 남동생은 형제 사이이다.)

③ 학교

④ 친구

[31번~33번] '문장의 중심 소재 파악' 읽기의 기술

Skill

문장에서 중심 소재를 찾는 문제 유형이다. 우선 제시문에서 대상이 지닌 공통 특성을 파악한다. 그리고 대상이 어떤 관계에 있는지 판단한다.

문제의 제시문에서 '형'과 '남동생'은 가족 구성원이라는 공통 특성을 지닌다. 그리고 '형'과 '남동생'은 형제 관계에 해당한다.

문제 해결의 Tip

관계와 관련된 어휘

부부	여보, 당신, 누구(자녀 이름) 아빠, 누구(자녀 이름) 엄마 등
자매	언니, 여동생 등
남매, 오누이	오빠, 여동생 등
친척	삼촌, 사촌, 고모, 이모 등
스승과 제자	선생님, 학생 등
친구	우정, 선물 등
연인	애인, 데이트, 자기 등
의사와 환자	병원, 처방, 진단, 검사 등

유형 ② [34번~39번] 빈칸 채우기

( )에 들어갈 말로 가장 알맞은 것을 고르십시오.

> 한국어 공부를 열심히 했습니다. 그래서 토픽 시험에서 좋은 점수를 ( ).

① 고쳤습니다

② 슬펐습니다

③ 좋았습니다

❹ 받았습니다 ('받았다'는 '얻었다', '땄다', '획득했다'와 비슷한 뜻으로 쓰인다.)

[34번~39번] '빈칸 채우기' 읽기의 기술

Skill

　문맥의 논리적 흐름에 맞는 표현을 찾는 문제 유형이다. 우선 앞 문장의 내용을 정확하게 이해한 후 앞 문장과 뒤 문장의 연결 관계를 파악해 적절한 표현을 골라낸다. 이때 문장을 연결하는 접속어에 주목한다.

　문제의 제시문에서 열심히 공부한 것에 대한 결과를 의미하는 접속 부사 '그래서'가 쓰였으므로 빈칸에는 좋은 결과를 얻었다는 긍정형의 서술어가 오는 것이 적절하다.

💡 문제 해결의 **Tip**

🖋 **문장의 연결과 관련된 어휘**

그래서	• 앞 문장과 뒤 문장이 인과(원인과 결과) 관계로 연결된다.
그러므로	• 앞의 문장을 바탕으로 결론을 이끌어 낸다.
따라서	
그러나	• 앞 문장과 뒤 문장의 내용이 반대로 연결된다.
하지만	• 앞의 문장과 반대되는 내용이 전개된다.
그렇지만	
그런데	• 앞 문장과 뒤 문장의 화제가 바뀌어 연결된다.
	• 앞 문장의 화제가 뒤에서 바뀌어 전개된다.

유형 ❸ [40번~42번] 실용문 / 맞지 않는 내용 파악

다음을 읽고 맞지 <u>않는</u> 것을 고르십시오.

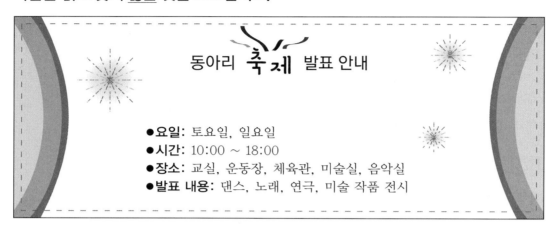

동아리 **축제** 발표 안내

- **●요일:** 토요일, 일요일
- **●시간:** 10:00 ~ 18:00
- **●장소:** 교실, 운동장, 체육관, 미술실, 음악실
- **●발표 내용:** 댄스, 노래, 연극, 미술 작품 전시

① 동아리 발표는 이틀 동안 합니다. (😊 토요일과 일요일 이틀 동안 발표를 한다.)

② 동아리 발표는 오전부터 시작합니다. (😊 10시는 오전에 해당한다.)

❸ 동아리 발표에서 시 낭송회가 있습니다. (😣 발표 내용에 시 낭송은 없다.)

④ 동아리 발표는 교실과 운동장에서 합니다. (😊 동아리 발표 장소는 교실, 운동장, 체육관 등이다.)

[40번~42번] '실용문 / 맞지 않는 내용 파악' 읽기의 기술   *Skill*

글의 내용과 일치하지 않는 것을 찾는 문제 유형이다. 우선 제시문에 나온 정보 내용을 파악한다. 특히 요일과 시간, 장소 및 활동 내용에 주목해 사실적 정보들을 파악한다. 그리고 여러 가지로 제시된 요일이나 날짜 등을 기억하고, 처음 시간과 끝 시간을 정확하게 파악한다.

💡 문제 해결의 **Tip**

🖊 학교 생활과 관련된 어휘

모임	생일, 졸업, 입학, 공부, 축하 등
공연	노래, 춤(댄스), 음악, 악기 등
발표	동아리, 축제 등
대회	한국어, 말하기, 쓰기, 1등, 접수, 신청 등
만들기	음식, 한복, 도자기 등

유형 ④ [43번~45번] 글 / 같은 내용 파악

다음을 읽고 내용이 같은 것을 고르십시오.

저는 몸이 무척 약합니다. 그래서 힘든 운동을 하지 못합니다. 하지만 내일부터 한강 공원에서 걷기 운동을 열심히 할 생각입니다. 걷기 운동은 힘들지 않게 할 수 있는 운동입니다. 한강 공원은 차가 다니지 않아 걷기 운동하기에 좋습니다.

① 힘든 운동이 많습니다. (☹ 제시문에 언급된 내용이 아니다.)

② 한강 공원은 운동하기에 좋지 않습니다. (☹ 한강 공원은 운동하기에 좋은 장소이다.)

③ 저는 건강을 위해 걷기 운동을 했습니다. (☹ '나'는 아직 걷기 운동을 시작하지 않았다.)

❹ 저에게 걷기는 쉽게 할 수 있는 운동입니다. (☺ '나'는 몸이 약해서 힘든 운동을 하지 못해 걷기 운동을 하려고 한다. '나'는 걷기 운동은 힘들지 않게 할 수 있는 운동이라고 말하고 있다.)

[43번~45번] '글 / 같은 내용 파악' 읽기의 기술   *Skill*

글의 내용과 일치하는 것을 찾는 문제 유형이다. 제시문의 화제가 무엇인지 먼저 파악한다. 아울러 제시문에 드러나는 사실적 정보 내용과 주관적 생각을 구별해 파악한다.

문제의 제시문에서 '운동'이 중심 화제이다. 따라서 운동을 중심으로 '나'의 생각과 행동을 파악한다. '나'는 몸이 약해 자신의 몸에 맞는 걷기 운동을 시작하겠다고 말하고 있다.

문제 해결의 **Tip**

🖊 **건강을 위한 활동과 관련된 어휘**

운동	걷기, 달리기, 자전거, 수영, 탁구, 배드민턴, 축구, 뛰다, 차다, 치다, 타다 등
취미	등산, 낚시, 게임, 독서, 악기 연주, 하다 등
휴식	잠, 자다, 쉬다, 사우나 등

유형 ⑤ [46번~48번] 글의 중심 내용 파악

다음을 읽고 중심 내용을 고르십시오.

> 저는 한국의 문화에 대해 잘 알고 싶습니다. 특히 한국의 음식 문화에 대해 공부하고 싶습니다. 그래서 저는 요즘 한국어 공부를 열심히 합니다.

① 저는 한국에 가서 공부를 하고 싶습니다.

② 저는 한국 음식을 먹으며 한국어 공부를 합니다.

③ 저는 지금 한국의 음식 문화를 열심히 배우고 있습니다.

❹ 저는 한국의 음식 문화를 알기 위해 한국어를 공부합니다. ('나'는 한국의 음식 문화에 대해 공부하기
위해 한국어를 공부하고 있다.)

[46번~48번] '글의 중심 내용 파악' 읽기의 기술   *Skill*

글에서 말하고자 하는 중심 내용을 찾는 문제 유형이다. 우선 제시문의 중심 화제를 찾는다. 중심 화제는 반복적으로 드러나는 어휘를 바탕으로 찾는다. 그리고 문장 연결 접속어에 주목한다. 자주 나오는 접속어 중 하나인 '그래서'는 글의 중심 내용을 드러내는 접속어에 해당한다. '그래서' 다음의 문장을 중심 내용을 찾는 데 활용하면 좋다.

문제의 제시문에서 글쓴이는 한국의 음식 문화를 잘 알고 싶어 한다. 그래서 한국어를 열심히 공부하고 있다.

💡 문제 해결의 Tip

🖉 중심 내용 파악의 문제 내용과 관련된 어휘

휴일 계획	주말, 여행 등
공부 계획	한국어, 도서관, 한국어 사전 등
여행 계획	여행사, 제주도, 고궁 등
물건 사기	옷, 신발, 안경, 가방 등

유형 ❻ **[57번~58번] 글의 흐름 파악**

다음을 순서에 맞게 배열한 것을 고르십시오.

> (가) 아침이 되어서야 겨우 숙제를 끝냈습니다.
> (나) 한국어 숙제를 하느라고 밤을 새웠습니다.
> (다) 그래서 오늘 한국어 수업 시간에 힘이 들었습니다.
> (라) 선생님께서 어제 한국어 숙제를 많이 내주셨습니다.

① (가) – (나) – (다) – (라)

② (나) – (가) – (라) – (다)

③ (다) – (라) – (나) – (가)

❹ (라) – (나) – (가) – (다) (한국어 숙제가 많아서 밤새워 숙제를 하느라 잠을 충분히 자지 못해 힘이 들었다.)

[57번~58번] '글의 흐름 파악' 읽기의 기술 *Skill*

글의 순서를 파악하는 문제 유형에 해당한다. 우선 글의 전체 화제를 파악한다. 그리고 처음과 마지막에 올 수 있는 문장을 결정한다. 아울러 문장 연결 접속어를 통해 문맥 흐름의 순서를 판단한다. 흔히 '그래서'는 문장을 종결하는 역할을 한다는 사실에 주목한다.

문제의 제시문에서 결론은 '한국어 수업 시간에 힘이 들었다'이다. 이런 점에서 '그래서'로 시작되는 문장이 마지막에 오는 것이 적절하다.

💡 문제 해결의 **Tip**

🖊 **문장 접속어**
문장 접속어는 문장과 문장을 연결해 주면서 글의 흐름을 이끌어 주는 역할을 한다. 자주 나오는 접속어 중 하나인 '그래서'는 문장을 결론으로 이끌어 주는 역할을 한다는 점에서 보통 글의 마지막에 위치한다.

🖊 **인과적 전개**
원인과 결과의 방식으로 내용이 전개된다. 보통 '~으로 인해 ~되었다'는 식으로 문맥이 연결된다.

[01~06] 무엇에 대한 내용입니까? 알맞은 것을 고르십시오.

01

> 저는 19살입니다. 내년에는 20살이 됩니다.

① 생일　　　　② 나이　　　　③ 학년　　　　④ 주소

02

> 점심에 라면을 먹었습니다. 저녁에는 피자를 먹을 겁니다.

① 가족　　　　② 건강　　　　③ 식사　　　　④ 날씨

03

> 누나는 눈이 큽니다. 형은 코가 큽니다.

① 운동　　　　② 친구　　　　③ 습관　　　　④ 외모

04

> 아버지는 의사입니다. 어머니는 변호사입니다.

① 학교　　　　② 고향　　　　③ 여행　　　　④ 직업

05

> 이것은 연필입니다. 저것은 지우개입니다.

① 필기구　　　　② 복사기　　　　③ 전화기　　　　④ 컴퓨터

06

> 형의 신발은 비쌉니다. 동생의 신발은 쌉니다.

① 음식　　　　② 카드　　　　③ 가격　　　　④ 주말

[07~12] ( )에 들어갈 말로 가장 알맞은 것을 고르십시오.

07

> 밥을 많이 먹었습니다. 그래서 배( ) 부릅니다.

① 가　　　　② 의　　　　③ 에　　　　④ 로

08

> 먼지바람이 붑니다. 창문을 ( ).

① 덮었습니다　　　　　　② 열었습니다
③ 닫았습니다　　　　　　④ 밀었습니다

09

감기에 걸렸습니다. (　　　　　)을/를 했습니다.

① 기침　　　　　② 친구　　　　　③ 과자　　　　　④ 음식

10

한국어 시험 100점을 받았습니다. 그래서 기분이 (　　　　　).

① 좋습니다　　　　　　　　② 나쁩니다
③ 슬픕니다　　　　　　　　④ 덥습니다

11

살이 많이 빠졌습니다. 그래서 작년에 산 옷이 (　　　　　) 큽니다.

① 전혀　　　　　② 별로　　　　　③ 일찍　　　　　④ 너무

12

친구를 만났습니다. 오랜만에 친구를 보니 정말 (　　　　　).

① 소개했습니다　　　　　　② 반가웠습니다
③ 시작했습니다　　　　　　④ 조용했습니다

[13~18] 다음을 읽고 맞지 <u>않는</u> 것을 고르십시오.

13

소망 사진관 개업 기념 행사

◆ **행사 기간:** 2019년 6월 5일 ~ 15일
◆ **행사 내용:** 가족사진 촬영 시 10% 할인
　　　　　　　 의상 무료 대여

※모든 고객분들께 사진 앨범을 기념품으로 드립니다.

① 기념 행사는 6월 5일에 시작합니다.

② 가족사진을 찍으면 할인을 받을 수 있습니다.

③ 사진 촬영 시 의상을 무료로 빌릴 수 있습니다.

④ 기념품은 가족사진을 찍어야 받을 수 있습니다.

14

이　력　서

이름	마이클	학력	한국대학교 졸업
나이	26	전공	한국어 교육
특기	피아노		

① 마이클 씨는 26살입니다.

② 마이클 씨는 특기가 없습니다.

③ 마이클 씨는 피아노를 칠 수 있습니다.

④ 마이클 씨는 한국대학교에 다녔습니다.

15

① 청바지를 한 벌 샀습니다.

② 옷을 모두 두 벌 샀습니다.

③ 모두 50,000원을 썼습니다.

④ 영수증이 없어도 교환이 됩니다.

16

메 뉴 판

● 불고기(1인분 기준) · 10,000원
● 김치찌개 · 5,000원
● 된장찌개 · 5,000원
● 공기밥 · 1,000원

※ 찌개를 주문하시면 공기밥을 무료로 드립니다.

① 불고기가 가장 쌉니다.

② 공기밥은 1,000원입니다.

③ 찌개는 모두 가격이 같습니다.

④ 김치찌개를 시키면 공기밥은 무료입니다.

17

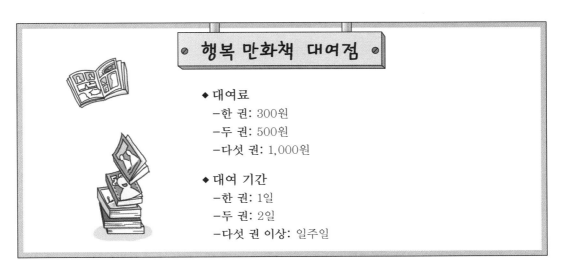

① 만화책 두 권을 빌리면 500원입니다.

② 만화책을 한 권 빌리면 300원입니다.

③ 만화책 한 권을 빌리면 이틀 후에 반납합니다.

④ 다섯 권 이상의 만화책은 7일 동안 빌릴 수 있습니다.

18

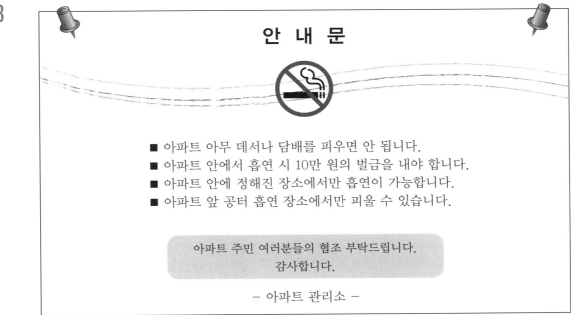

① 아파트 관리소에서 쓴 안내문입니다.

② 아파트 주민들은 흡연을 하지 않습니다.

③ 아파트 앞쪽 공터에 흡연 장소가 있습니다.

④ 아파트 안에서 담배를 피우면 벌금을 내야 합니다.

[19~24] 다음을 읽고 내용이 같은 것을 고르십시오.

19

어제는 비가 많이 왔습니다. 우산을 안 가져가서 비를 맞았습니다. 그래서 감기에 걸렸습니다. 오늘 너무 아파서 병원에 갔습니다. 학교에는 가지 못했습니다.

① 어제 비가 조금 왔습니다.

② 오늘 우산이 없어서 비를 맞았습니다.

③ 감기에 걸려 어제 학교에 가지 못했습니다.

④ 어제 맞은 비 때문에 오늘 병원에 갔습니다.

20

저는 영어를 좋아합니다. 그래서 영어 공부를 열심히 합니다. 미국에 유학도 가고 싶습니다. 나중에 영어 선생님이 되는 것이 저의 꿈입니다.

① 저는 영어를 잘합니다.

② 저는 미국에서 살고 싶습니다.

③ 저는 영어 공부를 가끔 합니다.

④ 저는 영어 선생님이 되고 싶습니다.

21

공공장소에서는 다른 사람들에게 피해를 주지 말아야 합니다. 큰 소리로 전화를 받지 말아야 하고, 음악은 이어폰을 사용해서 들어야 합니다.

① 공공장소에서는 음악을 들으면 안 됩니다.

② 공공장소에서는 휴대 전화를 꺼야 합니다.

③ 공공장소에서는 큰 소리로 통화해야 합니다.

④ 공공장소에서는 다른 사람을 배려해야 합니다.

22

> 저는 검은색과 흰색만 좋아합니다. 제가 가지고 있는 옷과 신발은 모두 검은색 아니면 흰색입니다. 그래서 친구들은 저를 보고 '바둑돌'이라고 놀립니다.

① 저는 모든 색을 좋아합니다.
② 저의 옷은 모두 흰색입니다.
③ 제가 좋아하는 색은 두 가지뿐입니다.
④ 제가 갖고 있는 신발은 모두 검은색입니다.

23

> 어제 우리 가족이 이사를 했습니다. 새로 이사한 집은 전에 살던 집보다 훨씬 큽니다. 그리고 창밖으로는 한강이 보입니다. 저는 예전 집보다 새로 이사한 집이 더 좋습니다.

① 우리 가족은 이제 이사를 할 겁니다.
② 전에 살던 집은 이사한 집보다 컸습니다.
③ 새로 이사한 집에서는 한강을 볼 수 있습니다.
④ 예전에 살던 집이 새로 이사한 집보다 좋습니다.

24

> 동생은 어렸을 때부터 그림을 잘 그렸습니다. 매일 그림을 열심히 그렸습니다. 지금 동생은 유명한 화가가 되었습니다. 동생의 그림은 매우 비싸게 팔립니다.

① 지금 동생의 그림은 매우 비쌉니다.
② 동생은 그림을 자주 그리지 않습니다.
③ 동생은 유명한 화가가 되는 것이 꿈입니다.
④ 동생은 어른이 돼서 그림을 잘 그렸습니다.

[25~30] 다음을 읽고 중심 내용을 고르십시오.

25

> 요즘 학생들은 오랜 시간 동안 컴퓨터 게임을 합니다. 컴퓨터를 오래하면 눈이 나빠집니다. 또한 공부에 집중하는 데도 방해가 됩니다.

① 컴퓨터 게임은 재밌습니다.
② 컴퓨터 게임은 공부에 도움이 됩니다.
③ 컴퓨터 게임을 오래하면 머리가 나빠집니다.
④ 컴퓨터 게임을 오래하는 것은 좋지 않습니다.

26

> 해외여행을 떠나기 전에는 준비해야 할 것이 많습니다. 비행기 표를 사야 하고, 숙소도 예약해야 합니다. 그리고 그 나라의 문화도 알아야 합니다.

① 해외여행은 비행기를 타야 합니다.
② 해외여행을 위한 문화가 있습니다.
③ 해외여행은 숙소가 가장 중요합니다.
④ 해외여행을 가기 전에 할 일이 많습니다.

27

> 영화관에서 영화를 볼 때에는 휴대 전화를 끄는 것이 예의입니다. 또한 앞 사람이 앉아 있는 의자를 발로 차면 안 됩니다. 그리고 옆 사람과 이야기해서도 안 됩니다.

① 영화는 영화관에서 봐야 합니다.
② 영화관에서는 지켜야 할 예절이 있습니다.
③ 영화를 볼 때에는 친구와 이야기해도 됩니다.
④ 영화관에서는 휴대 전화를 사용할 수 있습니다.

28

> 평소에 많이 웃으면 건강에 도움이 된다는 뉴스를 보았습니다. 억지로 웃는 것도 건강에 좋으며 더 오래 산다고 합니다. 그래서 요즘 사람들이 많이 웃으며 살려고 합니다.

① 평소에 뉴스를 많이 봅니다.

② 사람들이 웃는 것을 좋아합니다.

③ 건강하게 살려면 웃음이 필요합니다.

④ 억지로 웃으면 건강에 좋지 않습니다.

29

> 겨울에는 매우 춥습니다. 그래서 옷을 따뜻하게 입어야 합니다. 두꺼운 옷을 하나 입는 것보다 얇은 옷을 여러 개 입는 것이 더 따뜻하다고 합니다.

① 겨울에는 옷이 따뜻합니다.

② 겨울에 입는 옷은 두껍습니다.

③ 겨울에는 두꺼운 옷 한 개를 입습니다.

④ 추울 때 얇은 옷 여러 개를 입으면 좋습니다.

30

> 아파트는 많은 사람이 함께 사는 공간입니다. 그래서 꼭 지켜야 할 것이 많습니다. 집 안에서는 발소리를 크게 내서는 안 됩니다. 다른 집에 피해를 줄 수 있습니다. 그리고 큰 소리로 음악을 들으면 안 됩니다.

① 아파트에는 피해가 많이 있습니다.

② 아파트에는 다양한 공간이 있습니다.

③ 아파트에 살면 주의해야 할 일들이 많습니다.

④ 아파트에서는 발소리와 음악 소리가 크게 들립니다.

[31~38] 다음을 순서에 맞게 배열한 것을 고르십시오.

31

> (가) 오늘 아침 늦잠을 잤습니다.
>
> (나) 학교에 늦을 것 같아서 아침을 못 먹고 학교에 갔습니다.
>
> (다) 그래서 배가 고파 점심시간에 학교에서 밥을 많이 먹었습니다.
>
> (라) 그리고 수업이 끝나 집으로 가는 중에 친구들과 떡볶이를 먹었습니다.

① (가) – (나) – (다) – (라)　　　② (가) – (나) – (라) – (다)

③ (나) – (가) – (라) – (다)　　　④ (나) – (라) – (가) – (다)

32

> (가) 친구들과 함께 놀이공원에 갔습니다.
>
> (나) 오래 기다려서 힘들었지만 재밌었습니다.
>
> (다) 새로 생긴 놀이 기구를 타려고 줄을 섰습니다.
>
> (라) 줄이 너무 길어서 한 시간이 넘도록 기다렸습니다.

① (가) – (나) – (다) – (라)　　　② (가) – (나) – (라) – (다)

③ (가) – (다) – (라) – (나)　　　④ (가) – (라) – (나) – (다)

33

> (가) 거기서 여러 동물을 구경했습니다.
>
> (나) 어제 오전에 친한 친구를 만났습니다.
>
> (다) 친구와 함께 점심을 먹고 동물원에 갔습니다.
>
> (라) 특히 목이 긴 기린과 호랑이를 오랫동안 구경했습니다.

① (가) – (나) – (라) – (다)　　　② (나) – (라) – (가) – (다)

③ (나) – (다) – (가) – (라)　　　④ (다) – (라) – (가) – (나)

34

(가) 의사 선생님이 병이 났다고 했습니다.

(나) 강아지가 요즘 밥을 잘 먹지 않습니다.

(다) 걱정이 돼서 동물 병원에 데리고 갔습니다.

(라) 그래서 강아지가 일주일 동안 먹을 약을 받아왔습니다.

① (나) – (다) – (가) – (라)   ② (나) – (다) – (라) – (가)

③ (나) – (라) – (가) – (나)   ④ (나) – (라) – (나) – (가)

35

(가) 그래서 사람들이 거의 창문을 열어 놓지 않습니다.

(나) 그러면 미세 먼지로 인해 건강이 나빠질 수 있습니다.

(다) 요즘 밖에 미세 먼지가 너무 많다고 사람들이 걱정을 합니다.

(라) 만약 창문을 열어 놓는다면 미세 먼지가 집 안으로 들어올 것입니다.

① (다) – (가) – (나) – (라)   ② (다) – (가) – (라) – (나)

③ (다) – (나) – (가) – (라)   ④ (다) – (라) – (나) – (가)

36

(가) 그런데 사람들이 너무 많아서 복잡했습니다.

(나) 어제 친구 생일 선물을 사려고 백화점에 갔습니다.

(다) 그래서 밖으로 나와 조그만 선물 가게로 갔습니다.

(라) 거기서 친구에게 선물로 줄 시계 하나를 샀습니다.

① (나) – (가) – (다) – (라)   ② (나) – (가) – (라) – (다)

③ (나) – (다) – (가) – (라)   ④ (나) – (라) – (가) – (다)

37

(가) 사무실에서 매일 컴퓨터 앞에 앉아 일을 합니다.

(나) 그런데 바깥 공기도 좋지 않아서 창문을 열지도 못합니다.

(다) 사무실 공기가 좋지 않아 누구나 창문을 열고 싶어 합니다.

(라) 그래서 나쁜 사무실 공기 때문에 회사원들이 자주 목이 아픕니다.

① (가) – (나) – (다) – (라) 　　② (가) – (나) – (라) – (다)

③ (가) – (다) – (나) – (라) 　　④ (가) – (라) – (나) – (다)

38

(가) 그래서 밤 늦게 집에 돌아왔습니다.

(나) 운전자가 졸음운전을 했기 때문입니다.

(다) 세 시간 이상 차들이 움직이지 못했습니다.

(라) 어제 고속 도로에서 큰 교통사고가 났습니다.

① (라) – (가) – (나) – (다) 　　② (라) – (나) – (다) – (가)

③ (라) – (다) – (가) – (나) 　　④ (라) – (다) – (나) – (가)

사람이 먼 곳을 향하는 생각이 없다면
큰 일을 이루기 어렵다.

– 안중근

01 단독문제

본문 pp.100~112

01	②	02	③	03	④	04	④	05	①
06	③	07	①	08	③	09	①	10	①
11	④	12	②	13	④	14	②	15	③
16	①	17	③	18	②	19	④	20	④
21	④	22	③	23	③	24	①	25	④
26	④	27	②	28	③	29	④	30	③
31	①	32	③	33	③	34	①	35	②
36	①	37	③	38	②				

01 [문장의 중심 소재 파악]

> 저는 19살입니다. 내년에는 20살이 됩니다.

② '살'은 나이를 세는 단위이다.

> 我今年19岁，明年就20岁了。

② '살(岁)'是算年龄的单位。

> I'm 19 years old. I'll be 20 years old next year.

② '살' is a unit of counting an age.

02 [문장의 중심 소재 파악]

> 점심에 라면을 먹었습니다. 저녁에는 피자를 먹을 겁니다.

③ 라면과 피자는 음식의 종류이고, 점심과 저녁은 '식사'를 의미한다.

> 午餐吃了方便面，晚餐想吃比萨。

③ 方便面和比萨都属于食物，午餐和晚餐是用餐的意思。

> I ate Ramen for lunch. I'll eat pizza for dinner.

③ Ramen and pizza are a kind of food, lunch and dinner are a 'meal'.

03 [문장의 중심 소재 파악]

> 누나는 눈이 큽니다. 형은 코가 큽니다.

④ 눈이 크거나 코가 크다는 것은 사람의 겉모습(외모)에 대한 설명이다.

> 姐姐的眼睛大，哥哥的鼻子大。

④ 不管是眼睛大还是鼻子大，都是关于人外貌特征的说明。

> My sister has big eyes. My brother has a big nose.

④ Big eyes and nose is an explanation about people's appearance.

04 [문장의 중심 소재 파악]

> 아버지는 의사입니다. 어머니는 변호사입니다.

④ 의사나 변호사는 '직업'에 해당한다.

> 爸爸是医生，妈妈是律师。

④ 医生和律师都属于职业的种类。

> My father is a doctor. My mother is a lawyer.

④ A doctor and a lawyer are kinds of 'occupation'.

05 [문장의 중심 소재 파악]

이것은 연필입니다. 저것은 지우개입니다.

① 연필과 지우개는 '필기구'에 해당한다.

这个是铅笔, 那个是橡皮。

① 铅笔和橡皮都属于书写工具。

This is a pencil. That is an eraser.

① A pencil and an eraser belong to 'stationery'.

06 [문장의 중심 소재 파악]

형의 신발은 비쌉니다. 동생의 신발은 쌉니다.

③ '싸다', '비싸다'는 물건의 '가격'에 대한 표현이다.

哥哥的鞋很贵。弟弟的鞋很便宜。

③ '싸다(便宜)', '비싸다(贵)' 是代表的是物品的价格。

My older brother's shoes are expensive. My younger brother's shoes are cheap.

③ '싸다(cheap)' and '비싸다(expensive)' are related to the price of an item.

07 [빈칸 채우기]

밥을 많이 먹었습니다. 그래서 배( ) 부릅니다.

① '배'는 주어에 해당한다. '가'는 주어를 만들어 주는 주격 조사이다.

因为吃了很多饭, 所以肚子( )饱了。

① 因为'배(肚子)'在此处作主语, 所以后面应该添加主格助词'가'。

I ate rice so much. So I'm full( ).

① '배(stomach)' is the subject of the sentence. '가' is a nominative postposition.

08 [빈칸 채우기]

먼지바람이 붑니다. 창문을 ( ).

③ 먼지바람이 불 때는 창문을 닫는다.

风沙在漫卷, 所以要( )门窗。

③ 风沙刮起时要关上门窗。

A dust storm blows. I ( ) a window.

③ You should close the window when a dust storm blows.

09 [빈칸 채우기]

감기에 걸렸습니다. ( )을/를 했습니다.

① 감기에 걸리면 보통 '기침'을 한다.

患了感冒, 所以( )。

① 患了感冒, 一般会 '기침(咳嗽)'。

I caught a cold. I ( ).

① You usually 'cough' when you get a cold.

10 [빈칸 채우기]

한국어 시험 100점을 받았습니다. 그래서 기분이 (   ).

① 사람들은 시험에서 좋은 점수(100점)를 받으면 기분이 좋아진다.

韩国语考试考了满分, 所以心情(   )。

① 当人们取得了好的成绩(100分)时, 心情会很好。

I got 100 points in Korean test. So I feel (   ).

① People feel good when they get good score(100 points) in the test.

11 [빈칸 채우기]

살이 많이 빠졌습니다. 그래서 작년에 산 옷이 (   ) 큽니다.

④ 살이 빠지면 예전에 입었던 옷이 커서 입을 수 없게 된다.

🎓 오답풀이
①, ② '전혀'와 '별로'는 보통 부정 서술어와 어울린다.

瘦了很多, 因此去年买的衣服(   )大了。

④ 瘦了的话, 之前穿的衣服太大就没法穿了。

🎓 误答解析
①, ② '전혀(完全)', '별로(特別)'经常和否定性谓语搭配。

I've lost much weight. So the clothes which I bought last year are (   ) big to me.

④ You can't put the existing clothes on when you lose much weight.

🎓 Wrong answer explanation
①, ② '전혀(not at all)' and '별로(little)' usually get along with negative predicates.

12 [빈칸 채우기]

친구를 만났습니다. 오랜만에 친구를 보니 정말 (   ).

② 오랜만에 친구를 만나면 반갑다.

见朋友了, 好久没见到朋友所以(   )。

② 见到了很久没见的朋友会很高兴。

I met my friend. I was so (   ) to see him for a long time.

② You maybe are glad to see your friend after a long time.

13 [실용문 / 맞지 않는 내용 파악]

〈소망 사진관 개업 기념 행사〉
• 행사 기간: 2019년 6월 5일～15일
• 행사 내용: 가족사진 촬영 시 10% 할인
　　　　　　　의상 무료 대여
※ 모든 고객 분들께 사진 앨범을 기념품으로 드립니다.

④ 소망 사진관에서 6월 5일부터 개업 기념 행사를 하는데 가족사진 촬영 시 10% 할인을 받을 수 있다. 그리고 기념품은 모든 고객이 받을 수 있다.

〈希望照相馆开业纪念活动〉
• 活动时间: 2019年6月5日～15日
• 活动内容: 全家福打九折
　　　　　　免费提供服装
*给所有顾客提供相册作为纪念品。

④ 希望照相馆6月5日开始举办开业纪念活动，照全家福可以打九折。而且所有顾客都能收到纪念品。

〈Somang Photo Studio Opening Event〉
• Event period：June 5th ～ 15th，2019
• Event information
　Get 10% discount when taking a family photograph
　Rent clothes for free
※ All customers can receive a photo album as a souvenir.

④ Starting at June 5th, the grand opening event will be held at the Somang Photo Studio. And you can get 10% discount when you take a family photograph. All customers can get a photo album as a souvenir.

14 [실용문 / 맞지 않는 내용 파악]

〈이력서〉
－ 이름: 마이클
－ 나이: 26
－ 학력: 한국대학교 졸업
－ 전공: 한국어 교육
－ 특기: 피아노

② 마이클 씨는 26세이고 한국대학교에서 한국어 교육을 전공했다. 그리고 특기는 피아노이다.

〈简历〉
－ 姓名：迈克尔
－ 年龄：26
－ 学历：韩国大学毕业
－ 专业：韩国语教育
－ 特长：钢琴

② 迈克尔先生26岁了，毕业于韩国大学韩国语教育专业。他的特长是弹钢琴。

〈Résumé〉
－ Name：Michael
－ Age：26
－ Education：Graduate from Korea University
－ Major：Korean Education
－ Speciality：Piano

② Michael is 26 years old, and he majored in Korean Education at Korea University. His speciality is playing the piano.

15 [실용문 / 맞지 않는 내용 파악]

－ 영수증 －
〈행복 옷가게〉

품목	수량(장)	가격
청바지	1	30,000원
티셔츠	1	20,000원
합계	2	50,000원

※ 반드시 영수증을 가져오셔야 교환이 됩니다.

④ 행복 옷가게에서 옷 2벌을 50,000원에 샀다. 그런데 영수증이 있어야 교환이 된다.

－ 收据 －
〈幸福服装店〉

商品种类	数量	价格
牛仔裤	1	30,000韩元
T恤	1	20,000韩元
合计	2	50,000韩元

* 只有带收据来才能调换。

15
④ 在幸福服装店花5万韩元买了2套衣服。必须带着收据才可以交换。

```
— Receipt —
<Haengbok clothing shop>
```

Item	Quantity	Price
Jeans	1	30,000 won
T-shirts	1	20,000 won
Total	2	50,000 won

※ Make sure that bring the receipt when you exchange.

④ He spent 50,000 won to buy two pieces of clothes at the Haengbok clothing shop. He should bring the receipt when he wants to exchange.

16 [실용문 / 맞지 않는 내용 파악]

```
〈메뉴판〉
```
• 불고기(1인분 기준) 10,000원
• 김치찌개 5,000원
• 된장찌개 5,000원
• 공기밥 1,000원
※ 찌개를 주문하시면 공기밥을 무료로 드립니다.

① 불고기가 찌개나 공기밥보다 비싸다. 그리고 찌개를 시키면 공기밥을 무료로 먹을 수 있다. 찌개는 모두 5,000원으로 가격이 같다.

```
〈菜单〉
```
• 烤肉(以1人份为标准): 10,000韩元
• 泡菜汤: 5,000韩元
• 大酱汤: 5,000韩元
• 米饭: 1,000韩元
* 点汤类食物免费提供米饭。

① 烤肉比汤类、米饭贵。而且如果点汤类食物的话还可以免费吃米饭。汤类的价格都一样，都是5,000韩元。

```
〈Menu〉
```
• Bulgogi(for 1 person) 10,000 won
• Kimchi-stew 5,000 won
• Doenjang-stew 5,000 won
• Bowl of rice 1,000 won
※ Bowl of rice is free when you order a stew.

① Bulgogi is more expensive than bowl of rice and stews. And bowl of rice is free if you order a stew. Both Kimchi-stew and Doenjang-stew is 5,000 won.

17 [실용문 / 맞지 않는 내용 파악]

```
〈행복 만화책 대여점〉
```
• 대여료
  – 한 권: 300원
  – 두 권: 500원
  – 다섯: 1,000원
• 대여 기간
  – 한 권: 1일
  – 두 권: 2일
  – 다섯 권 이상: 일주일

③ 만화책 한 권을 빌리면 300원, 두 권을 빌리면 500원이다. 한 권 빌리면 1일 후, 두 권은 2일 후, 다섯 권 이상은 일주일(7일) 후 반납한다.

```
〈幸福漫画租赁小屋〉
```
• 租赁费
  – 一本: 300韩元
  – 两本: 500韩元
  – 五本: 1000韩元
• 租赁期限
  – 一本: 1天
  – 两本: 2天
  – 五本以上: 1周

③ 租一本漫画书要300韩元, 租两本500韩元。借一本的话一天后, 两本两天后, 五本以上一周之后返还就可以。

〈Haengbok Comic Book Rental Shop〉
• Rental fee
  – a book: 300 won
  – two books: 500 won
  – five books: 1,000 won
• Rental period
  – a book: one day
  – two books: two days
  – five books: a week

③ When you rent a book, you should pay 300 won. In case of renting two books, you should pay 500 won. A book that you rent should be returned after a day, two books after two days and more than five books after a week(seven days).

18 [실용문 / 맞지 않는 내용 파악]

〈안내문〉
• 아파트 아무 데서나 담배를 피우면 안 됩니다.
• 아파트 안에서 흡연 시 10만 원의 벌금을 내야 합니다.
• 아파트 안에 정해진 장소에서만 흡연이 가능합니다.
• 아파트 앞 공터 흡연 장소에서만 피울 수 있습니다.
아파트 주민 여러분들의 협조 부탁드립니다. 감사합니다.
                              – 아파트 관리소 –

② 아파트 주민들에게 흡연에 대한 부탁을 하는 것으로 보아, 아파트 주민들이 아파트 아무 데서나 흡연을 하고 있음을 알 수 있다.

〈指南〉
• 公寓内禁止吸烟。
• 如在公寓内吸烟, 罚款10万韩元。
• 可以在公寓内指定场所吸烟。
• 只能在公寓前方的空地吸烟处吸烟。
希望大家积极配合。谢谢合作！
                              — 公寓管理处 —

② 本文的内容是拜托公寓居民不要随处吸烟, 由此来看公寓居民现在经常在公寓里随处吸烟。

〈Notice〉
• It's not allowed to smoke anywhere in the apartment complex.
• You should pay a 100,000won fine if you smoke in the apartment complex.
• It's allowed to smoke in restricted area.
• You can smoke only in smoking area in vacant lot.
We ask for all tenants in the apartment support.
Thank you.
        – Management Office of the Apartment –

② You can know that some tenants smoke anywhere in the apartment complex through the notice, informing them of their support on smoking.

19 [글 / 같은 내용 파악]

어제는 비가 많이 왔습니다. 우산을 안 가져가서 비를 맞았습니다. 그래서 감기에 걸렸습니다. 오늘 너무 아파서 병원에 갔습니다. 학교에는 가지 못했습니다.

④ 어제 비를 맞아 감기에 걸려 오늘 병원에 갔고 학교에는 가지 못했다.

🗑 오답풀이

① 어제 비가 많이 왔습니다.
② 어제 우산이 없어서 비를 맞았습니다.
③ 감기 때문에 오늘 학교에 가지 못했습니다.

昨天雨下得很大。我因为没带雨伞淋了雨，所以感冒了。今天特别不舒服，所以就去了医院。没有能够去上学。

④ 我因为昨天淋了雨得了感冒，于是就去了医院，所以没有去上学。

误答解析

① 昨天雨下得很大。

② 昨天因为没有带雨伞，所以淋雨了。

③ 因为感冒今天没能去学校。

It rained too much yesterday. I got rained on because I didn't bring an umbrella. So I caught a cold. I went to a hospital because I was in a lot of pain. I couldn't go to school.

④ I got rained on yesterday, so I caught a cold. As a result, I went to a hospital and couldn't go to school.

Wrong answer explanation

① It rained a lot yesterday.

② I got rained because I didn't have an umbrella.

③ I couldn't go to school because of a cold.

---

20 [글 / 같은 내용 파악]

저는 영어를 좋아합니다. 그래서 영어 공부를 열심히 합니다. 미국에 유학도 가고 싶습니다. 나중에 영어 선생님이 되는 것이 저의 꿈입니다.

④ '나'는 영어를 좋아해서 영어 공부를 열심히 한다. 미국에 가서 공부도 하고 싶어 하며 영어 교사가 되는 것이 꿈이다.

오답풀이

① 영어를 좋아하고 또 열심히 한다는 내용은 있지만, 영어를 잘한다는 내용은 없다.

② 미국 유학을 가고 싶다고 하였다. 미국에서 살고 싶다는 내용은 없다.

③ 영어 공부를 열심히 한다고 하였으므로, 가끔 하는 것이 아니다.

我喜欢英语。所以非常努力地学习英语。我还想去美国留学，我的梦想是将来做一名英语老师。

④ 因为'我'喜欢英语，所以非常努力地学习英语。还想去美国留学，将来做一名英语老师是我的梦想。

误答解析

① 虽然文章中有提到'我'喜欢英语，也很努力地学习英语的内容，但是没有提及'我'擅长英语。

② 文中提到说想要去美国留学，但是没有提到想在那里生活。

③ 因为文中说学习英语非常努力，所以说'가끔(偶尔)'学习是不正确的。

I like English. So I study English hard. I want to go to the U.S. to study abroad. My dream is to be an English teacher in the future.

④ '나(I)' like English, so I study English hard. My dream is to be an English teacher, and I want to go to the U.S. to study.

Wrong answer explanation

① He like English and study it hard, but doesn't say he is good at it.

② He wants to go to the U.S. to study abroad. He doesn't say that he wants to live in the U.S.

③ He says he studies English hard, and it means he always studies.

21 [글 / 같은 내용 파악]

> 공공장소에서는 다른 사람들에게 피해를 주지 말아야 합니다. 큰 소리로 전화를 받지 말아야 하고, 음악은 이어폰을 사용해서 들어야 합니다.

④ 공공장소에서는 전화를 할 때나 음악을 들을 때 다른 사람에게 피해를 주지 말아야 한다. 즉, 다른 사람을 배려해야 한다.

> 在公共场所不应该给别人带来困扰。不可以大声接电话。应该戴上耳机听音乐。

④ 在公共场所打电话和听音乐时不应该给其他人带来困扰, 也就是说应该考虑一下别人。

> We shouldn't do other people damage at a public place. Also it is not allowed to get a phone call loudly and should listen to music using earphones.

④ You shouldn't do other people harm at a public place when you get a phone call and listen to music. You should consider others.

22 [글 / 같은 내용 파악]

> 저는 검은색과 흰색만 좋아합니다. 제가 가지고 있는 옷과 신발은 모두 검은색 아니면 흰색입니다. 그래서 친구들은 저를 보고 '바둑돌'이라고 놀립니다.

③ '나'는 흰색과 검은색 두 가지만 좋아한다. '나'가 갖고 있는 옷이나 신발도 전부 검은색 아니면 흰색이다.

> 我喜欢黑色和白色。我的衣服和鞋子也都是黑色和白色的。所以朋友们经常开玩笑叫我 '棋子'。

③ '我' 只喜欢黑白两种颜色。'나(我)' 衣服的颜色全都非黑即白。

> I like only black and white. What I have is all black or white clothes and shoes. So my friends tease me 'baduk pieces'.

③ 'I' like only black and white. Clothes and shoes I have are all black or white.

23 [글 / 같은 내용 파악]

> 어제 우리 가족이 이사를 했습니다. 새로 이사한 집은 전에 살던 집보다 훨씬 큽니다. 그리고 창밖으로는 한강이 보입니다. 저는 예전 집보다 새로 이사한 집이 더 좋습니다.

③ 어제 새로 이사한 집은 예전 집보다 더 크고 한강이 보인다. 나는 예전 집보다 새로 이사한 집을 더 좋아한다.

> 昨天我们搬家了。新房子比以前的房子要大很多。而且向窗外望去就是汉江。与以前住的房子相比我更喜欢这个房子。

③ 昨天新搬的房子比以前的房子大, 而且能看到汉江, 与以前住的房子相比我更喜欢这个房子。

> My family moved yesterday. A new house we moved in is bigger than the former one. And the Hangang can be seen outside of windows. I like the new house more than the former.

③ A new house we moved in yesterday is bigger than the former, and we can see the Hangang there. I like the new house more than the former.

24 [글 / 같은 내용 파악]

> 동생은 어렸을 때부터 그림을 잘 그렸습니다. 매일 그림을 열심히 그렸습니다. 지금 동생은 유명한 화가가 되었습니다. 동생의 그림은 매우 비싸게 팔립니다.

① 동생은 어려서부터 그림을 잘 그렸으며 매일 열심히 그림을 그려 유명한 화가가 되었다. 그리고 동생이 그린 그림의 가격은 매우 비싸다.

> 弟弟从小擅长画画。每天都很认真地画画。现在弟弟成了非常有名的画家。弟弟画的画价钱非常高。

① 弟弟从小擅长画画。每天都会很认真地画画，成了有名的画家。弟弟画的画价钱非常高。

> My younger sister has painted well since she was young. She drew a picture everyday. Now she becomes a famous painter. The picture she draw is sold expensively.

① My younger sister has painted well since she was young. She drew a picture hard everyday, and has become a famous painter. Her picture is very expensive.

25 [글의 중심 내용 파악]

> 요즘 학생들은 오랜 시간 동안 컴퓨터 게임을 합니다. 컴퓨터를 오래하면 눈이 나빠집니다. 또한 공부에 집중하는 데도 방해가 됩니다.

④ 컴퓨터 게임을 오래하면 눈이 나빠지고 공부에 방해가 된다는 것은, 오랜 시간 컴퓨터 게임을 하는 것이 좋지 않다는 말과 같다.

> 最近学生长时间地玩电脑游戏。长时间玩电脑不仅会导致视力下降，还会妨碍学习注意力的集中。

④ 长时间玩电脑不仅会导致视力下降，还会影响学习注意力。也就是说长时间玩电脑游戏不好。

> Students these days play a computer game for a long time. If you use the computer for a long time, you lose your eyesight. Also, it disturbs your concentration on study.

④ Playing a computer game for a long time causes amblyopia and decreased concentration on study. That means it is not good for you.

26 [글의 중심 내용 파악]

> 해외여행을 떠나기 전에는 준비해야 할 것이 많습니다. 비행기 표를 사야하고, 숙소도 예약해야 합니다. 그리고 그 나라의 문화도 알아야 합니다.

④ 해외여행을 위해 비행기 표를 사고, 숙소도 예약하고, 문화도 알아야 하는 등 할 일이 많다.

> 去海外旅行前需要准备很多东西。要买机票，订住处。也要了解一下那个国家的文化。

④ 去海外旅行前要买机票，订住处，了解目的地国家的文化等要做的事很多。

> You have a lot of things to do before you travel overseas. You should buy an airplane ticket and book an accommodation. And you also should know the culture of that country.

④ You have to do a lot of things before an oversea travel, such as buying a airplane ticket and booking an accommodation and knowing the culture of the country.

27 [글의 중심 내용 파악]

영화관에서 영화를 볼 때에는 휴대 전화를 끄는 것이 예의입니다. 또한 앞 사람이 앉아 있는 의자를 발로 차면 안 됩니다. 그리고 옆 사람과 이야기해서도 안 됩니다.

② 앞 사람이나 옆 사람에게 방해가 되지 않게 행동하는 것은 영화관에서 지켜야 할 예절이다.

在电影院看电影时把手机关掉是最基本的礼仪。而且也不能用脚踢前面的座位。不能和旁边座位的人聊天。

② 在电影院里不妨碍旁边和前面的人是人们应该遵守的礼仪。

Turning off your cellphone is the etiquette when you see a movie at a theater. You also shouldn't kick the chair in front of you. And you can't talk to next person.

② Not disturbing the person seated in front or next to is the etiquette in a theater.

28 [글의 중심 내용 파악]

평소에 많이 웃으면 건강에 도움이 된다는 뉴스를 보았습니다. 억지로 웃는 것도 건강에 좋으며 더 오래 산다고 합니다. 그래서 요즘 사람들이 많이 웃으며 살려고 합니다.

③ 웃음은 건강과 장수에도 도움이 된다. 이런 점에서 많이 웃으면 건강에 좋다.

我看了一则新闻，说平时多笑有益于健康。就算是勉强地笑出来也有益于健康，可以延长寿命。所以现在的人们都努力在生活中多点笑容。

③ 笑有益于健康和长寿。从这点来看多笑有益于健康。

I saw the news that laughing a lot is of help to your health. Even if you laugh obligingly, it's good for your health and you live longer. So people these days try to laugh as long a lot.

③ Laugh is helpful for your health and long life. In this point, laughing a lot is good for your health.

29 [글의 중심 내용 파악]

겨울에는 매우 춥습니다. 그래서 옷을 따뜻하게 입어야 합니다. 두꺼운 옷을 하나 입는 것보다 얇은 옷을 여러 개 입는 것이 더 따뜻하다고 합니다.

④ 추운 겨울에는 두꺼운 옷 한 개를 입는 것보다 얇은 옷 여러 개를 입는 것이 더 따뜻해서 좋다.

冬季天气很冷，所以要把衣服穿得暖和一点。据说穿多件单薄的衣服比穿一件厚衣服更暖和。

④ 在寒冷的冬季，穿多件单薄的衣服比穿一件厚衣服要暖和。

It's so cold in winter. So you should wear clothes warmly. Wearing many pieces of thin clothes is warmer than a pair of thick clothes.

④ In cold winter, wearing many pieces of thin clothes is warmer than a pair of thick ones.

30 [글의 중심 내용 파악]

아파트는 많은 사람이 함께 사는 공간입니다. 그래서 꼭 지켜야 할 것이 많습니다. 집 안에서는 발소리를 크게 내서는 안 됩니다. 다른 집에 피해를 줄 수 있습니다. 그리고 큰 소리로 음악을 들으면 안 됩니다.

③ 함께 사는 공간인 아파트에서는 발소리를 크게 내거나 음악을 크게 틀면 안 된다. 아파트 예절을 지켜야 한다.

公寓是很多人一同生活的地方。因此要遵守很多规则。在家里脚步声不能太重。不能给别人造成困扰。并且听音乐的声音也不能太大。

③ 公寓是共同生活的空间，脚步声不能太重，放音乐声音也不能太大。要遵守公寓礼仪。

An Apartment is a place where many people live in together. So there are many rules to follow. It's not allowed to make a footstep loudly. It could damage to other house. And it's also not allowed to listen to music loudly.

③ You shouldn't make a footstep or listen to music loudly in an apartment where many people live. You have to obey the rules of etiquette.

31 [글의 흐름 파악]

(가) 오늘 아침 늦잠을 잤습니다.

(나) 학교에 늦을 것 같아서 아침을 못 먹고 학교에 갔습니다.

(다) 그래서 배가 고파 점심시간에 학교에서 밥을 많이 먹었습니다.

(라) 그리고 수업이 끝나 집으로 가는 중에 친구들과 떡볶이를 먹었습니다.

① 아침에 늦잠을 자서 아침을 먹지 못한 채 학교에 갔다. 그래서 점심에 밥을 많이 먹었다. 수업 후에는 친구들과 떡볶이를 먹었다.

(가) 我今天早上睡懒觉了。

(나) 上学要迟到了，所以我没有吃饭就上学去了。

(다) 所以肚子很饿，中午在学校吃了很多。

(라) 并且下课后在回家的路上和朋友一起吃了炒年糕。

① 早上睡了懒觉，所以没能吃饭就去上学了。因此中午吃了很多饭，下课后和朋友一起吃了炒年糕。

(가) I overslept today.

(나) I didn't eat breakfast and went to school, because I worried I would be late for school.

(다) So I was hungry, therefore I ate so much lunch in school.

(라) And I ate Stir-fried Rice Cake with my friends after class on my way home.

① As I overslept, I didn't have breakfast and went to school. So I ate so much at lunch time in school. After class, I ate Stir-fried Rice Cake with my friends.

32 [글의 흐름 파악]

(가) 친구들과 함께 놀이공원에 갔습니다.

(다) 새로 생긴 놀이 기구를 타려고 줄을 섰습니다.

(라) 줄이 너무 길어서 한 시간이 넘도록 기다렸습니다.

(나) 오래 기다려서 힘들었지만 재밌었습니다.

③ 놀이공원에서 한 시간이 넘도록 줄을 서서 놀이 기구를 탔다. 힘들었지만 재미있었다.

(가) 我和朋友们一起去了游乐场。

(다) 为了玩最新的游乐设施，我们排队等待。

(라) 队太长了，所以等了一个多小时。

(나) 等了久很累，但是很有趣。

③ 在游乐场里排了一个多小时的队，想要玩游乐设施。很累但是很有趣。

(가) I went to an amusement park.

(나) Though I waited for a long time, it was interesting.

(다) I lined up to ride many new rides.

(라) The line was so long, I waited for over an hour.

③ I lined up over an hour and took a ride in an amusement park. Though I was tired, it was interesting.

---

33 [글의 흐름 파악]

(나) 어제 오전에 친한 친구를 만났습니다.

(다) 친구와 함께 점심을 먹고 동물원에 갔습니다.

(가) 거기서 여러 동물을 구경했습니다.

(라) 특히 목이 긴 기린과 호랑이를 오랫동안 구경했습니다.

③ 어제 친구를 오전에 만나 점심을 먹고 동물원에 가서 여러 동물을 보았는데 특히 기린과 호랑이를 오래 구경했다.

(나) 昨天上午和好朋友见面了。

(다) 和朋友一起吃了午饭，然后去了动物园。

(가) 在那里看了很多动物。

(라) 特别是长脖子的长颈鹿和老虎，我们看了很长时间。

③ 昨天上午见了朋友并一起吃了午饭。然后去动物园看了很多动物，看了很长时间的长颈鹿和老虎。

(나) I met my close friend yesterday morning.

(다) I went to the zoo after having lunch with my friend.

(가) I saw animals there.

(라) I especially saw giraffes that have long neck and tigers for a long time.

③ Yesterday, I met my close friend in the morning, had lunch together. Then, we went to the zoo and saw animals, especially giraffes and tigers for a long time.

---

34 [글의 흐름 파악]

(나) 강아지가 요즘 밥을 잘 먹지 않습니다.

(다) 걱정이 돼서 동물 병원에 데리고 갔습니다.

(가) 의사 선생님이 병이 났다고 했습니다.

(라) 그래서 강아지가 일주일 동안 먹을 약을 받아왔습니다.

① 강아지가 밥을 잘 먹지 않아 걱정이 돼서 동물 병원에 데리고 갔더니 의사 선생님이 강아지가 병이 났다고 말했다.

(나) 小狗最近不好好吃饭。

(다) 我很担心，于是带它去了宠物医院。

(가) 医生说它生病了。

(라) 因此给小狗开了一周的药。

① 小狗不好好吃饭所以我很担心。就带它去了宠物医院，医生说小狗生病了。

(나) My puppy has seldom eaten these days.

(다) I had worried about it, so I took him to a veterinary clinic.

(가) The doctor said he got sick.

(라) So I received his medicine for a week.

① I had worried about my puppy, because he hasn't eaten well. So I took him to a veterinary clinic, and the doctor said he fell sick.

35 [글의 흐름 파악]

(다) 요즘 밖에 미세 먼지가 너무 많다고 사람들이 걱정을 합니다.
(가) 그래서 사람들이 거의 창문을 열어 놓지 않습니다.
(라) 만약 창문을 열어 놓는다면 미세 먼지가 집 안으로 들어올 것입니다.
(나) 그러면 미세 먼지로 인해 건강이 나빠질 수 있습니다.

② 요즘 미세 먼지로 인해 사람들이 걱정을 해서 창문을 열어 놓지 못한 채 살고 있다. 미세 먼지가 집 안으로 들어오면 건강에 좋지 않다.

(다) 最近外面有很多微尘, 人们都在担心。
(가) 因此人们几乎都不开窗户。
(라) 如果打开窗户, 灰尘就会进到屋里来。
(나) 那么可能会因为灰尘而有损健康。

② 最近人们很担心微尘的事情, 都不敢开窗户。灰尘如果进到房间里来会对身体有害。

(다) People worry that there is so much fine dust outside.
(가) So people nearly don't open windows.
(라) If you open the window, fine dust will get into a house.
(나) And you could become unhealthy because of fine dust.

② People don't open windows because of fine dust and worry about it these days. It is not good for your health if fine dust gets into the house.

36 [글의 흐름 파악]

(나) 어제 친구 생일 선물을 사려고 백화점에 갔습니다.
(가) 그런데 사람들이 너무 많아서 복잡했습니다.
(다) 그래서 밖으로 나와 조그만 선물 가게로 갔습니다.
(라) 거기서 친구에게 선물로 줄 시계 하나를 샀습니다.

① 친구 선물을 사려고 백화점에 갔다가 복잡해서 다른 선물 가게에서 시계를 샀다.

(나) 昨天去百货商店给朋友买生日礼物了。
(가) 但是人太多了, 所以很拥挤。
(다) 因此我从百货商店出来到一家小礼品商店。
(라) 在那里买了给朋友的一块表作为礼物。

① 去百货商店给朋友买礼物, 太拥挤了, 所以去了别的商店给朋友买礼物。

(나) I went to a department store to buy a birthday present for my friend.
(가) However, there was crowded with a lot of people.
(다) So I came out, and visited a small gift shop.
(라) I bought a watch as my friend's present there.

① I went to a department store to buy a birthday present for my friend. But it was crowded, so I bought a watch from another shop.

37 [글의 흐름 파악]

(가) 사무실에서 매일 컴퓨터 앞에 앉아 일을 합니다.

(다) 사무실 공기가 좋지 않아 누구나 창문을 열고 싶어 합니다.

(나) 그런데 바깥 공기도 좋지 않아서 창문을 열지도 못합니다.

(라) 그래서 나쁜 사무실 공기 때문에 회사원들이 자주 목이 아픕니다.

③ 매일 컴퓨터 앞에 앉아서 일하는데 창문을 열고 싶어 한다. 그런데 바깥 공기가 나빠서 창문을 열지 못해 회사원들이 자주 목이 아프다.

(가) 在办公室里每天坐在电脑前面工作。

(다) 办公室里空气不好，人们都想打开窗户。

(나) 但是外面的空气也不好，所以不能开窗户。

(라) 所以因为办公室空气不好，公司员工经常嗓子疼。

③ 每天坐在电脑前面工作。想打开窗户。但是外面的空气不好，所以不能开窗，公司员工经常嗓子疼。

(가) People work everyday in front of a computer in an office.

(다) The air in the office is not fresh, so everyone wants to open a window.

(나) However the outside air is also bad, it's not allowed to open a window.

(라) So, workers often have a sore throat because of bad air in the office.

③ People work everyday in front of a computer and want to open a window. However the outside air is bad, they couldn't open the window easily. It causes that workers often have a sore throat.

38 [글의 흐름 파악]

(라) 어제 고속 도로에서 큰 교통사고가 났습니다.

(나) 운전자가 졸음운전을 했기 때문입니다.

(다) 세 시간 이상 차들이 움직이지 못했습니다.

(가) 그래서 밤 늦게 집에 돌아왔습니다.

② 고속 도로에서 교통사고가 난 이유는 운전자가 졸았기 때문이다. 그래서 세 시간 이상 차가 막혀서 집에 밤 늦게 돌아왔다.

(라) 昨天高速公路上发生了重大交通事故。

(나) 因为司机疲劳驾驶。

(다) 堵了三个多小时的车。

(가) 因此晚上很晚才回到家。

② 由于司机疲劳驾驶，所以在高速公路上发生了事故。因此堵了三个小时的车，晚上很晚才回家了。

(라) There was a serious car crash in highway yesterday.

(나) It was because a driver drive while drowsy.

(다) Cars couldn't move over three hours.

(가) So I came back home late at night.

② The reason why a car crash occurred is that a driver dozed while diving. There was a traffic jam over three hours, so I came back home late at night.

02 통합문제

유형 ❶ **[49번~56번, 59번~70번] 빈칸 채우기 ➕ 글의 사실적 이해**

다음을 읽고 물음에 답하십시오.

> 밖에 나갔다가 집에 들어와서 손을 깨끗하게 씻어야 합니다. 손에는 우리 눈에 보이지 않는 병균이 많이 있습니다. 이러한 병균이 감기에 걸리게 합니다. 감기는 걸리기 전에 예방하는 것이 좋습니다. 감기에 걸려 감기약을 먹는 것은 좋지 않습니다. 감기에 걸리지 않으려면 (　　㉠　　) 합니다.

01 ㉠에 들어갈 말로 가장 알맞은 것을 고르십시오.

❶ 손을 잘 씻어야 (손에는 우리 눈에 보이지 않는 병균이 많으므로 잘 씻어야 감기에 걸리지 않는다.)

② 감기약을 먹어야

③ 집 안에 있어야만

④ 밖에 나가지 말아야

➕ 02 윗글의 내용과 같은 것을 고르십시오.

① 손을 안 씻는 사람들이 많습니다. (☹ 손을 깨끗하게 씻어야 한다는 내용만 있다.)

② 감기약을 안 먹으면 감기에 걸립니다. (☹ 감기에 걸려 약을 먹는 것이 좋지 않다는 내용만 있다.)

③ 감기에 걸리면 감기약을 빨리 먹어야 합니다. (☹ 제시문에 드러나지 않는다.)

❹ 눈에 보이지 않는 병균이 감기에 들게 합니다. (😀 우리 눈에 보이지 않는 병균이 감기에 걸리는 요인이다.)

[49번~56번, 59번~70번] '빈칸 채우기' 읽기의 기술

Skill

빈칸에 들어갈 내용을 찾는 문제는 읽기 영역에서 가장 자주 나오는 유형이다. 먼저 신속하게 전체 글을 읽고 내용을 파악한다. 아울러 중심 화제를 찾아 그것과 관련된 세부 정보 내용을 파악한다. 빈칸의 앞과 뒤의 문장 의미를 이해한 후 생략된 내용을 판단한다. 또한 중심 화제와 관련된 어휘가 선택지에 반영되었는지 확인한다.

문제에 나온 제시문의 중심 화제는 '감기 예방'이다. 감기를 예방하는 길은 손을 깨끗하게 씻는 것이다.

＊'글의 사실적 이해' 유형은 더 세부적으로 '글 / 같은 내용 파악', '글의 중심 내용 파악', '문장의 위치 파악', '글을 쓴 이유 파악'의 4가지 유형으로 나눌 수 있다. 통합문제에서 매번 9문제가 출제되는 '글 / 같은 내용 파악'은 단독문제 유형❹로 이미 공부한 유형이다. '글의 중심 내용' 파악, '문장의 위치 파악'과 '글을 쓴 이유 파악'은 매 시험마다 각 1문제씩 출제된다.

문제 해결의 Tip

✎ 조건(가정)문을 만드는 문법 요소
① 어휘: 만약, 만일
② 어미: 'V(동사)' + '-(으려)면', 'V(동사)' + '-지 않으려면', 'V(동사)' + '-다면'
③ 서술어: ~어야(아야) 한다, ~지 말아야 한다, ~지 못한다
예 만일(만약) 물이 없다면 사람은 살지 못한다.

✎ '병'과 관련된 어휘
① 명사: 병원, 의사, 간호사, 진찰, 진단, 약, 처방전, 약사, 응급실, 구급차, 열 등
② 동사: 걸리다, 가다, 먹다, 마시다, 낫다, 입원하다, 퇴원하다 등
③ 형용사: 무섭다, 아프다, 쓰다 등

[01~02] 다음을 읽고 물음에 답하십시오.

오늘은 누나의 생일입니다. 우리 가족은 누나를 위해 노래를 불러 주었습니다. 노래가 끝나자, 각자 준비한 선물을 누나에게 주었습니다. 형은 화장품을 주었고, 나는 책을 주었습니다. 아버지, 어머니께서는 구두를 주셨습니다. 구두를 신은 누나의 모습은 (㉠   ) 예뻤습니다.

01 ㉠에 들어갈 말로 가장 알맞은 것을 고르십시오.

① 정말   ② 거의   ③ 전혀   ④ 결코

02 윗글의 내용과 같은 것을 고르십시오.

① 누나는 예쁜 구두를 좋아했습니다.

② 나는 누나에게 화장품을 주었습니다.

③ 누나는 나를 위해 노래를 불렀습니다.

④ 가족 모두 누나에게 선물을 주었습니다.

[03~04] 다음을 읽고 물음에 답하십시오.

한국 사람들은 라면을 좋아합니다. 아침과 점심, 저녁에도 라면을 먹습니다. 라면을 먹으려면 우선, 냄비에 적당한 양의 물을 넣고 (㉠   ). 물이 끓기 시작하면 면과 수프를 넣고 면이 익을 때까지 5분 정도 기다립니다. 이때 달걀이나 파를 넣으면 더 맛있습니다.

03 ㉠에 들어갈 말로 가장 알맞은 것을 고르십시오.

① 끓입니다   ② 얼립니다

③ 흔듭니다   ④ 마십니다

04 무엇에 대한 내용인지 맞는 것을 고르십시오.

① 라면을 먹는 시간

② 라면을 만드는 재료

③ 라면을 끓이는 방법

④ 라면을 좋아하는 이유

[05~06] 다음을 읽고 물음에 답하십시오.

> 여름에는 날씨가 매우 더워서 땀을 많이 흘립니다. 땀을 흘리면 물을 마셔야 합니다. 물 대신 수박을 먹어도 좋습니다. 수박에 물이 많기 때문입니다. (　　ㄱ　　) 여름에는 날씨가 덥기 때문에 음식이 쉽게 상합니다. 음식이 상하지 않게 냉장고에 넣어야 합니다.

05 ㄱ에 들어갈 말로 가장 알맞은 것을 고르십시오.

① 그러나　　　　② 그래서　　　　③ 그런데　　　　④ 그리고

06 윗글의 내용과 같은 것을 고르십시오.

① 여름에는 날씨가 매우 좋습니다.
② 여름에는 수박을 먹어야 합니다.
③ 여름에는 상한 음식이 많습니다.
④ 여름에는 냉장고에 음식을 보관해야 합니다.

[07~08] 다음을 읽고 물음에 답하십시오.

우리 가족은 자전거 타기를 좋아합니다. 아버지는 자전거를 타고 회사에 가십니다. 저와 동생은 자전거를 타고 학교에 갑니다. 어머니는 자전거를 타고 한강에 운동을 하러 가십니다. 우리 가족은 자전거 타기를 좋은 운동으로 생각합니다. 자전거를 타면 (㉠   ) 좋을 뿐만 아니라 환경 오염도 막을 수 있습니다.

07 ㉠에 들어갈 말로 가장 알맞은 것을 고르십시오.

① 건강에는   ② 건강에도

③ 건강에서   ④ 건강으로

08 윗글의 내용과 같은 것을 고르십시오.

① 아버지 회사에는 자전거가 있습니다.

② 동생은 자전거를 타고 한강에 갑니다.

③ 자전거를 타면 환경 오염 예방에도 좋습니다.

④ 저와 어머니는 자전거를 타고 학교에 갑니다.

[09~10] 다음을 읽고 물음에 답하십시오.

> 밖에서 집으로 돌아오면 먼저 손을 깨끗하게 씻어야 합니다. (㉠) 손을 깨끗하게 잘 씻으면 병에 걸리지 않습니다. (㉡) 손에는 병을 일으키는 세균들이 많기 때문입니다. 그래서 외출 후 돌아오면 손부터 씻어야 합니다. (㉢) 그리고 손을 씻고 난 후에는 완전히 물기를 없애야 합니다. (㉣)

09 다음 문장이 들어갈 곳으로 가장 알맞은 것을 고르십시오.

> 손을 씻을 때에는 비누를 사용해 흐르는 물에 씻는 것이 좋습니다.

① ㉠   ② ㉡   ③ ㉢   ④ ㉣

10 윗글의 내용과 같은 것을 고르십시오.
① 병이 나면 손을 씻습니다.
② 집에 돌아오기 전에 손을 씻습니다.
③ 손에 묻은 물기에는 세균이 없습니다.
④ 손을 잘 씻으면 병을 막을 수 있습니다.

[11~12] 다음을 읽고 물음에 답하십시오.

> 오늘부터 한국대학교에서 축제가 시작되었습니다. 학교 안에서 피자, 떡볶이 등 맛있는 음식을 많이 팔고 있습니다. 그리고 학생들이 직접 만든 반지와 목걸이, 가방 등 다양한 물건도 팔고 있습니다. 내일 저녁에는 유명한 가수가 학교에 와서 공연을 할 예정입니다. 한국대학교 학생이 (㉠   ) 누구나 참여해서 축제를 즐길 수 있습니다.

11 ㉠에 들어갈 말로 가장 알맞은 것을 고르십시오.

① 아니지만   ② 아니어서

③ 아니므로   ④ 아니더라도

12 윗글의 내용과 같은 것을 고르십시오.

① 누구나 가서 가방을 살 수 있습니다.

② 한국대학교 축제에는 물건만 팝니다.

③ 오늘 한국대학교 축제가 끝났습니다.

④ 오늘 저녁 유명한 가수의 공연이 있습니다.

[13~14] 다음을 읽고 물음에 답하십시오.

초롱이를 찾습니다

어제 저녁 7시쯤 행복 공원에서 산책을 하던 중에 강아지를 잃어
버렸습니다. 강아지의 이름은 '초롱이'입니다.
초롱이의 털은 하얀색이고 목에 빨간색 이름표를 달고 있습니다.
초롱이를 보신 분은 010-1234-5678로 꼭 연락해 주세요!

강아지 주인 올림

13 왜 윗글을 썼는지 맞는 것을 고르십시오.

① 강아지를 사려고

② 강아지를 찾으려고

③ 강아지를 자랑하려고

④ 강아지 이름을 지으려고

14 윗글의 내용과 같은 것을 고르십시오.

① 강아지는 검은색입니다.

② 강아지는 산책을 좋아합니다.

③ 강아지는 이름표가 있습니다.

④ 강아지는 목이 빨간색입니다.

[15~16] 다음을 읽고 물음에 답하십시오.

산에 가기 전에 몇 가지 알아야 할 일들이 있습니다. 우선 산에서는 불을 사용해서 음식을 만들면 안 됩니다. 또한 담배를 피워서도 안 됩니다. 음식을 만들 때 사용하는 불이나 담배꽁초로 인해 산불이 날 수 있기 때문입니다. 그리고 등산화를 신고 가는 것이 좋습니다. 일반 운동화를 신으면 (㉠   ) 다칠 수 있기 때문입니다.

15 ㉠에 들어갈 말로 가장 알맞은 것을 고르십시오.

① 미끄럽지만   ② 미끄러져서

③ 미끄러우면   ④ 미끄럽더라도

16 윗글의 내용과 같은 것을 고르십시오.

① 산을 오를 때 지켜야 할 일들이 있습니다.

② 산에 갈 때 등산화를 신으면 좋지 않습니다.

③ 산에는 사람들이 버린 담배꽁초가 많습니다.

④ 산에서 불을 사용해 음식을 만들어도 됩니다.

[17~18] 다음을 읽고 물음에 답하십시오.

저희 집에는 할아버지, 할머니, 아버지, 어머니, 동생, 그리고 제가 살고 있습니다. 저와 동생은 집에 들어오면 제일 먼저 최고 어른이신 할아버지와 할머니께 인사를 드립니다. 그리고 아버지와 어머니께도 인사를 드립니다. 밖에서 돌아왔을 때 집안의 어른들께 인사를 드리는 것이 한국에서는 꼭 지켜야 할 (㉠   )입니다.

17 ㉠에 들어갈 말로 가장 알맞은 것을 고르십시오.

① 선물   ② 예절   ③ 편지   ④ 건강

18 윗글의 내용과 같은 것을 고르십시오.

① 최고 어른께 제일 먼저 인사를 드립니다.
② 밖에서 돌아온 동생이 저에게 인사를 합니다.
③ 집에 들어오면 아버지께 먼저 인사를 드립니다.
④ 어머니와 아버지가 할아버지, 할머니께 인사를 드립니다.

[19~20] 다음을 읽고 물음에 답하십시오.

저는 지금 의상 디자인을 공부하고 있는 미국 학생입니다. 그래서 세계 여러 나라의 옷에 관심이 많습니다. 작년에 친구들과 함께 한국 여행을 가서 한복을 처음 보았습니다. 그 후로 저는 한국의 전통 옷인 한복에 관심을 갖게 되었습니다. 한복은 다른 나라의 옷보다 우아한 멋이 있습니다. 제 친구들도 한복의 우아한 멋에 매력을 느끼고 있습니다. 지금 저는 한복의 우아한 (㉠) 한복을 열심히 만들고 있습니다. 내년에는 한복 전시회를 할 계획입니다.

19 ㉠에 들어갈 말로 가장 알맞은 것을 고르십시오.
① 멋이 없어   ② 멋에 대해
③ 멋에 빠져   ④ 멋을 몰라

20 윗글의 내용으로 알 수 있는 것을 고르십시오.
① 한국은 여행하기에 좋은 나라입니다.
② 의상 디자인은 우아함을 필요로 합니다.
③ 우아함을 지닌 사람들이 한국 여행을 좋아합니다.
④ 한복의 우아함이 사람들의 마음을 사로잡았습니다.

02 통합문제

본문 pp. 130~139

01	①	02	④	03	①	04	③	05	④
06	④	07	②	08	③	09	③	10	④
11	④	12	①	13	②	14	③	15	②
16	①	17	②	18	①	19	③	20	④

[01~02]

> 오늘은 누나의 생일입니다. 우리 가족은 누나를 위해 노래를 불러 주었습니다. 노래가 끝나자, 각자 준비한 선물을 누나에게 주었습니다. 형은 화장품을 주었고, 나는 책을 주었습니다. 아버지, 어머니께서는 구두를 주셨습니다. 구두를 신은 누나의 모습은 (㉠) 예뻤습니다.

01 [빈칸 채우기]
① '정말'은 '거짓이 없이 말 그대로'라는 뜻으로 긍정형의 서술어와 어울린다.

🎓 오답풀이

③, ④ '전혀', '결코'는 부정 서술어와 호응한다.

02 [글의 사실적 이해]
④ 누나의 생일에 아버지와 어머니는 구두를, 나는 책을, 형은 화장품을 선물했다. 가족 모두 누나에게 선물했다.

> 今天是姐姐的生日，我们全家给姐姐唱了生日歌。唱完后把各自准备好的礼物送给了姐姐，哥哥送化妆品，我送书，爸妈给她买了鞋子做礼物。姐姐试穿鞋子的样子（ ㉠ ）漂亮。

01
① '정말(真的)' 是 '거짓이 없이 말 그대로(不虚假的，真实的)' 的意思，和肯定的谓语搭配。

🎓 误答解析

③, ④ '전혀(一点不)', '결코(绝对)' 和否定的谓语搭配

02
④ 姐姐生日时爸妈给她买了鞋，我买了书，哥哥买了化妆品作为礼物。全家都给姐姐买了礼物。

> Today is my older sister's birthday. Family members sang a song for her. After singing a song, we gave her presents respectively. My older brother gave her cosmetics and I gave a book. My dad and mom gave her shoes. My older sister who wore them was (㉠) pretty.

01
① '정말(really)' means '거짓이 없이 말 그대로(literally without a lie)', so it gets along with a positive predicate.

🎓 Wrong answer explanation

③, ④ '전혀(not at all)', '결코(never)' are matched with a negative predicate.

02
④ On my older sister's birthday, my parents gave her shoes, I gave a book, and my older brother gave cosmetics as gifts. All family members gave her presents.

[03~04]

> 한국 사람들은 라면을 좋아합니다. 아침과 점심, 저녁에도 라면을 먹습니다. 라면을 먹으려면 우선, 냄비에 적당한 양의 물을 넣고 (㉠). 물이 끓기 시작하면 면과 수프를 넣고 면이 익을 때까지 5분 정도 기다립니다. 이때 달걀이나 파를 넣으면 더 맛있습니다.

03 [빈칸 채우기]
① 라면은 먼저 냄비에 물을 넣고 끓인 다음 면과 수프와 다른 재료를 넣는다.

04 [글의 사실적 이해]
③ 라면은 물을 끓인 다음 면과 수프와 달걀, 파를 넣는 방법으로 끓인다.

韩国人喜欢方便面。早饭、午饭、晚饭都吃。要想吃方便面，首先把锅里加入适量的水（ ㉠ ）。水煮开后放进面饼和调料，将面煮熟需要等5分钟左右。此时放上鸡蛋或葱味道会更好。

03
① 煮方便面的时候需要首先把锅里加入适量的水，水开后放面饼、调料和其他材料。

04
③ 煮方便面的方法是烧水后放面、调料、葱。

Koreans like Ramen. They eat it for breakfast, lunch and even dinner. To eat Ramen, firstly, put the right amount of water to a pot and let it (㉠). When the water starts to boil, add noodle and soup. Then wait about 5 minutes before noodle is done. If you add some eggs or spring onion, it'll taste better.

03
① To cook Ramen, you should put some water to a pot and boil it. Next, you add noodle, soup and other independents.

04
③ After boiling water, you should add noodle, soup, egg and spring onion. That's how to cook Ramen.

[05~06]

여름에는 날씨가 매우 더워서 땀을 많이 흘립니다. 땀을 흘리면 물을 마셔야 합니다. 물 대신 수박을 먹어도 좋습니다. 수박에 물이 많기 때문입니다. (㉠) 여름에는 날씨가 덥기 때문에 음식이 쉽게 상합니다. 음식이 상하지 않게 냉장고에 넣어야 합니다.

05 [빈칸 채우기]
④ 여름에는 음식이 상하기 때문에 냉장고에 음식을 넣어야 한다는 것은 앞의 내용과 대등하게 이어지는 내용이므로 '그리고'가 적절하다.

06 [글의 사실적 이해]
④ 여름에는 날씨가 더워 땀이 많이 나서 물을 마셔야 하고 물 대신 수박을 먹을 수 있다. 또한 음식이 상하기 때문에 냉장고가 있어야 한다.

夏天的时候天气太热会流很多汗。流很多汗之后必须要多喝水。也可以用西瓜代替水。因为西瓜有很多水分。（ ㉠ ）夏天天气很热，食物很容易变质。为了防止食物变质，要把食物放到冰箱里。

05
④ 夏天食物容易变质，要把它放到冰箱里，这句话是和前面内容并列关系，所以应该用连接词'그리고(还有)'。

06
④ 夏季出汗多要多喝水，也可以多吃西瓜。还有食物容易变质须有冰箱。

In summer, people sweat a lot because of hot weather. You should drink water when you sweat. Eating a watermelon instead of water is also good. It is because a watermelon contains lots of water. (㉠) food goes bad easily in summer because of hot weather. You should put food in a refrigerator to keep them from spoiling.

05
④ '그리고(And)' is the right answer, because what was said is continued coordinately with the following sentence 'food goes bad easily in summer, so you should put it in the refrigerator'.

06
④ People sweat a lot because of hot weather in summer. So you should drink water or can eat a

watermelon instead. Also, the refrigerator should really be in summer, because food goes bad easily.

[07~08]

> 우리 가족은 자전거 타기를 좋아합니다. 아버지는 자전거를 타고 회사에 가십니다. 저와 동생은 자전거를 타고 학교에 갑니다. 어머니는 자전거를 타고 한강에 운동을 하러 가십니다. 우리 가족은 자전거 타기를 좋은 운동으로 생각합니다. 자전거를 타면 (㉠) 좋을 뿐만 아니라 환경 오염도 막을 수 있습니다.

07 [빈칸 채우기]
② 자전거는 건강은 물론 환경 오염 예방에도 좋다. '도'는 '또한'의 뜻을 지닌 조사로 두 가지 모두를 포함한다.

08 [글의 사실적 이해]
③ 아버지는 회사에, 나와 동생은 학교에, 어머니는 한강에 자전거를 타고 간다. 자전거는 건강에도 좋고 환경 오염을 막을 수도 있어 여러 가지로 좋다.

> 我们全家都喜欢骑自行车。爸爸骑着自行车去公司上班。我和弟弟骑着自行车上学。妈妈骑着自行车去汉江锻炼。俄们全家人觉得骑自行车是好的运动。并且骑自行车(㉠)，还可以防止环境污染。

07
② 骑自行车有益于健康，也可以预防污染。'도(也)'含有 '또한'的意思，这一助词代表两者都包括。

08
③ 爸爸去公司，我和弟弟去上学，妈妈去汉江时都骑自行车。自行车有益于健康，还可以防止环境污染，益处多多。

> My family like to ride a bike. My father goes to work by bike. I and my younger sister go to school by bike. My mother goes to Hangang by bike to exercise. My family think riding a bike is very good. Riding a bike not only is good (㉠), but also can prevent environmental pollution.

07
② Riding a bike is good not only for health but also for preventing environmental pollution. '도' is a postposition which has close meaning with '또한' including both.

08
③ My father goes to work, my younger sister and I go to school, and my mother goes to Hangang by bike. Riding a bike is very good in many ways; It is good for health and it can prevent environmental pollution.

[09~10]

> 밖에서 집으로 돌아오면 먼저 손을 깨끗하게 씻어야 합니다. (㉠) 손을 깨끗하게 잘 씻으면 병에 걸리지 않습니다. (㉡) 손에는 병을 일으키는 세균들이 많기 때문입니다. 그래서 외출 후 돌아오면 손부터 씻어야 합니다. (㉢) 그리고 손을 씻고 난 후에는 완전히 물기를 없애야 합니다. (㉣)

09 [글의 사실적 이해]
③ 접속 부사 '그리고' 다음에 이어지는 내용이 손을 씻은 후의 행동이기 때문에 '그리고' 앞에는 손을 씻는 요령이 오는 것이 적절하다.

10 [글의 사실적 이해]
④ 손에 세균이 많이 있기 때문에 외출 후 돌아오면 손을 잘 씻어야 병에 걸리지 않는다. 손에 있는 세균이 병을 일으키기 때문이다.

从外面回到家里应该先把手洗干净。(㉠) 洗干净手才不会得病。(㉡)因为手上有很多引发病的细菌。所以出去回来后应该先洗手。(㉢)洗完手要把水擦干。(㉣)

09

③ 连接词'그리고(还有)'后面连接的内容是洗手后的动作。所以'그리고(还有)'前面连接的内容应该是洗手的要领比较恰当。

10

④ 因为手上有很多细菌，所以从外面回来后必须得洗手才不会得病。因为手上的细菌可以引发疾病。

You should wash your hands clearly when you come back home. (㉠) If you wash them well, you won't get sick. (㉡) Because there are lots of germs on hand which cause illness. So you have to wash your hands right after returning home. (㉢) And you should keep off moisture completely after washing them. (㉣)

09

③ Following the conjunctive '그리고' is about behavior after washing hands. So, how to wash hands is appropriate in front of the conjunctive '그리고'.

10

④ You should wash your hands right after returning home, because there are a lot of germs on your hand. If you do that, you won't get sick. That is because germs on hand could cause illness.

[11~12]

오늘부터 한국대학교에서 축제가 시작되었습니다. 학교 안에서 피자, 떡볶이 등 맛있는 음식을 많이 팔고 있습니다. 그리고 학생들이 직접 만든 반지와 목걸이, 가방 등 다양한 물건도 팔고 있습니다. 내일 저녁에는 유명한 가수

가 학교에 와서 공연을 할 예정입니다. 한국대학교 학생이 (㉠) 누구나 참여해서 축제를 즐길 수 있습니다.

11 [빈칸 채우기]

④ '-라도'는 양보의 의미를 지닌 어미이다. 한국대학교 축제는 다른 대학교 학생이더라도 참여해서 즐길 수 있다.

12 [글의 사실적 이해]

① 오늘부터 한국대학교 축제가 시작되었다. 한국대학교 학생이 아니더라도 학생들이 직접 만든 음식과 물건을 누구나 먹을 수 있고 살 수 있다.

从今天开始在韩国大学举办庆典。学校里有很多卖比萨、炒年糕等美食。还有很多学生在卖自己亲自制作的戒指、项链以及包等物品。明天晚上会有著名的歌手来学校进行演出。韩国大学的学生(㉠)。无论是谁都可以参加庆典。

11

④ '-라도' 是表示让步的词尾。别的大学的学生也可以参与韩国大学的庆典。

12

① 韩国大学的庆典从今天开始。即便不是韩国大学的学生也可以吃学生们自己做的食物而可以购买各种物品。

From today, the festival begun in Hankook University. Delicious food such as pizza and Stir-fried Rice Cake is sold in the university. And students sell various goods like a ring, a necklace, a bag and so on that they made by themselves. A famous singer is going to perform in the university tomorrow evening. The festival is open to everyone (㉠) he or she isn't a student of the Hankook University.

11

④ '-라도' is an end of a word that includes concession. The festival of Hankook University is also open to students of another universities.

12

① From today, the festival of Hankook University begun. Anyone, even though he or she isn't a student of Hankook University, can eat food and buy goods that students made themselves.

[13~14]

〈초롱이를 찾습니다〉

어제 저녁 7시쯤 행복 공원에서 산책을 하던 중에 강아지를 잃어버렸습니다. 강아지의 이름은 '초롱이'입니다.

초롱이의 털은 하얀색이고 목에 빨간색 이름표를 달고 있습니다.

초롱이를 보신 분은 010-1234-5678로 꼭 연락해 주세요!

강아지 주인 올림

13 [글의 사실적 이해]

② 강아지 주인은 잃어버린 강아지의 특징을 설명하면서 찾아주기를 부탁하고 있다.

14 [글의 사실적 이해]

③ 어제 저녁에 공원 산책을 하던 중에 털이 하얀색인 강아지를 잃어버렸다. 잃어버린 강아지 목에는 빨간색 이름표가 달려 있다.

寻找'小灯笼'

昨晚7点左右在幸福公园散步的时候把狗狗弄丢了。

狗狗的名字叫'小灯笼'。

小灯笼的毛是白色的，脖子上挂着红色的名字吊牌。

如有人发现小灯笼，请一定要联系010-1234-5678。

小狗的主人敬上

13

② 丢失小狗的主人描述了小狗的特点，希望能有人帮忙找到小狗。

14

③ 昨天在公园散步的途中丢失了白毛小狗。丢失的小狗脖子上挂着红色的姓名标牌。

〈**Lost Dog**〉

I lost my dog while I took a walk in Hangbok park yesterday around 7 p.m. Dog's name is 'Chorong'.

Chorong has white fur and wears a red name tag on his neck.

Please contact 010-1234-5678 if you find Chorong!

From the dog owner

13

② The dog owner asks people to look for his dog, explaining the lost dog's characteristic.

14

③ I lost my dog with white fur while taking a walk in Haengbok park yesterday evening. The lost dog wears a red name tag on his neck.

[15~16]

산에 가기 전에 몇 가지 알아야 할 일들이 있습니다. 우선 산에서는 불을 사용해서 음식을 만들면 안 됩니다. 또한 담배를 피워서도 안 됩니다. 음식을 만들 때 사용하는 불이나 담배꽁초로 인해 산불이 날 수 있기 때문입니다. 그리고 등산화를 신고 가는 것이 좋습니다. 일반 운동화를 신으면 (㉠) 다칠 수 있기 때문입니다.

15 [빈칸 채우기]

② 원인의 뜻을 지닌 어미 '-면'은 결과를 의미하는 어미 '-(어)서'와 호응한다. 따라서 'V(동사)' + '-(으)면' ~ 'V(동사)' + '-(어)서'의 형태가 적절하다.

16 [글의 사실적 이해]

① 글에서는 산에 갈 때 주의하여 지켜야 할 사항들을 설명하고 있다.

🎓 오답풀이

② 산에 오를 때 일반 운동화를 신으면 미끄러져 다칠 수 있으므로 등산화를 신는 것이 좋다.

④ 산에 올라가 음식을 해 먹거나 담배를 피우면 안 된다. 산불이 날 수 있기 때문이다.

在爬山之前有几件事需要注意。首先, 不可以在山里生火做饭。另外也不可以吸烟。因为做饭时使用的火或烟头很容易引起山火。还有最好穿登山鞋爬山, 如果穿普通的运动鞋的话, (㉠)受伤。

15

② 表示原因的词尾 '-면'和表示结果的词尾 '-(어)서'相呼应。所以这里应该使用'动词' + '-(으)면' ~'动词' + '-(어)서'的形态。

16

① 本文对爬山时应该注意遵守的事项进行了说明。

🎓 误答解析

② 在爬山的时候如果穿一般的运动鞋容易滑倒受伤, 所以最好穿登山鞋。

④ 在山上不可以做饭吃或者抽烟, 因为这样会引起山火。

There are something to know before going to a mountain. First, you shouldn't use fire to cook on the mountain. Also, smoking is prohibited. It is because fire for cooking or cigarette butts could cause a forest fire. And you should wear hiking boots, because you might (㉠) hurt if you wear sneakers.

15

② An ending '-면' which means a cause is matched with an ending '-(어)서' that means a result. Therefore, 'V(verb)' + '-(으)면' ~'V(verb)' + '-(어)서' is appropriate.

16

① The text explains matters that require attention when you go to a mountain.

🎓 Wrong answer explanation

② You'd better wear hiking boots when climbing a mountain, because you can slip and get hurt if wearing sneakers.

④ Cooking and smoking on the mountain is prohibited. It could cause a forest fire.

[17~18]

저희 집에는 할아버지, 할머니, 아버지, 어머니, 동생, 그리고 제가 살고 있습니다. 저와 동생은 집에 들어오면 제일 먼저 최고 어른이신 할아버지와 할머니께 인사를 드립니다. 그리고 아버지와 어머니께도 인사를 드립니다. 밖에서 돌아왔을 때 집안의 어른들께 인사를 드리는 것이 한국에서는 꼭 지켜야 할 (㉠)입니다.

17 [빈칸 채우기]

② 어른들께 인사를 드리는 것은 한국의 중요한 생활 예절에 해당한다.

18 [글의 사실적 이해]

① 할아버지와 할머니는 집안의 최고 어른이다. 그래서 제일 먼저 인사를 드린다.

　　我家有爷爷、奶奶、爸爸、妈妈、妹妹还有我。我和妹妹回到家后最先做的事情，就是向爷爷奶奶问候。然后也会向爸爸妈妈问候。从外边回到家后向老人问候是在韩国必须要遵守的（ ㉠ ）。

17

② 向老人问候的行为属于韩国重要的生活礼仪。

18

① 爷爷奶奶是家里最年长的，所以最先向爷爷奶奶问候。

　　There are grandfather, grandmother, father, mother, younger brother and me in my house. First, my younger brother and I greet our grandfather and grandmother who are the oldest people in the household when we come home. And we also greet our father and mother. Greeting older people in the household when we come back home is the (㉠) that we should observe.

17

② Greeting older people in the household is important life etiquette in Korea.

18

① You should greet your grandfather and grandmother first, because they are the oldest people in the household.

[19~20]

　　저는 지금 의상 디자인을 공부하고 있는 미국 학생입니다. 그래서 세계 여러 나라의 옷에 관심이 많습니다. 작년에 친구들과 함께 한국 여행을 가서 한복을 처음 보았습니다. 그 후로 저

는 한국의 전통 옷인 한복에 관심을 갖게 되었습니다. 한복은 다른 나라의 옷보다 우아한 멋이 있습니다. 제 친구들도 한복의 우아한 멋에 매력을 느끼고 있습니다. 지금 저는 한복의 우아한 (㉠) 한복을 열심히 만들고 있습니다. 내년에는 한복 전시회를 할 계획입니다.

19 [빈칸 채우기]

③ '나'는 한복의 멋을 느껴 한복을 열심히 만들고 있다. '~에 관심을 갖고 열중함'의 뜻을 지닌 말은 '~에 빠지다'이다.

20 [글의 사실적 이해]

④ 의상 디자인을 공부하는 미국인 학생이 한국 여행 후 한복의 우아한 멋에 빠졌다. 한복을 열심히 만들어 전시할 계획을 하고 있다. 한복의 우아함이 사람들의 마음을 사로잡은 것이다.

　　我是正在学习服装设计的美国学生。所以对世界各国的衣服都很感兴趣。去年的时候跟朋友一起去韩国旅行时第一次见到了韩服。从那以后，我开始对韩国的传统服饰韩服产生了兴趣。比起其他国家的衣服，韩服有一种优雅的美。我的朋友也感受到了韩服的优雅的风度。现在我（ ㉠ ）韩服的优雅，努力的制作韩服。我打算明年开办韩服展览会。

19

③ '나(我)' 感受到了韩服的美，所以在认真的制作韩服。这里应该填写 '~에 빠지다(陶醉于)'，意思是 '~에 관심을 갖고 열중함(对感兴趣并热衷于……)'。

20

④ 学习服装设计的美国学生在来到韩国旅行以后陶醉于韩服的美。正在努力地制作韩服，并打算开办韩服展览会。韩服的优雅让人们为之吸引了。

　　I'm an American student who studies costume design now. So I am interested in clothing all over the world. I saw Hanbok first when I visit Korea with my friends last year. I began to be interested in Hanbok which is Korean traditional clothing after that. Hanbok is more elegant than other countries' one. My friends also are attracted by elegant beauty Hanbok. I am (㉠) to elegance beauty of Hanbok, so I am making it so hard now. I plan to hold a Hanbok exhibition next year.

19

③ '나(I)' am addicted to Hanbok, so I am making it so hard. '~에 빠지다(be addicted to)' means '~에 관심을 갖고 열중함(he or she is interested in and wants to spend much time doing it.)'

20

④ An American student who studies costume design is addicted to elegant beauty of Hanbok after traveling Korea. He plans to display Hanbok that made by himself. Elegance of Hanbok won the heart of people.

성공으로 가는 엘리베이터는 고장입니다.
당신은 계단을 이용해야만 합니다.

한 계단, 한 계단씩.

− 조 지라드(Joe Girard)

최신판

에듀윌 한국어능력시험
TOPIK I 종합서

실전 모의고사

eduwill

모바일 OMR
채점 & 성적분석

교재 내 QR코드를 활용하여, 쉽고 빠른 '응시 – 채점 – 성적분석' 경험을 제공합니다.

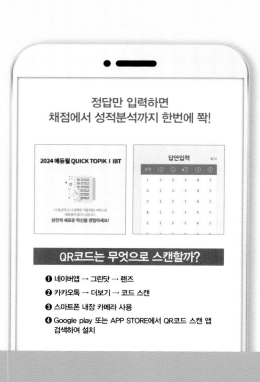

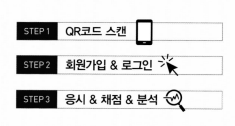

STEP 1 QR코드 스캔

STEP 2 회원가입 & 로그인

STEP 3 응시 & 채점 & 분석

* 에듀윌 회원가입 후 사용하실 수 있는 서비스입니다.

* 모바일 OMR을 이용해 동일 회차를 여러 번 풀어볼 수 있으며, 채점결과
  에는 최종 성적이 반영됩니다.

* 해당 서비스는 2025년 12월 31일까지이며, 이후 예고 없이 종료될 수 있
  습니다.

최신판

에듀윌 한국어능력시험
TOPIK I
종합서

실전 모의고사

제1회 한국어능력시험
The 1st Test of Proficiency in Korean

TOPIK I

듣기, 읽기

수험번호(Registration No.)		
이 름 (Name)	한국어(Korean)	
	영 어(English)	

유 의 사 항
Information

1. 시험 시작 지시가 있을 때까지 문제를 풀지 마십시오.
   Do not open the booklet until you are allowed to start.

2. 수험번호와 이름을 정확하게 적어 주십시오.
   Write your name and registration number on the answer sheet.

3. 답안지를 구기거나 훼손하지 마십시오.
   Do not fold the answer sheet; keep it clean.

4. 답안지의 이름, 수험번호 및 정답의 기입은 배부된 펜을 사용하여 주십시오.
   Use the given pen only.

5. 정답은 답안지에 정확하게 표시하여 주십시오.
   Mark your answer accurately and clearly on the answer sheet.

   marking example

6. 문제를 읽을 때에는 소리가 나지 않도록 하십시오.
   Keep quiet while answering the questions.

7. 질문이 있을 때에는 손을 들고 감독관이 올 때까지 기다려 주십시오.
   When you have any questions, please raise your hand.

제1회 실전 모의고사

Final Test

음원 듣기

듣기 [01번~30번]

⌾ 오른쪽 상단의 QR 코드의 듣기 음원을 들으면서 문제를 풀어 보세요.

[01~04] 다음을 듣고 〈보기〉와 같이 물음에 맞는 대답을 고르십시오.

보기

가: 운동을 해요?

나: _____

❶ 네, 운동을 해요.   ② 아니요, 운동이에요.

③ 네, 운동이 아니에요.   ④ 아니요, 운동을 좋아해요.

---

01 [4점]

① 네, 여자 친구예요.   ② 네, 여자 친구가 있어요.

③ 아니요, 여자 친구가 좋아요.   ④ 아니요, 여자 친구가 있어요.

02 [4점]

① 네, 피아노를 샀어요.   ② 네, 피아노를 좋아해요.

③ 아니요, 피아노를 못 쳐요.   ④ 아니요, 피아노를 싫어해요.

03 [3점]

① 감기에 걸렸어요.   ② 오늘 친구를 만나요.

③ 한국어 공부를 했어요.   ④ 지금 밥을 먹는 중이에요.

04 [3점]

① 집에서 배워요.   ② 엄마한테 배워요.

③ 떡볶이를 먹고 있어요.   ④ 불고기 만드는 법을 배워요.

[05~06] 다음을 듣고 〈보기〉와 같이 이어지는 말을 고르십시오.

─────────(보기)─────────

가: 맛있게 드세요.

나: _____

① 다음에 봐요.   ❷ 잘 먹겠습니다.

③ 모르겠습니다.   ④ 잘 부탁합니다.

05 [4점]

① 네, 제가 했어요.   ② 네, 제가 할게요.

③ 아니에요, 제가 할게요.   ④ 아니에요, 당신이 하세요.

06 [3점]

① 네, 맞습니다.   ② 네, 알겠습니다.

③ 아니요, 모릅니다.   ④ 아니요, 괜찮습니다.

[07~10] 여기는 어디입니까? 〈보기〉와 같이 알맞은 것을 고르십시오.

─────────(보기)─────────

가: 손님, 뭘 드시겠어요?

나: 커피 두 잔 주세요.

① 학교   ② 은행   ❸ 카페   ④ 음식점

07 [3점]

① 식당   ② 기차역   ③ 도서관   ④ 문구점

08 [3점]

① 호텔   ② 공원   ③ 편의점   ④ 우체국

09 [3점]

① 공항   ② 은행   ③ 박물관   ④ 지하철역

10 [4점]

① 식당   ② 우체국   ③ 체육관   ④ 신발 가게

[11~14] 다음은 무엇에 대해 말하고 있습니까? 〈보기〉와 같이 알맞은 것을 고르십시오.

─── 보기 ───

가: 현식 씨가 언제 오나요?

나: 구월 육일에 올 거예요.

❶ 날짜   ② 요일   ③ 이름   ④ 고향

11 [3점]

① 취미   ② 직업   ③ 나이   ④ 건강

12 [3점]

① 여가 생활   ② 시험 준비   ③ 날씨 예보   ④ 계획 작성

13 [4점]

① 축제   ② 장점   ③ 전공   ④ 독서

14 [3점]

① 약속   ② 여행   ③ 친구   ④ 사과

[15~16] 다음 대화를 듣고 알맞은 그림을 고르십시오. [각 4점]

15 ①  ②

③  ④

16 ①  ②

③  ④

[17~21] 다음을 듣고 〈보기〉와 같이 대화 내용과 같은 것을 고르십시오. [각 3점]

┌─────────────── 보기 ───────────────┐

남자: 요즘 한국어를 공부해요?

여자: 네, 한국 친구한테서 한국어를 배워요.

① 남자는 학생입니다.   ② 여자는 학교에 다닙니다.

③ 남자는 한국어를 가르칩니다.   ❹ 여자는 한국어를 공부합니다.

└──────────────────────────────────┘

17 ① 남자는 택시를 타고 강남역에 가려 합니다.

② 남자는 지하철을 타고 남산에 가려 합니다.

③ 여자는 남자가 원하는 정보를 알고 있지 못했습니다.

④ 강남역에서 남산까지 지하철로 20분 정도가 걸립니다.

18 ① 남자는 금반지를 골랐습니다.

② 반지의 가격은 200만 원입니다.

③ 남자는 생일 선물을 고르고 있습니다.

④ 남자가 산 반지는 교환이 불가능합니다.

19 ① 한국 선수가 열심히 뛰고 있습니다.

② 한국 팀이 두 골을 넣어 이겼습니다.

③ 한국 팀 6번 선수가 골을 넣었습니다.

④ 오늘 저녁 한국 팀의 축구 경기가 있습니다.

20 ① 남자는 사진을 많이 찍었습니다.

② 남자는 휴가 때 영국에 다녀왔습니다.

③ 여자는 프랑스에 가 본 적이 없습니다.

④ 여자도 예전에 프랑스 음식을 먹어 봤습니다.

21 ① 여자는 친구와 함께 있을 것입니다.

② 여자는 단무지와 양파를 싫어합니다.

③ 남자는 음식점에서 일하고 있습니다.

④ 여자는 짜장면과 군만두를 배달시켰습니다.

[22~24] 다음을 듣고 여자의 중심 생각을 고르십시오. [각 3점]

22 ① 영화가 재미없었습니다.

② 친구들의 우정을 그린 영화가 많습니다.

③ 친구들과 오래도록 잘 지내야겠다고 생각했습니다.

④ 새로운 친구를 많이 사귀어야겠다고 다짐했습니다.

23 ① 환불을 받고 싶어 합니다.

② 모든 옷은 환불을 해 주어야 합니다.

③ 다른 색깔의 옷으로 바꾸고 싶습니다.

④ 백화점에서 할인하는 옷은 사지 않을 것입니다.

24 ① 김치찌개를 먹고 싶어 합니다.

② 혼자 점심을 먹고 싶어 합니다.

③ 김치찌개를 맛있게 만들 수 있습니다.

④ 식당에 늦게 가면 김치찌개를 먹지 못합니다.

[25~26] 다음을 듣고 물음에 답하십시오.

25 여자가 왜 이 이야기를 하고 있는지 고르십시오. [3점]

① 질문   ② 감사   ③ 설명   ④ 예보

26 들은 내용과 같은 것을 고르십시오. [4점]

① 김은 구운 것을 사용해야 합니다.

② 칼에 기름을 묻히면 김밥이 잘 썰립니다.

③ 김밥은 사람들의 건강에 좋은 음식입니다.

④ 김밥은 재료를 많이 넣을수록 더 맛이 있습니다.

[27~28] 다음을 듣고 물음에 답하십시오.

27 두 사람이 무엇에 대해 이야기를 하고 있는지 고르십시오. [3점]

① 좋아하는 운동

② 수업 끝나고 할 일

③ 학교 운동회가 열리는 날짜

④ 남보다 달리기를 잘하는 방법

28 들은 내용과 같은 것을 고르십시오. [4점]

① 남자는 매일 운동을 합니다.

② 여자는 던지기 선수로 뽑혔습니다.

③ 여자는 수업이 끝난 후 공원에 갑니다.

④ 남자는 여자와 영화를 보러 갈 것입니다.

[29~30] 다음을 듣고 물음에 답하십시오.

29 남자가 여자에게 전화를 한 이유를 고르십시오. [3점]

① 서점을 홍보하려고

② 출판사에 책을 주문하려고

③ 새로 나온 책을 추천하려고

④ 주문을 받은 책에 사정이 생겨서

30 들은 내용과 같은 것을 고르십시오. [4점]

① 여자는 남자에게 책 한 권을 주문했습니다.

② 여자는 내일 서점을 직접 방문할 것입니다.

③ 여자가 주문한 책이 모두 서점에 도착했습니다.

④ 여자는 모레 책 한 권을 받을 수 있을 것입니다.

읽기 [31번~70번]

[31~33] 무엇에 대한 내용입니까? 〈보기〉와 같이 알맞은 것을 고르십시오. [각 2점]

〈보기〉

저는 주말에 수영을 합니다. 그리고 야구도 합니다.

① 요일   ② 공부   ❸ 운동   ④ 생일

31

올해는 2019년입니다. 내년은 2020년입니다.

① 요일   ② 하루   ③ 연도   ④ 저녁

32

이것은 비빔밥입니다. 그리고 저것은 불고기입니다.

① 음식   ② 음료   ③ 식당   ④ 그릇

33

저는 미래에 가수가 되고 싶습니다. 그래서 열심히 노래 연습을 하고 있습니다.

① 꿈   ② 취미   ③ 장점   ④ 공부

[34~39] 〈보기〉와 같이 (   )에 들어갈 가장 알맞은 것을 고르십시오.

─(보기)─

저는 (   )에 갔습니다. 책을 빌렸습니다.

① 극장   ② 빵집   ❸ 도서관   ④ 우체국

34 [2점]

아버지께서 신문을 읽고 계십니다. 저(   ) TV를 보고 있습니다.

① 의   ② 는   ③ 를   ④ 에

35 [2점]

지금 방이 너무 덥습니다. 선풍기를 (   ).

① 틉니다   ② 부칩니다   ③ 읽습니다   ④ 닦습니다

36 [2점]

이 어휘의 뜻을 모릅니다. (   )을/를 찾아봅니다.

① 안경   ② 사전   ③ 신문   ④ 잡지

37 [3점]

저는 군것질을 많이 합니다. 그래서 지금 무척 (   ).

① 건강합니다   ② 맛있습니다   ③ 뚱뚱합니다   ④ 날씬합니다

38 [3점]

저는 (   ) 과음을 합니다. 그래서 지금 속이 너무 아픕니다.

① 비록   ② 혹시   ③ 과연   ④ 자주

39 [2점]

저는 어릴 때부터 어머니께 요리를 배웠습니다. 그래서 저는 요리를 잘 (   ).

① 칩니다   ② 켭니다   ③ 합니다   ④ 먹습니다

[40~42] 다음을 읽고 맞지 <u>않는</u> 것을 고르십시오. [각 3점]

40

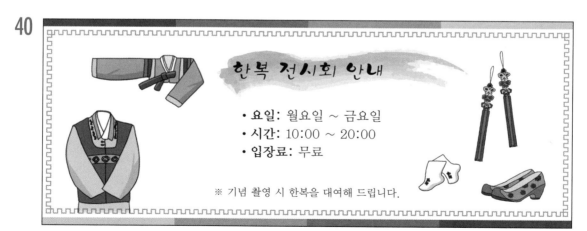

① 토요일에 문을 닫습니다.

② 입장료를 낼 필요가 없습니다.

③ 오후 여덟 시까지 관람이 가능합니다.

④ 한복을 빌리려면 대여료를 내야 합니다.

41

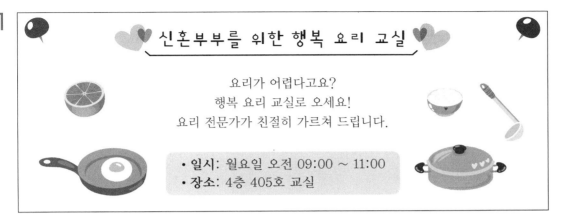

신혼부부를 위한 행복 요리 교실

요리가 어렵다고요?
행복 요리 교실로 오세요!
요리 전문가가 친절히 가르쳐 드립니다.

- **일시**: 월요일 오전 09:00 ~ 11:00
- **장소**: 4층 405호 교실

① 4층 교실에서 수업합니다.

② 요리 전문가가 함께합니다.

③ 오후 9시에 수업을 시작합니다.

④ 수업은 두 시간 동안 진행됩니다.

42

영화 제목: **차이나타운**

- 2020. 08. 05(수) 3회 20:00 ~ 22:00
- 4관 K열 10번 성인 9,000원

한국 영화관

① 상영관은 3관입니다.

② 오후 8시에 영화가 시작됩니다.

③ K열 10번 자리에 앉아야 합니다.

④ 영화 표의 가격은 9,000원입니다.

[43~45] 다음을 읽고 내용이 같은 것을 고르십시오.

43 [3점]

> 내일은 토요일입니다. 그래서 친구들과 함께 놀이공원에 놀러가기로 약속했습니다. 각자 도시락을 싸 오기로 했습니다.

① 오늘은 일요일입니다.

② 어머니가 도시락을 싸 주셨습니다.

③ 저는 어제 놀이공원에 놀러갔습니다.

④ 내일 저는 놀이공원에 놀러갈 것입니다.

44 [2점]

> 오늘 한국어능력시험을 보았습니다. 시험 문제가 너무 어려워서 문제를 다 풀지 못했습니다. 더 열심히 한국어를 공부해야겠다는 다짐을 했습니다.

① 시험 문제가 너무 쉬웠습니다.

② 내일 한국어능력시험을 봅니다.

③ 한국어 공부를 포기할 것입니다.

④ 다 풀지 못한 문제가 있었습니다.

45 [3점]

> 저의 고향은 제주도입니다. 제주도에는 돌, 바람, 여자가 많아서 '삼다도'라고 불립니다. 그리고 제주는 감귤이 유명합니다.

① 제주도에는 남자가 많습니다.

② 제주 감귤은 다른 곳보다 비쌉니다.

③ 제주도는 삼다도라 말하기도 합니다.

④ 저는 제주도로 여행을 다녀왔습니다.

[46~48] 다음을 읽고 중심 내용을 고르십시오.

46 [3점]

> 다음 달에 새로운 스마트폰이 출시됩니다. 저는 새로 출시될 스마트폰을 사려고 합니다. 그래서 열심히 아르바이트를 하고 있습니다.

① 저는 스마트폰을 항상 들고 다닙니다.
② 저는 아르바이트를 하나 더 할 것입니다.
③ 저는 스마트폰을 사기 위해 열심히 일하고 있습니다.
④ 저는 스마트폰을 사면 아르바이트를 그만둘 것입니다.

47 [3점]

> 저는 책을 많이 읽습니다. 그중 소설을 가장 좋아합니다. 저는 나중에 소설가가 될 것입니다.

① 저는 책을 많이 가지고 있습니다.
② 저는 책을 읽고 항상 독후감을 씁니다.
③ 저는 소설책을 사러 서점에 갈 것입니다.
④ 저는 소설을 좋아해서 소설가가 되는 것이 꿈입니다.

48 [2점]

> 아버지께서는 가족을 위해 열심히 일하십니다. 일하시느라 매일 집에 늦게 들어오시지만 힘들다는 말을 하지 않으십니다. 그래서 저는 아버지를 존경합니다.

① 아버지는 일하는 것을 좋아하십니다.
② 아버지께서는 항상 집에 일찍 오십니다.
③ 아버지께서는 자주 힘들다고 말씀하십니다.
④ 가족을 위해 열심히 일하시는 아버지를 존경합니다.

[49~50] 다음을 읽고 물음에 답하십시오. [각 2점]

요즘 학생들은 잘못된 식습관을 가지고 있습니다. 적당한 양의 음식을 규칙적으로 먹는 것이 몸에 좋습니다. 아침밥은 꼭 챙겨 먹고, 간식으로는 우유나 과일 등을 먹는 것이 좋습니다. 또한 식생활 교육을 통해 (㉠   ) 식습관을 기를 수 있도록 해야 합니다.

49 ㉠에 들어갈 말로 가장 알맞은 것을 고르십시오.

① 깨끗한   ② 올바른   ③ 적당한   ④ 잘못된

50 윗글의 내용과 같은 것을 고르십시오.

① 아침밥은 먹지 않아도 괜찮습니다.

② 밥은 많이 먹을수록 건강에 좋습니다.

③ 과일을 간식으로 먹는 것이 좋습니다.

④ 요즘 학생들은 밥을 잘 챙겨 먹습니다.

[51~52] 다음을 읽고 물음에 답하십시오.

> 약과는 밀가루와 꿀, 기름 등으로 만든 과자입니다. 약과에는 여러 모양이 있습니다. 지금은 대부분 꽃 모양을 본떠서 만들지만, 옛날에는 새, 물고기 등의 모양을 본떠서 만들었다고 합니다. 약과의 모양을 내기 위해서는 나무를 (㉠   ), 그 속에 약과 재료를 넣어 찍어 냅니다.

51 ㉠에 들어갈 말로 가장 알맞은 것을 고르십시오. [3점]

① 잘라서　　　② 키워서　　　③ 파내서　　　④ 칠해서

52 무엇에 대한 내용인지 맞는 것을 고르십시오. [2점]

① 약과의 모양을 내는 방법

② 약과가 건강에 좋은 이유

③ 약과를 맛있게 만드는 방법

④ 약과를 만드는 데 걸리는 시간

[53~54] 다음을 읽고 물음에 답하십시오.

민국이는 지난 여름 방학에 만세와 함께 중국에 놀러 갔습니다. 민국이는 재미있고 신기한 구경거리를 빨리 보려고 줄을 서지 않고 새치기를 했습니다. 그리고 여기저기 마구 뛰어 다니다가 다른 사람들과 (㉠) 했습니다. 만세는 민국이의 이런 행동이 정말 부끄러웠습니다.

53 ㉠에 들어갈 말로 가장 알맞은 것을 고르십시오. [2점]

① 부딪쳐서   ② 부딪쳤지만   ③ 부딪치기도   ④ 부딪쳤으면

54 윗글의 내용과 같은 것을 고르십시오. [3점]

① 민국이는 줄에 끼어들었습니다.

② 민국이는 혼자 중국에 갔습니다.

③ 만세는 민국이가 자랑스러웠습니다.

④ 민국이는 자신의 행동을 부끄러워했습니다.

[55~56] 다음을 읽고 물음에 답하십시오.

> 학교에서 현장 학습을 갔습니다. 옆 반이랑 같은 시간에 출발하였습니다. (㉠   ) 우리 반이 먼저 도착하였습니다. 박물관의 문을 열고 들어가니 늑대 모양의 조각이 서 있어서 깜짝 놀랐습니다. 옛날 사람이 만든 여러 가지 물건을 보니 참 신기하였습니다. 수박 모양의 도자기들도 참 예뻤습니다. 다음에 부모님과 함께 또 오고 싶었습니다.

55 ㉠에 들어갈 말로 가장 알맞은 것을 고르십시오. [2점]

① 그래서   ② 그리고   ③ 하지만   ④ 그러므로

56 윗글의 내용과 같은 것을 고르십시오. [3점]

① 다음에 다시 한 번 더 오고 싶습니다.

② 늑대 모양의 조각이 참 멋있었습니다.

③ 우리 반보다 옆 반이 먼저 도착하였습니다.

④ 밥그릇 같은 모양의 도자기들이 참 예뻤습니다.

[57~58] 다음을 순서에 맞게 배열한 것을 고르십시오.

57 [3점]

> (가) 스마트폰을 다시 찾아서 정말 다행이었습니다.
> (나) 그런데 영화관에서 스마트폰을 잃어버렸습니다.
> (다) 지난 주말 친구와 함께 영화관에서 영화를 보았습니다.
> (라) 그때 옆자리에 앉아 영화를 보던 남자 아이가 제 스마트폰을 찾아 주었습니다.

① (나) − (가) − (라) − (다)

② (다) − (나) − (라) − (가)

③ (라) − (가) − (다) − (나)

④ (라) − (나) − (가) − (다)

58 [2점]

> (가) 그런데 꿀이 있는 곳의 거리에 따라 춤을 다르게 춥니다.
> (나) 꿀벌은 친구들에게 꿀이 있는 곳을 알려 주기 위하여 춤을 춥니다.
> (다) 다른 꿀벌들은 이러한 춤의 모양을 보고 꿀이 있는 곳으로 날아갑니다.
> (라) 만약 꿀이 가까운 곳에 있으면 빙글빙글 돌고, 먼 곳에 있으면 8자 모양을 그립니다.

① (나) − (가) − (라) − (다)

② (다) − (가) − (나) − (라)

③ (다) − (나) − (가) − (라)

④ (라) − (다) − (나) − (가)

[59~60] 다음을 읽고 물음에 답하십시오.

> 봄이 오면 우리 마을에 여러 가지 꽃이 핍니다. (㉠) 학교 가는 길에는 노란 개나리가 활짝 핍니다. (㉡) 학교 운동장 가에는 목련이 하얗게 핍니다. 마을 앞산 이곳저곳에는 분홍 진달래가 핍니다. (㉢) 달콤한 수박과 참외가 많이 생산됩니다. 그리고 새콤달콤한 자두도 많이 나옵니다. (㉣)

59 다음 문장이 들어갈 곳으로 가장 알맞은 것을 고르십시오. [2점]

> 여름이 되면 우리 마을에는 맛있는 과일이 생산됩니다.

① ㉠   ② ㉡   ③ ㉢   ④ ㉣

60 윗글의 내용과 같은 것을 고르십시오. [3점]

① 운동장에는 분홍 목련이 핍니다.

② 수박과 참외는 맛이 달콤합니다.

③ 마을 앞산에는 하얀 진달래가 핍니다.

④ 학교 가는 길에는 노란 목련이 핍니다.

[61~62] 다음을 읽고 물음에 답하십시오. [각 2점]

> 오늘은 우리 반의 학급 도우미를 정했습니다. 먼저, '칠판 청소 도우미'는 쉬는 시간에 칠판을 지우고 칠판지우개를 깨끗이 (㉠   ) 합니다. 그리고 칠판 주위도 깨끗하게 정리해 놓아야 합니다. '학습 도우미'는 수업 시간에 함께 사용하는 학습 도구를 모둠별로 나누어 주거나 걷습니다.

61 ㉠에 들어갈 말로 가장 알맞은 것을 고르십시오.

① 털어 놓아야   ② 걸어 놓아야

③ 고쳐 놓아야   ④ 만들어 놓아야

62 윗글의 내용과 같은 것을 고르십시오.

① 내일은 학급 도우미를 정하는 날입니다.

② '학습 도우미'는 학습 도구를 만들어야 합니다.

③ '칠판 청소 도우미'는 칠판만 깨끗이 지우면 됩니다.

④ 칠판 주위 정리도 '칠판 청소 도우미'가 해야 합니다.

[63~64] 다음을 읽고 물음에 답하십시오.

> 오늘도 저희 놀이동산을 찾아 주셔서 감사합니다.
>
> 놀이동산의 시설을 이용하실 때에 주의할 점에 대해 잠시 안내해 드리겠습니다.
>
> 어제 내린 비로 대부분의 놀이 기구에는 물기가 남아 있어 미끄럽습니다. 이용 시 조심하시기 바랍니다. 특히 청룡 열차를 타실 때에는 공중에서 회전하는 동안 몸에 지닌 물건이 밖으로 떨어지지 않도록 주의하십시오. 그럼 오늘도 안전하고 즐거운 시간 보내시기 바랍니다.
>
> 행복 놀이동산

63 왜 윗글을 썼는지 맞는 것을 고르십시오. [2점]

① 놀이동산에 많은 사람을 초대하려고

② 놀이동산을 사람들에게 널리 알리려고

③ 놀이동산을 찾은 사람들에게 감사하려고

④ 놀이동산 시설 이용에 대한 주의 사항을 알리려고

64 윗글의 내용과 같은 것을 고르십시오. [3점]

① 어제는 눈이 많이 왔습니다.

② 오늘은 놀이동산 문을 닫습니다.

③ 이제는 놀이기구에 물기가 없습니다.

④ 청룡 열차를 탈 때에는 물건이 밖으로 떨어질 수도 있습니다.

[65~66] 다음을 읽고 물음에 답하십시오.

먼 옛날에는 산이 높고 숲이 많은 우리나라에 호랑이가 아주 많이 살았습니다. 그래서 사람들은 우리나라를 대표하는 동물로 호랑이를 (㉠). 하지만 숲이 파괴되고 사람들이 총으로 사냥을 하게 되면서 호랑이는 멸종 위기에 놓이게 되었다고 합니다.

65 ㉠에 들어갈 말로 가장 알맞은 것을 고르십시오. [2점]

① 꼽았습니다
② 꼽을까 합니다
③ 꼽을 것 같습니다
④ 꼽고 말았습니다

66 윗글의 내용과 같은 것을 고르십시오. [3점]

① 호랑이는 아주 무서운 동물입니다.
② 지금은 호랑이의 숫자가 많지 않습니다.
③ 우리나라는 산이 낮고 숲이 거의 없습니다.
④ 우리나라에는 호랑이가 살았던 적이 없습니다.

[67~68] 다음을 읽고 물음에 답하십시오. [각 3점]

사용한 종이컵은 재활용할 수 있습니다. 종이컵을 재활용하여 화장지나 종이봉투 등 다른 물건을 만들 수 있습니다. 종이컵 65개로 화장지 한 개를 만들 수 있습니다. 그래서 종이컵을 재활용하면 (㉠   ). 종이컵의 재료가 되는 나무를 많이 베지 않아도 되기 때문입니다.

67 ㉠에 들어갈 말로 가장 알맞은 것을 고르십시오.

① 물을 아낄 수 있습니다

② 숲을 살릴 수 있습니다

③ 용돈을 절약할 수 있습니다

④ 종이 그릇을 만들 수 있습니다

68 윗글의 내용과 같은 것을 고르십시오.

① 종이컵을 많이 사용해야 합니다.

② 사용한 종이컵은 그냥 버려야 합니다.

③ 종이컵을 재활용하면 나무가 보호됩니다.

④ 종이컵으로는 다른 물건을 만들 수 없습니다.

[69~70] 다음을 읽고 물음에 답하십시오. [각 3점]

저는 지난 주말 부모님과 함께 할머니 댁으로 놀러 갔습니다. 할머니께서 메주를 방에 매달아 놓으셨습니다. 할머니께서는 메주가 익으면 된장을 담그십니다. 저는 할머니께서 끓여 주시는 된장찌개를 좋아합니다. 저는 할머니께서 정성으로 담그신 된장으로 만든 된장찌개를 (㉠) 앞으로는 고마운 마음으로 먹어야겠다고 생각했습니다.

69 ㉠에 들어갈 말로 가장 알맞은 것을 고르십시오.

① 먹으면서   ② 먹기 때문에

③ 먹어볼까 해서   ④ 먹을 수 있어서

70 윗글의 내용으로 알 수 있는 것을 고르십시오.

① 메주를 만들어 바로 된장을 담그지 않습니다.

② 지난 주말 혼자 할머니 댁으로 놀러 갔습니다.

③ 할머니께 된장찌개를 끓이는 방법을 배웠습니다.

④ 할머니께서는 부엌에 메주를 매달아 놓으셨습니다.

제2회 한국어능력시험

The 2nd Test of Proficiency in Korean

TOPIK I

듣기, 읽기

수험번호(Registration No.)		
이 름 (Name)	한국어(Korean)	
	영 어(English)	

STEP1 QR코드 스캔
STEP2 로그인&회원가입
STEP3 응시&채점&분석
※자동채점 서비스는 2025. 12. 31.까지만 이용하실 수 있습니다.

유 의 사 항
Information

1. 시험 시작 지시가 있을 때까지 문제를 풀지 마십시오.
   Do not open the booklet until you are allowed to start.

2. 수험번호와 이름을 정확하게 적어 주십시오.
   Write your name and registration number on the answer sheet.

3. 답안지를 구기거나 훼손하지 마십시오.
   Do not fold the answer sheet; keep it clean.

4. 답안지의 이름, 수험번호 및 정답의 기입은 배부된 펜을 사용하여 주십시오.
   Use the given pen only.

5. 정답은 답안지에 정확하게 표시하여 주십시오.
   Mark your answer accurately and clearly on the answer sheet.

   marking example ① ● ③ ④

6. 문제를 읽을 때에는 소리가 나지 않도록 하십시오.
   Keep quiet while answering the questions.

7. 질문이 있을 때에는 손을 들고 감독관이 올 때까지 기다려 주십시오.
   When you have any questions, please raise your hand.

듣기 [01번~30번]

🎧 오른쪽 상단의 QR 코드의 듣기 음원을 들으면서 문제를 풀어 보세요.

[01~04] 다음을 듣고 〈보기〉와 같이 물음에 맞는 대답을 고르십시오.

─── 보기 ───

가: 학교에 가요?

나: _____

❶ 네, 학교에 가요.   ② 아니요, 학교에 가요.

③ 네, 학교가 아니에요.   ④ 아니요, 학교를 좋아해요.

01 [4점]

① 네, 연필이 있어요.   ② 네, 연필이 부러졌어요.

③ 아니요, 연필이 비싸요.   ④ 아니요, 연필이 있어요.

02 [4점]

① 네, 요리예요.   ② 네, 요리가 있어요.

③ 아니요, 요리가 아니에요.   ④ 아니요, 요리 할 줄 몰라요.

03 [3점]

① 내일 갈 거예요.   ② 친구랑 갈 거예요.

③ 학교에 갈 거예요.   ④ 버스 타고 갈 거예요.

04 [3점]

① 내일 개봉했어요.   ② 어제 개봉했어요.

③ 영화가 재미있어요.   ④ 지금 영화를 봤어요.

[05~06] 다음을 듣고 〈보기〉와 같이 이어지는 말을 고르십시오.

┌─────────────────── 보기 ───────────────────┐

가: 실수해서 미안해요.

나: _____

① 그러게요.   ❷ 아니에요.

③ 죄송해요.   ④ 고마워요.

└──┘

05 [4점]

① 싫어합니다.   ② 좋겠습니다.

③ 감사합니다.   ④ 죄송합니다.

06 [4점]

① 여기 있습니다.   ② 잘 모르겠습니다.

③ 너무 비쌉니다.   ④ 정말 감사합니다.

[07~10] 여기는 어디입니까? 〈보기〉와 같이 알맞은 것을 고르십시오.

┌─────────────────── 보기 ───────────────────┐

가: 어디가 아파요?

나: 배가 아파서 왔어요.

① 시장   ② 학교   ❸ 병원   ④ 도서관

└──┘

07 [3점]

① 병원   ② 은행   ③ 식당   ④ 공항

08 [3점]

① 극장   ② 약국   ③ 미용실   ④ 도서관

09 [3점]

① 은행 　　② 학교 　　③ 카페 　　④ 편의점

10 [3점]

① 서점 　　② 약국 　　③ 미술관 　　④ 여행사

[11~14] 다음은 무엇에 대해 말하고 있습니까? 〈보기〉와 같이 알맞은 것을 고르십시오.

┌─────────────── 보기 ───────────────┐

가: 누구예요?

나: 이 사람은 언니예요.

❶ 가족 　　② 이름 　　③ 선생님 　　④ 부모님

└─────────────────────────────────┘

11 [3점]

① 옷 　　② 음식 　　③ 나이 　　④ 신발

12 [4점]

① 사진 　　② 가구 　　③ 가방 　　④ 날짜

13 [3점]

① 가격 　　② 모자 　　③ 숫자 　　④ 손수건

14 [3점]

① 주소 　　② 기분 　　③ 나이 　　④ 자동차

[15~16] 다음 대화를 듣고 알맞은 그림을 고르십시오. [각 4점]

15 ①

②

③

④

16 ①

②

③

④

[17~21] 다음을 듣고 〈보기〉와 같이 대화 내용과 같은 것을 고르십시오. [각 3점]

─(보기)─

남자: 주로 뭐 하며 지내요?

여자: 취미로 기타를 배우며 지내고 있어요.

① 남자는 학생입니다.　　　　　　　② 여자는 학교에 다닙니다.

③ 남자는 기타를 가르칩니다.　　　　❹ 여자는 기타를 배우고 있습니다.

17　① 여자는 음식이 맛없다고 생각합니다.

　　　② 여자는 지금 맛있게 밥을 먹고 있습니다.

　　　③ 남자는 된장찌개가 제일 맛있다고 생각합니다.

　　　④ 남자는 음식점 주인에게 된장찌개 만드는 법을 물어봤습니다.

18　① 여자는 요즘 한가했습니다.

　　　② 남자는 한국어 과제를 다 했습니다.

　　　③ 여자는 모르는 한국어가 매우 많습니다.

　　　④ 남자는 모르는 것을 여자에게 물어봤습니다.

19　① 남자는 배가 아픕니다.

　　　② 남자는 머리만 아픕니다.

　　　③ 여자는 머리와 목 모두 아픕니다.

　　　④ 여자는 남자를 진료하고 있습니다.

20
① 여자는 이번 주에 제주도에 갑니다.
② 여자는 지난 주에 우산을 샀습니다.
③ 남자는 제주도에 가 본 적이 있습니다.
④ 남자는 지금 제주도에서 살고 있습니다.

21
① 남자는 원래 가격에 물건을 샀습니다.
② 여자는 남자의 부탁을 들어주었습니다.
③ 여자는 물건 값을 깎아 주지 않았습니다.
④ 남자는 친구들과 같이 물건을 사러 왔습니다.

[22~24] 다음을 듣고 남자의 중심 생각을 고르십시오. [각 3점]

22
① 아들이 얼른 컸으면 좋겠습니다.
② 아들을 이 학교에 보내고 싶습니다.
③ 스스로 공부를 하는 것이 좋습니다.
④ 학교는 공부 분위기가 좋아야 합니다.

23
① 시험 시간이 남았습니다.
② 이번 시험이 더 어려웠습니다.
③ 시험 문제의 답을 잘 써야 합니다.
④ 주관식 문제가 어렵지 않았습니다.

24
① 버스가 택시보다 빨리 갑니다.
② 버스는 택시보다 요금이 비쌉니다.
③ 버스와 택시는 모두 요금이 쌉니다.
④ 택시 요금보다 약속 시간이 더 중요합니다.

[25~26] 다음을 듣고 물음에 답하십시오.

25 **여자가 왜 이 이야기를 하고 있는지 고르십시오. [3점]**
① 소개   ② 비판   ③ 감사   ④ 신청

26 **들은 내용과 같은 것을 고르십시오. [4점]**
① 한 사람이 어린이집을 도왔습니다.
② 도움을 준 사람들은 아이들과 함께 지냅니다.
③ 아이들은 도움을 준 사람들을 생각하고 있습니다.
④ 사람들은 아이들과 함께 열심히 공부하고 있습니다.

[27~28] 다음을 듣고 물음에 답하십시오.

27 **두 사람이 무엇에 대해 이야기를 하고 있는지 고르십시오. [3점]**
① 어버이날에 갈 곳
② 어버이날에 할 운동
③ 어버이날에 틀 음악
④ 어버이날에 사드릴 선물

28 **들은 내용과 같은 것을 고르십시오. [4점]**
① 남자는 운동을 좋아합니다.
② 여자는 음악 CD를 샀습니다.
③ 남자는 자전거를 살 계획입니다.
④ 여자는 음악 감상이 취미입니다.

[29~30] 다음을 듣고 물음에 답하십시오.

29 여자가 감자전을 먹지 <u>않은</u> 이유를 고르십시오. [3점]

① 탄산음료를 좋아해서

② 감자 알레르기가 있어서

③ 감자전을 좋아하지 않아서

④ 이미 음식을 많이 주문해서

30 들은 내용과 같은 것을 고르십시오. [4점]

① 여자는 김치찌개를 잘 만듭니다.

② 여자는 탄산음료를 먹지 못합니다.

③ 여자는 감자전을 맛있게 먹었습니다.

④ 여자는 비빔밥과 김치찌개를 시켰습니다.

읽기 [31번~70번]

[31~33] 무엇에 대한 내용입니까? 〈보기〉와 같이 알맞은 것을 고르십시오. [각 2점]

보기

오늘은 토요일입니다. 그리고 내일은 일요일입니다.

❶ 요일   ② 공부   ③ 과일   ④ 날짜

31

저는 축구를 잘합니다. 농구도 잘합니다.

① 학교   ② 운동   ③ 이름   ④ 장소

32

오늘은 10월 2일입니다. 10월 2일은 제가 태어난 날입니다.

① 나이   ② 날짜   ③ 생일   ④ 휴일

33

아시아에는 한국, 중국, 일본 등 여러 나라가 있습니다. 제가 사는 곳은 한국입니다.

① 지도   ② 나라   ③ 국기   ④ 계절

[34~39] 〈보기〉와 같이 (   )에 들어갈 가장 알맞은 것을 고르십시오.

─ 보기 ─

하늘이 흐립니다. (   )이 많습니다.

① 눈   ② 밤   ③ 하늘   ❹ 구름

34 [2점]

학교에 갑니다. 학교에서 주로 (   )를 합니다.

① 요리   ② 대화   ③ 독서   ④ 공부

35 [2점]

요리 재료가 부족합니다. 시장(   ) 재료를 사야 합니다.

① 과   ② 을   ③ 에서   ④ 에게

36 [2점]

방이 (   ). 그래서 청소를 해야 합니다.

① 더럽습니다   ② 좁습니다   ③ 넓습니다   ④ 깨끗합니다

37 [3점]

방학이 되었습니다. 방학 계획을 (   ).

① 삽니다   ② 세웁니다   ③ 버립니다   ④ 지냅니다

38 [3점]

> 우리는 오늘 처음 만났습니다. 그래서 (   ) 잘 모릅니다.

① 서로   ② 종종   ③ 바로   ④ 겨우

39 [2점]

> 노래를 부릅니다. 그리고 춤도 (   ).

① 합니다   ② 갑니다   ③ 봅니다   ④ 춥니다

[40~42] 다음을 읽고 맞지 <u>않는</u> 것을 고르십시오. [각 3점]

40

 하루 시간 사용 계획

7:00	기상
8:00	아침 식사
12:00	한국어 공부
13:00	점심 식사
15:00	독서
18:00	저녁 식사
20:00	세수 및 양치질
22:00	취침

① 오후 일곱 시에 기상합니다.

② 오후 열 시에 취침을 합니다.

③ 오후 세 시에 독서를 합니다.

④ 오전 여덟 시에 아침 식사를 합니다.

41

어머니, 저 회사 출근해요.
식탁에 아침 식사 차려 놓았어요.
일어나시면 아침 식사하세요.
식사하시고 감기약 꼭 드세요.
그리고 얼른 나으세요.

– 큰딸 영희 –

① 영희 씨는 회사에 다닙니다.

② 어머니는 감기에 걸리셨습니다.

③ 어머니는 아직 일어나지 않으셨습니다.

④ 영희 씨는 지금 아침 식사를 준비합니다.

42

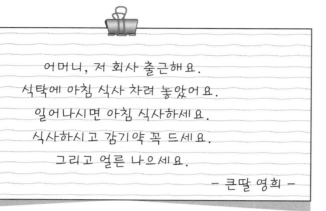

청첩장

신랑과 신부의 행복한 결혼식에 당신을 초대합니다.

• 날짜: 2019년 5월 7일 화요일
• 시간: 오후 2시
• 장소: 행복 예식장(2층)
• 오시는 길: 강남역 2번 출구에서 100미터

① 결혼식은 화요일입니다.

② 결혼식은 오후 2시입니다.

③ 결혼식장은 강남역 근처입니다.

④ 결혼식장 이름은 행복 예식장 2층입니다.

[43~45] 다음을 읽고 내용이 같은 것을 고르십시오.

43 [3점]

> 저는 축구를 좋아합니다. 수업이 끝나면 학교 운동장에서 축구를 합니다. 매월 마지막 주 토요일에 다른 학교 축구팀과 경기를 합니다.

① 학교에는 운동장이 없습니다.
② 저는 학교 운동장에서 축구를 합니다.
③ 저는 수업을 하지 않고 축구를 합니다.
④ 매월 초에 다른 학교 팀과 경기를 합니다.

44 [2점]

> 내일은 중요한 면접시험이 있는 날입니다. 그래서 미용실에 가서 이발도 단정하게 했습니다. 점심을 먹고 나서 면접 때 입을 옷을 사러 갈 예정입니다.

① 면접 때 입을 새 옷을 샀습니다.
② 오늘 중요한 면접시험을 봅니다.
③ 점심을 먹고 미용실에 가려고 합니다.
④ 내일 있을 면접시험을 위해 이발을 했습니다.

45 [3점]

> 저는 공부할 때 음악을 듣습니다. 음악을 들으면 공부가 잘 됩니다. 그리고 잡념도 사라집니다. 그래서 저는 공부할 때 음악 듣는 것을 좋아합니다.

① 저는 잡념이 없습니다.
② 저는 공부를 좋아합니다.
③ 저는 음악을 들으며 공부합니다.
④ 저는 음악을 좋아하지 않습니다.

[46~48] 다음을 읽고 중심 내용을 고르십시오.

46 [3점]

> 저는 매주 토요일과 일요일에 봉사 활동을 합니다. 주로 도서관과 박물관에서 봉사 활동을 합니다. 봉사 활동은 힘들지만 보람이 있습니다.

① 저는 박물관 관람을 좋아합니다.

② 저는 자주 봉사 활동을 하고 싶습니다.

③ 저는 봉사 활동을 통해 보람을 느낍니다.

④ 저는 도서관에서 책 정리하기를 좋아합니다.

47 [3점]

> 오늘 늦잠을 자서 회의에 참석하지 못했습니다. 직장 동료에게 회의 내용을 물어보았습니다. 내일은 아침 회의에 늦지 않을 겁니다.

① 저는 친구를 좋아합니다.

② 저는 회의를 좋아하지 않습니다.

③ 저는 친구에게 물어보기를 좋아합니다.

④ 저는 내일 아침 늦잠을 자지 않을 것입니다.

48 [2점]

> 동생은 어릴 때 몸이 매우 약했습니다. 그래서 꾸준히 운동을 했습니다. 지금은 몸이 건강해졌습니다.

① 동생은 운동을 좋아합니다.

② 동생은 어릴 적 건강했습니다.

③ 동생은 몸이 약하지 않았습니다.

④ 동생은 운동으로 몸이 건강해졌습니다.

[49~50] 다음을 읽고 물음에 답하십시오. [각 2점]

> 저는 글씨를 잘 쓰지 못합니다. 그래서 친구들이 제가 쓴 글을 잘 이해하지 못합니다. 이제부터 친구들이 제 글을 잘 (㉠   ) 있게 글씨를 쓰려고 합니다. 요즘은 하루에 한 시간씩 글씨 쓰는 연습을 합니다. 글씨를 잘 쓸 때까지 연습을 계속할 생각입니다.

49 ㉠에 들어갈 말로 가장 알맞은 것을 고르십시오.

① 생각할 수   ② 사용할 수

③ 이해할 수   ④ 정리할 수

50 윗글의 내용과 같은 것을 고르십시오.

① 저는 글씨를 잘 씁니다.

② 저는 친구들의 글씨를 좋아합니다.

③ 저는 글쓰기 연습을 계속할 겁니다.

④ 저는 매일 한 시간씩 글씨를 잘 쓰기 위해 노력합니다.

[51~52] 다음을 읽고 물음에 답하십시오.

제가 살고 있는 동네는 교통이 편리합니다. 여러 교통수단을 (㉠   ). 지하철을 이용할 수 있는 지하철역도 있고, 버스를 이용할 수 있는 버스 정류장도 많이 있습니다. 그리고 택시를 탈 수 있는 곳도 있습니다. 그래서 저는 우리 동네를 좋아합니다.

51 ㉠에 들어갈 말로 가장 알맞은 것을 고르십시오. [3점]

① 살 수 있습니다

② 신을 수 있습니다

③ 이용할 수 있습니다

④ 관람할 수 있습니다

52 무엇에 대한 내용인지 맞는 것을 고르십시오. [2점]

① 지하철 이용 방법

② 버스 정류장의 개수

③ 우리 동네 교통수단

④ 택시 정류장의 위치

[53~54] 다음을 읽고 물음에 답하십시오.

> 저는 가을보다 여름을 좋아합니다. 여름에는 제가 좋아하는 수박이나 참외를 먹을 수 있습니다. 가끔 바다로 여행을 가서 즐겁게 수영을 할 수도 있습니다. 제가 좋아하는 과일을 언제나 (　ㄱ　), 마음대로 수영도 할 수 있습니다. 그래서 저는 여름이 좋습니다.

53 ㄱ에 들어갈 말로 가장 알맞은 것을 고르십시오. [2점]

① 먹어서 　　　　　　　　　　② 먹었으면

③ 먹었지만 　　　　　　　　　④ 먹을 수 있고

54 윗글의 내용과 같은 것을 고르십시오. [3점]

① 저는 가을을 좋아합니다.

② 저는 수박만 좋아합니다.

③ 저는 여행보다 수영을 좋아합니다.

④ 저는 바다로 여행을 자주 가지 않습니다.

[55~56] 다음을 읽고 물음에 답하십시오.

김치는 한국 사람들이 제일 좋아하는 음식입니다. 김치에는 배추김치, 무김치, 파김치 등 여러 가지가 있습니다. 보통 김치를 만들 때 매운 고춧가루를 넣습니다. 하지만 김치가 매워 먹지 못하는 외국 사람들이 많습니다. (㉠   ) 맵지 않게 백김치를 만들기도 합니다. 백김치는 맵지 않아서 외국인들에게도 인기가 많습니다.

55 ㉠에 들어갈 말로 가장 알맞은 것을 고르십시오. [2점]

① 하지만   ② 그런데

③ 그래서   ④ 그리고

56 윗글의 내용과 같은 것을 고르십시오. [3점]

① 김치는 종류가 많지 않습니다.

② 백김치는 한국 사람들이 제일 좋아합니다.

③ 외국인들은 무김치와 백김치를 좋아합니다.

④ 고춧가루를 넣지 않으면 김치가 맵지 않습니다.

[57~58] 다음을 순서에 맞게 배열한 것을 고르십시오.

57 [3점]

> (가) 병원에도 갑니다.
>
> (나) 그래서 매일 약을 먹고 있습니다.
>
> (다) 하지만 감기가 쉽게 낫지 않습니다.
>
> (라) 영수 씨는 심한 감기에 걸려 며칠째 학교에 가지 못했습니다.

① (라) – (나) – (가) – (다)

② (라) – (나) – (다) – (가)

③ (라) – (다) – (가) – (나)

④ (라) – (다) – (나) – (가)

58 [2점]

> (가) 오늘 한국어 시험 성적이 나왔습니다.
>
> (나) 친구보다 한국어 점수가 좋지 않았습니다.
>
> (다) 한국어 공부를 열심히 하지 않았기 때문입니다.
>
> (라) 다음 시험에 열심히 공부해서 좋은 점수를 받을 겁니다.

① (가) – (나) – (다) – (라)

② (가) – (나) – (라) – (다)

③ (가) – (다) – (나) – (라)

④ (가) – (라) – (다) – (나)

[59~60] 다음을 읽고 물음에 답하십시오.

> 저는 생각이 복잡할 때마다 종종 그림을 그립니다. (㉠) 그림을 그리면 복잡한 생각이 정리되고 마음도 가라앉습니다. 친구들이 저에게 그림을 잘 그린다고 칭찬합니다. (㉡) 그래서 저는 그림을 더 열심히 그리기로 마음먹었습니다. (㉢) 저는 이번 학교 축제 때 제가 그린 그림을 전시할 계획입니다. (㉣)

59 다음 문장이 들어갈 곳으로 가장 알맞은 것을 고르십시오. [2점]

> 그럴 때마다 저는 기분이 좋습니다.

① ㉠   ② ㉡   ③ ㉢   ④ ㉣

60 윗글의 내용과 같은 것을 고르십시오. [3점]

① 저는 복잡한 그림을 그립니다.

② 저는 학교에 친구가 없습니다.

③ 저는 매일 그림을 열심히 그립니다.

④ 저는 축제 때 친구들에게 그림을 보여 줄 것입니다.

[61~62] 다음을 읽고 물음에 답하십시오. [각 2점]

요즘 공원에 사람들이 많습니다. 봄꽃 구경을 하러 사람들이 많이 몰리기 때문입니다. 공원 곳곳에서 사람들이 꽃구경을 하며 맛있는 음식도 먹습니다. 음식을 먹고 사람들이 쓰레기를 (㉠   ) 가서 공원이 깨끗하지 않습니다. 공원에 쓰레기를 버리지 말았으면 좋겠습니다.

---

61 ㉠에 들어갈 말로 가장 알맞은 것을 고르십시오.

① 안 치우면   ② 안 치우고

③ 안 치우려고   ④ 안 치우지만

62 윗글의 내용과 같은 것을 고르십시오.

① 공원에 음식점이 많습니다.

② 사람들은 공원에 가지 않습니다.

③ 사람들은 쓰레기를 아무 데나 버립니다.

④ 사람들이 공원에서 꽃을 만들고 있습니다.

[63~64] 다음을 읽고 물음에 답하십시오.

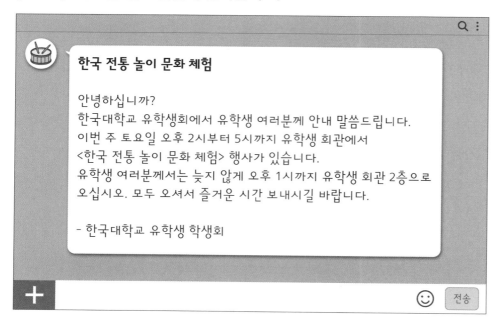

한국 전통 놀이 문화 체험

안녕하십니까?
한국대학교 유학생회에서 유학생 여러분께 안내 말씀드립니다.
이번 주 토요일 오후 2시부터 5시까지 유학생 회관에서
<한국 전통 놀이 문화 체험> 행사가 있습니다.
유학생 여러분께서는 늦지 않게 오후 1시까지 유학생 회관 2층으로
오십시오. 모두 오셔서 즐거운 시간 보내시길 바랍니다.

- 한국대학교 유학생 학생회

63 왜 윗글을 썼는지 맞는 것을 고르십시오. [2점]

① 놀이 문화 체험 행사에 대한 안내를 하려고

② 놀이 문화 체험 행사에 대한 이유를 설명하려고

③ 놀이 문화 체험 행사의 결과에 대해 알려 주려고

④ 놀이 문화 체험 행사 참가 신청서 작성을 도와주려고

64 윗글의 내용과 같은 것을 고르십시오. [3점]

① 놀이 문화 체험이 즐거웠습니다.

② 놀이 문화 체험은 2시간 동안 합니다.

③ 놀이 문화 체험 장소는 유학생 회관 2층입니다.

④ 토요일 오전 2시에 놀이 문화 체험이 시작됩니다.

[65~66] 다음을 읽고 물음에 답하십시오.

> 다음 학기부터 한국 문화 수업이 시작됩니다. 이 수업에서는 한국의 전통 그림과 한복에 대해서 배웁니다. 저는 한국의 전통 그림인 민화에 관심이 많습니다. 민화에는 여러 종류의 동물과 식물이 재미있게 그려져 있습니다. 저는 한국의 전통 그림인 민화에 담긴 뜻을 잘 (㉠   ) 싶습니다. 그래서 열심히 민화를 공부합니다.

65 ㉠에 들어갈 말로 가장 알맞은 것을 고르십시오. [2점]

① 만들고   ② 사용하고

③ 이해하고   ④ 감사하고

66 윗글의 내용과 같은 것을 고르십시오. [3점]

① 민화 그림에는 사람이 많이 나옵니다.

② 민화에 그림이 재미있게 그려져 있습니다.

③ 이번 학기에 한국 문화 수업이 시작되었습니다.

④ 한국 문화 수업에서 민화와 한복에 대해 배웠습니다.

[67~68] 다음을 읽고 물음에 답하십시오. [각 3점]

　　제 친구는 태권도 선수입니다. 경기 날짜가 가까워 오면 음식을 많이 먹지 않습니다. 경기에 나가기 전에 몸무게를 빼야 하기 때문입니다. 소금이 많이 들어간 음식을 멀리합니다. 그리고 고기로 만든 음식도 (　　㉠　　). 소금과 고기가 많이 들어간 음식을 먹으면 살이 찝니다. 그래서 제 친구는 경기 시작 전에는 몸무게가 많이 나가지 않습니다.

67　㉠에 들어갈 말로 가장 알맞은 것을 고르십시오.

① 먹었습니다　　　　　　　　② 먹어도 됩니다

③ 먹을 것입니다　　　　　　　④ 먹지 않습니다

68　윗글의 내용과 같은 것을 고르십시오.

① 친구는 태권도를 싫어합니다.

② 경기 전에는 친구의 몸무게가 빠집니다.

③ 경기 후에 친구는 고기를 많이 먹습니다.

④ 친구는 소금이 많이 들어간 음식을 매일 먹습니다.

[69~70] 다음을 읽고 물음에 답하십시오. [각 3점]

저는 2년 전에 한국으로 유학을 왔습니다. 처음에는 힘들었지만 한국 친구들이 많이 (㉠   ) 잘 지낼 수 있었습니다. 한국어 공부도 열심히 해서 이제는 한국 친구들과 말도 잘 합니다. 올해 한국 대학을 졸업합니다. 졸업 후 한국 회사에서 일을 하고 싶습니다. 그래서 지금부터 회사에 들어갈 준비를 열심히 하고 있습니다. 제 꿈을 꼭 이루고 싶습니다.

69 ㉠에 들어갈 말로 가장 알맞은 것을 고르십시오.

① 도와주면 ② 돕고 와서
③ 도와줘서 ④ 돕고 싶어

70 윗글의 내용으로 알 수 있는 것을 고르십시오.

① 저는 한국 친구들과 말을 잘 못합니다.
② 제 꿈은 한국 회사에서 일하는 것입니다.
③ 저는 한국 대학을 졸업하는 것이 꿈입니다.
④ 저는 졸업 후에도 계속 한국어 공부를 할 겁니다.

제3회 한국어능력시험
The 3rd Test of Proficiency in Korean

TOPIK I

듣기, 읽기

수험번호(Registration No.)		
이 름 (Name)	한국어(Korean)	
	영 어(English)	

유 의 사 항
Information

1. 시험 시작 지시가 있을 때까지 문제를 풀지 마십시오.
   Do not open the booklet until you are allowed to start.

2. 수험번호와 이름을 정확하게 적어 주십시오.
   Write your name and registration number on the answer sheet.

3. 답안지를 구기거나 훼손하지 마십시오.
   Do not fold the answer sheet; keep it clean.

4. 답안지의 이름, 수험번호 및 정답의 기입은 배부된 펜을 사용하여 주십시오.
   Use the given pen only.

5. 정답은 답안지에 정확하게 표시하여 주십시오.
   Mark your answer accurately and clearly on the answer sheet.

   marking example ① ● ③ ④

6. 문제를 읽을 때에는 소리가 나지 않도록 하십시오.
   Keep quiet while answering the questions.

7. 질문이 있을 때에는 손을 들고 감독관이 올 때까지 기다려 주십시오.
   When you have any questions, please raise your hand.

음원 듣기

듣기 [01번~30번]

🎧 오른쪽 상단의 QR 코드의 듣기 음원을 들으면서 문제를 풀어 보세요.

[01~04] 다음을 듣고 〈보기〉와 같이 물음에 맞는 대답을 고르십시오.

보기

가: 등산을 해요?

나: _____

❶ 네, 등산을 해요.　　　　　　　② 아니요, 등산이에요.

③ 네, 등산이 아니에요.　　　　　④ 아니요, 등산을 좋아해요.

---

01 [4점]

① 네, 형제예요.　　　　　　　② 네, 형제가 있어요.

③ 아니요, 형제가 좋아요.　　　④ 아니요, 형제가 있어요.

02 [4점]

① 네, 축구공을 샀어요.　　　　② 네, 축구를 잘 못해요.

③ 아니요, 축구는 쉬워요.　　　④ 아니요, 축구를 못해요.

03 [3점]

① 오늘 친구를 만나요.　　　　② 서점에 갈 거예요.

③ 병원에 가고 있어요.　　　　④ 지금 시험을 봤어요.

04 [3점]

① 책이 너무 비싸요.　　　　　② 서점에서 샀어요.

③ 동화책을 좋아해요.　　　　④ 만화책을 읽고 있어요.

[05~06] 다음을 듣고 〈보기〉와 같이 이어지는 말을 고르십시오.

보기

가: 결혼을 진심으로 축하해요.

나: _____

❶ 고마워요.   ② 아니에요.

③ 죄송해요.   ④ 부탁해요.

05 [4점]

① 아니요, 드릴게요.   ② 네, 여기 있습니다.

③ 아니요, 먹었어요.   ④ 네, 물이 좋았어요.

06 [3점]

① 네, 맞습니다.   ② 네, 좋아합니다.

③ 네, 부탁해요.   ④ 네, 괜찮습니다.

[07~10] 여기는 어디입니까? 〈보기〉와 같이 알맞은 것을 고르십시오.

보기

가: 어서 오세요.

나: 딸기는 얼마예요?

① 학교   ② 약국   ❸ 시장   ④ 서점

07 [3점]

① 옷가게   ② 전철역   ③ 우체국   ④ 여행사

08 [3점]

① 음식점   ② 편의점   ③ 도서관   ④ 영화관

09 [3점]

① 극장　　　② 시장　　　③ 은행　　　④ 미술관

10 [4점]

① 미용실　　　② 박물관　　　③ 수영장　　　④ 과일 가게

[11~14] 다음은 무엇에 대해 말하고 있습니까? 〈보기〉와 같이 알맞은 것을 고르십시오.

```
────────── 보기 ──────────

가: 어떤 색이 제일 좋아요?

나: 저는 빨간색을 가장 좋아해요.

❶ 색깔        ② 이름        ③ 가방        ④ 신발
```

11 [3점]

① 생일　　　② 고향　　　③ 계절　　　④ 사진

12 [3점]

① 계획　　　② 건강　　　③ 방학　　　④ 기분

13 [4점]

① 가구　　　② 선물　　　③ 공부　　　④ 주소

14 [3점]

① 운동　　　② 여행　　　③ 그림　　　④ 시험

[15~16] 다음 대화를 듣고 알맞은 그림을 고르십시오. [각 4점]

15 ①

②

③

④

16 ①

②

③

④

[17~21] 다음을 듣고 〈보기〉와 같이 대화 내용과 같은 것을 고르십시오. [각 3점]

보기

남자: 어제 공연을 보고 왔어요?

여자: 네, 친구랑 뮤지컬을 보고 왔어요.

① 남자는 뮤지컬을 좋아합니다.　　　　② 여자는 자주 공연을 보러 갑니다.

③ 남자는 뮤지컬을 보러 갈 것입니다.　❹ 여자는 어제 공연을 보고 왔습니다.

17　① 남자는 집에서 공부합니다.

　　② 여자는 오늘 5시에 공부합니다.

　　③ 남자는 도서관에 가려고 합니다.

　　④ 여자는 오후 6시에 집에 갑니다.

18　① 남자는 오늘 놀이공원에 갔습니다.

　　② 여자는 놀이공원을 좋아하지 않습니다.

　　③ 남자는 비 오는 토요일을 정말 좋아합니다.

　　④ 여자는 다음 주 토요일에 놀이공원에 못 갑니다.

19　① 여자는 책을 싫어합니다.

　　② 남자는 요즘 일이 많습니다.

　　③ 남자는 책을 많이 갖고 싶어 합니다.

　　④ 여자는 요즘 책을 볼 시간이 없습니다.

20 ① 여자는 한국을 좋아합니다.

  ② 남자는 지금 한국에 있습니다.

  ③ 여자는 유학 생활이 힘듭니다.

  ④ 남자는 매일 부모님께 전화합니다.

21 ① 여자는 숙제를 다 했습니다.

  ② 여자는 한국어를 좋아합니다.

  ③ 남자는 숙제를 하고 있습니다.

  ④ 남자는 쓰기 숙제가 쉽습니다.

[22~24] 다음을 듣고 여자의 중심 생각을 고르십시오. [각 3점]

22 ① 음식이 맛이 있습니다.

  ② 음식이 많아서 좋습니다.

  ③ 음식 만들기를 좋아합니다.

  ④ 음식은 아침에 만들어야 합니다.

23 ① 시험에 합격해야 합니다.

  ② 시험은 어렵지 않았습니다.

  ③ 시험을 다시 보는 것은 어렵습니다.

  ④ 시험에 합격하려면 열심히 공부해야 합니다.

24 ① 다음에 점심을 먹고 싶습니다.

  ② 짜장면보다 불고기가 더 좋습니다.

  ③ 불고기와 짜장면을 먹고 싶습니다.

  ④ 오늘은 불고기를 먹고 싶지 않습니다.

[25~26] 다음을 듣고 물음에 답하십시오.

25 남자가 왜 이 이야기를 하고 있는지 고르십시오. [3점]

① 취미   ② 장점   ③ 치료   ④ 운동

26 들은 내용과 같은 것을 고르십시오. [4점]

① 남자는 과학자입니다.

② 남자는 사람들을 좋아합니다.

③ 남자는 과학 영화를 자주 봅니다.

④ 남자는 영화관을 생각하면 기분이 좋아집니다.

[27~28] 다음을 듣고 물음에 답하십시오.

27 두 사람이 무엇에 대해 이야기를 하고 있는지 고르십시오. [3점]

① 시험 후에 할 일

② 시험을 잘 보는 방법

③ 제주도의 아름다운 자연

④ 맛있는 음식을 만드는 곳

28 들은 내용과 같은 것을 고르십시오. [4점]

① 여자는 이미 시험이 끝났습니다.

② 남자는 제주도에 가 보았습니다.

③ 남자는 부산에 가고 싶어 합니다.

④ 제주도에는 맛있는 음식이 많습니다.

[29~30] 다음을 듣고 물음에 답하십시오.

29 여자가 남자에게 전화를 한 이유를 고르십시오. [3점]

① 비행기 표를 사려고

② 가족을 만나기 위해

③ 한국으로 여행을 가기 위해

④ 제주도에 대해 물어보려고

30 들은 내용과 같은 것을 고르십시오. [4점]

① 여자는 제주도를 좋아합니다.

② 여자는 혼자 여행을 가려고 합니다.

③ 여자는 비행기 표를 예매하려고 합니다.

④ 여자는 행복 여행사에서 일하고 있습니다.

읽기 [31번~70번]

[31~33] 무엇에 대한 내용입니까? 〈보기〉와 같이 알맞은 것을 고르십시오. [각 2점]

┌─ 보기 ─┐

저는 12월 24일에 태어났습니다.

① 요일　　　　② 공부　　　　③ 과일　　　　❹ 생일

31

어제는 월요일이었습니다. 오늘은 화요일입니다.

① 요일　　　　② 음식　　　　③ 날짜　　　　④ 식사

32

이것은 옷장입니다. 저것은 침대입니다.

① 식당　　　　② 가구　　　　③ 공부　　　　④ 학교

33

장미꽃은 붉은색입니다. 우유는 흰색입니다.

① 음식　　　　② 여행　　　　③ 신발　　　　④ 색깔

[34~39] 〈보기〉와 같이 (   )에 들어갈 가장 알맞은 것을 고르십시오.

─(보기)─

하늘이 깜깜합니다. 지금은 (   )입니다.

① 낮   ❷ 밤   ③ 별   ④ 달

34 [2점]

축구를 했습니다. 발(   ) 다쳤습니다.

① 을   ② 를   ③ 에   ④ 의

35 [2점]

칭찬을 받았습니다. 기분이 (   ).

① 아픕니다   ② 좋습니다   ③ 덥습니다   ④ 열었습니다

36 [2점]

목이 마릅니다. 그래서 (   )을/를 마십니다.

① 물   ② 사과   ③ 모래   ④ 과자

37 [3점]

> 매일 걷기 운동을 합니다. 그래서 (   ).

① 춥습니다   ② 착합니다   ③ 건강합니다   ④ 공부합니다

38 [3점]

> 옷을 사느라 돈을 많이 썼습니다. 그래서 돈이 (   ) 남았습니다.

① 조금   ② 많이   ③ 혼자   ④ 벌써

39 [2점]

> 저는 수영 선수입니다. 그래서 수영을 (   ).

① 잘합니다   ② 못합니다   ③ 싫습니다   ④ 좋습니다

[40~42] 다음을 읽고 맞지 <u>않는</u> 것을 고르십시오. [각 3점]

40

① 행사는 5월 10일까지 합니다.

② 모든 옷을 싸게 살 수 있습니다.

③ 티셔츠와 청바지를 싸게 살 수 있습니다.

④ 방문하는 사람 누구나 기념품을 받을 수 있습니다.

41

유학생을 위한 한국어 교실

한국어능력시험을 잘 보고 싶습니까?
한국어 교실로 오십시오!
친절하게 가르쳐 드립니다.

• **일시**: 월요일, 수요일 오전 9:00 ~ 10:00
• **장소**: 학생회관 3층

① 일주일에 한 번 한국어를 가르칩니다.

② 한국어 교실은 오전 9시에 시작합니다.

③ 한국어 교실은 한 시간 동안 진행됩니다.

④ 학생회관 3층에서 한국어 교실을 진행합니다.

42

- 입장권 -

행복 음악회

- **날짜:** 2019.05.20(월)
- **시간:** 20:00 ~ 21:40
- **좌석:** R석 2열 19번

예술의 전당

① 음악회는 평일에 합니다.

② 음악회는 오후 8시에 시작합니다.

③ 음악회 장소는 예술의 전당입니다.

④ 성인 두 명의 음악회 입장권입니다.

[43~45] 다음을 읽고 내용이 같은 것을 고르십시오.

43 [3점]

> 오늘은 금요일입니다. 내일 여자 친구와 함께 한강 공원에 놀러 가기로 했습니다. 여자 친구와 먹을 김밥을 준비할 것입니다.

① 내일은 놀이공원에 놀러갑니다.

② 여자 친구는 김밥을 좋아합니다.

③ 토요일에 여자 친구와 놀러 갑니다.

④ 여자 친구와 함께 한강 공원에 갔습니다.

44 [2점]

> 일기 예보를 보지 않고 여행을 떠났습니다. 여행하는 중에 비가 내렸습니다. 다음부터는 일기 예보를 보고 여행 계획을 짜야겠다는 생각을 했습니다.

① 여행 중에 비가 내리지 않았습니다.

② 일기 예보를 보고 여행 계획을 짰습니다.

③ 비 오는 날에는 여행을 하지 않을 것입니다.

④ 다음부터 여행하기 전에 일기 예보를 볼 생각입니다.

45 [3점]

> 여름은 너무 덥습니다. 모기도 많습니다. 그래서 저는 시원한 바람이 부는 가을을 좋아합니다. 가을에는 하늘도 푸르고 맑습니다.

① 여름은 조금 덥습니다.

② 가을의 하늘은 푸릅니다.

③ 가을에는 모기가 없습니다.

④ 가을에는 바람이 불지 않습니다.

[46~48] 다음을 읽고 중심 내용을 고르십시오.

46 [3점]

> 저희 집에서 학교는 멀지 않습니다. 그래서 학교 갈 때 저는 차를 타지 않고 걸어서 갑니다. 걷기는 좋은 운동입니다. 그리고 건강에도 도움이 됩니다.

① 걷기는 건강에 좋습니다.

② 차를 타고 운동을 합니다.

③ 학교에 갈 때 차를 탑니다.

④ 걸어서 학교에 가지 않습니다.

47 [3점]

> 만제 씨는 저보다 키가 큽니다. 그래서 저는 만제 씨가 부럽습니다. 만제 씨는 농구를 할 때에도 골을 잘 넣습니다. 저도 만제 씨처럼 키가 컸으면 좋겠습니다.

① 저는 키가 크고 싶습니다.

② 만제 씨는 농구를 잘 합니다.

③ 만제 씨가 저를 부러워합니다.

④ 저는 농구를 잘 하고 싶습니다.

48 [2점]

> 아버지께서는 주말에 등산을 하십니다. 아침 일찍 가셔서 밤 늦게 돌아오십니다. 그래서 주말에는 아버지를 만나기가 힘듭니다.

① 아버지께서는 산에 사십니다.

② 주말에 등산하기가 좋습니다.

③ 주말에 아버지를 보기가 힘듭니다.

④ 아버지께서는 평일에 등산을 하십니다.

[49~50] 다음을 읽고 물음에 답하십시오. [각 2점]

> 운동을 시작하기 전에 반드시 준비 운동을 해야 합니다. 준비 운동은 꼭 필요합니다. 준비 운동은 몸을 부드럽게 해주고, 다치는 것을 막아 줍니다. 운동선수들도 (㉠   ) 준비 운동과 함께 운동을 시작합니다.

49 ㉠에 들어갈 말로 가장 알맞은 것을 고르십시오.

① 혹시   ② 결코   ③ 가끔   ④ 항상

50 윗글의 내용과 같은 것을 고르십시오.

① 준비 운동은 중요합니다.

② 운동선수들은 많이 다칩니다.

③ 준비 운동은 간단하게 해야 합니다.

④ 운동선수들은 가끔 준비 운동을 합니다.

[51~52] 다음을 읽고 물음에 답하십시오.

한국에서 4월 5일은 나무를 심는 날입니다. 모든 사람들이 산이나 공원에 모여 함께 나무를 심습니다. 나무는 잘 심어야 합니다. 나무를 (㉠   ) 우선 땅을 팝니다. 그리고 심을 나무를 넣고 흙을 덮은 후 물을 줍니다. 나무가 죽지 않도록 흙을 잘 덮고 물을 주어야 합니다.

51 ㉠에 들어갈 말로 가장 알맞은 것을 고르십시오. [3점]

① 먹으려면   ② 심으려면   ③ 만들려면   ④ 생각하면

52 무엇에 대한 내용인지 맞는 것을 고르십시오. [2점]

① 나무를 심는 방법   ② 나무 고르는 방법

③ 공원에 가는 방법   ④ 산으로 가는 방법

[53~54] 다음을 읽고 물음에 답하십시오.

> 저는 한국에 아직 가보지 못했습니다. 한국의 서울에 있는 한강을 보고 싶습니다. 명동에도 가보고 싶습니다. 지금은 돈이 (　 ㉠ 　) 한국에 갈 수 없습니다. 그래서 저는 매월 돈을 조금씩 모으고 있습니다. 내년에는 한국에 갈 수 있습니다.

53 ㉠에 들어갈 말로 가장 알맞은 것을 고르십시오. [3점]

　① 없다면　　　　② 없어서　　　　③ 없지만　　　　④ 없고서

54 윗글의 내용과 같은 것을 고르십시오. [2점]

　① 저는 한국에 가지 않습니다.

　② 저는 명동과 한강에 갔습니다.

　③ 저는 한국 여행을 한 번 했습니다.

　④ 저는 한국 여행을 위해 돈을 모으고 있습니다.

[55~56] 다음을 읽고 물음에 답하십시오.

> 내일은 학교에서 유학생 운동회가 열립니다. 저는 달리기를 잘 합니다. 그래서 달리기 경주에 나갈 생각입니다. 오늘 공부를 마치고 친구들과 함께 운동장에서 달리기 연습을 (㉠   ) 합니다. 혼자 하는 것보다 함께 연습하는 것이 좋습니다. 저는 내일 달리기 경주에서 1등을 하고 싶습니다.

55 ㉠에 들어갈 말로 가장 알맞은 것을 고르십시오. [2점]

① 하여도   ② 하려고   ③ 하니까   ④ 하면서

56 윗글의 내용과 같은 것을 고르십시오. [3점]

① 어제 운동회가 열렸습니다.

② 달리기 경주가 끝났습니다.

③ 저는 달리기 경주에 1등을 했습니다.

④ 저는 혼자 달리기 연습을 하지 않습니다.

[57~58] 다음을 순서에 맞게 배열한 것을 고르십시오.

57 [3점]

> (가) 그런데 오늘 늦잠을 잤습니다.
> (나) 저희 집은 학교에서 멀지 않습니다.
> (다) 버스를 타서 다행히 학교에 늦지 않았습니다.
> (라) 그래서 지각을 하지 않으려고 버스를 탔습니다.

① (나) − (가) − (다) − (라)

② (나) − (가) − (라) − (다)

③ (나) − (다) − (가) − (라)

④ (나) − (다) − (라) − (가)

58 [2점]

> (가) 그래서 동생과 카페에 갔습니다.
> (나) 동생과 함께 영화를 보러 갔습니다.
> (다) 그러나 영화표를 구하지 못했습니다.
> (라) 그곳에서 커피를 마시고 집으로 돌아왔습니다.

① (나) − (가) − (다) − (라)

② (나) − (가) − (라) − (다)

③ (나) − (다) − (가) − (라)

④ (나) − (라) − (다) − (가)

[59~60] 다음을 읽고 물음에 답하십시오.

> (㉠) 겨울에는 눈이 자주 옵니다. (㉡) 눈이 오면 차들이 빨리 가지 못합니다. 도로가 미끄럽기 때문입니다. (㉢) 눈이 오는 겨울에는 사람들이 버스보다 지하철을 더 많이 탑니다. 지하철은 눈이 와도 문제가 없기 때문입니다. 눈이 올 때에는 지하철을 타는 것이 좋습니다. (㉣) 저도 겨울에 눈이 오면 버스보다 지하철을 탑니다.

59 다음 문장이 들어갈 곳으로 가장 알맞은 것을 고르십시오. [2점]

> 그래서 도로가 복잡해집니다.

① ㉠   ② ㉡   ③ ㉢   ④ ㉣

60 윗글의 내용과 같은 것을 고르십시오. [3점]
① 겨울에는 눈이 가끔 옵니다.
② 길이 미끄러우면 눈이 옵니다.
③ 눈이 오면 사람들이 지하철만 탑니다.
④ 눈이 오면 도로에 차들이 느리게 갑니다.

[61~62] 다음을 읽고 물음에 답하십시오. [각 2점]

> 저는 한국 음식 만들기를 좋아합니다. 특히 떡볶이를 맛있게 잘 만듭니다. 자주 떡볶이를 만들어 먹습니다. 친구들도 제가 만든 떡볶이가 (　　㉠　　) 칭찬합니다. 그래서 저는 종종 친구들을 위해 떡볶이를 만들어 줍니다. 친구들이 떡볶이를 맛있게 먹는 것을 보면 기분이 좋아집니다. 친구들도 제가 만든 떡볶이를 먹고 즐거워합니다.

61 ㉠에 들어갈 말로 가장 알맞은 것을 고르십시오.

① 맛있다면　　　　　　　　② 맛있다고

③ 맛있지만　　　　　　　　④ 맛없다고

62 윗글의 내용과 같은 것을 고르십시오.

① 떡볶이는 맛있는 한국 음식입니다.

② 저는 떡볶이를 가끔 만들어 먹습니다.

③ 친구들이 한국 음식 만들기를 좋아합니다.

④ 저는 자주 친구들에게 떡볶이를 만들어 줍니다.

[63~64] 다음을 읽고 물음에 답하십시오.

함께 일할 분을 모십니다

누구나 쉽게 할 수 있는 일입니다.
주문받은 음식이 나오면 포장하여 고객에게 전달하면 됩니다.
경험이 전혀 없는 사람도 환영합니다.
관심이 있으시면 아래 연락처로 전화해 주세요.

연락처: 031-123-1234

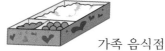

가족 음식점

---

63 왜 윗글을 썼는지 맞는 것을 고르십시오. [2점]

① 포장지를 사려고

② 음식을 주문하려고

③ 음식점을 홍보하려고

④ 일할 사람을 구하려고

64 윗글의 내용과 같은 것을 고르십시오. [3점]

① 초보자도 일을 할 수 있습니다.

② 사람들이 포장지에 관심이 많습니다.

③ 음식을 잘 만드는 사람을 찾고 있습니다.

④ 음식을 주문할 수 있는 사람이 필요합니다.

[65~66] **다음을 읽고 물음에 답하십시오.**

저는 바다를 좋아합니다. 제가 사는 곳은 산이 많고 바다가 없습니다. 시간이 나면 바다 구경을 하고 싶었습니다. 그래서 어제 시험이 (㉠   ) 친구들과 바닷가에 놀러 갔습니다. 기차를 4시간 동안 타고 바닷가에 도착했습니다. 그런데 바닷가에 바람이 많이 불어서 추웠습니다. 바다 구경만 잠깐 하고 따뜻한 방으로 들어왔습니다.

65 ㉠에 들어갈 말로 가장 알맞은 것을 고르십시오. [2점]

① 끝나면　　　　　　　　　② 끝나서

③ 끝나도　　　　　　　　　④ 끝나가

66 윗글의 내용과 같은 것을 고르십시오. [3점]

① 저는 따뜻한 방이 없습니다.

② 저는 산을 구경하고 싶습니다.

③ 저는 여름에 혼자 바다에 갔습니다.

④ 저는 네 시간 기차를 타고 바다에 갔습니다.

[67~68] 다음을 읽고 물음에 답하십시오. [각 3점]

옛날에는 손으로 직접 빨래를 해서 힘이 많이 들었습니다. 그런데 요즘은 세탁기가 (㉠) 힘이 들지 않습니다. 세탁기에 빨래와 세제를 넣고 버튼을 누르면 물이 자동으로 나옵니다. 빨래가 끝나면 세탁기에서 빨래를 꺼내면 됩니다. 세탁기가 빨래를 하는 동안 다른 일을 할 수 있습니다. 그래서 지금은 세탁기가 없는 집이 없습니다.

67 ㉠에 들어갈 말로 가장 알맞은 것을 고르십시오.

① 빨래를 도와주어서　　　　② 빨래가 시작되면서

③ 빨래가 많지 않아서　　　　④ 빨래를 하지 않아서

68 윗글의 내용과 같은 것을 고르십시오.

① 세탁기에는 물만 넣습니다.

② 세탁기는 많은 일을 합니다.

③ 세탁기는 집집마다 있습니다.

④ 세탁기는 빨래를 힘들게 합니다.

[69~70] 다음을 읽고 물음에 답하십시오. [각 3점]

여름에는 날씨가 덥습니다. 사람들은 시원한 자연 바람을 좋아합니다. 저도 여름의 시원한 바람을 좋아합니다. 그런데 여름에 시원한 바람이 불지 않는 날이 많습니다. 그래서 자연 바람 대신에 에어컨을 켭니다. 에어컨은 더울 때마다 시원한 바람이 나오게 할 수 있습니다. 여름에 자연 바람이 없는 날 (㉠   ) 시원한 바람이 나옵니다. 에어컨은 더운 여름에 가장 인기 있는 상품입니다.

69 ㉠에 들어갈 말로 가장 알맞은 것을 고르십시오.

① 에어컨을 켜면   ② 에어컨이 생겨서

③ 에어컨이 작으면   ④ 에어컨을 만들면

70 윗글의 내용으로 알 수 있는 것을 고르십시오.

① 사람들은 여름을 좋아합니다.

② 에어컨은 자연 바람이 아닙니다.

③ 자연 바람은 항상 여름에 붑니다.

④ 에어컨 바람이 자연 바람보다 좋습니다.

에듀윌이
너를
지지할게
ENERGY

가장 어두운 시간은
바로 해뜨기 직전

– 파울로 코엘료(Paulo Coelho), 『연금술사』, 문학동네

한국어능력시험 TOPIK I
듣기, 읽기

성 명 (Name)	한 국 어 (Korean)	
	영 어 (English)	

수 험 번 호

7												
⓪	⓪	⓪	⓪	⓪		⓪	⓪	⓪	⓪	⓪	⓪	⓪
①	①	①	①	①		①	①	①	①	①	①	①
②	②	②	②	②		②	②	②	②	②	②	②
③	③	③	③	③		③	③	③	③	③	③	③
④	④	④	④	④		④	④	④	④	④	④	④
⑤	⑤	⑤	⑤	⑤		⑤	⑤	⑤	⑤	⑤	⑤	⑤
⑥	⑥	⑥	⑥	⑥		⑥	⑥	⑥	⑥	⑥	⑥	⑥
⑦	⑦	⑦	⑦	⑦		⑦	⑦	⑦	⑦	⑦	⑦	⑦
⑧	⑧	⑧	⑧	⑧		⑧	⑧	⑧	⑧	⑧	⑧	⑧
⑨	⑨	⑨	⑨	⑨		⑨	⑨	⑨	⑨	⑨	⑨	⑨

시 험 실 란
결시자의 영어 성명 및
수험번호 기재 후 표기

결 시 확 인 란

답안지 표기 방법(Marking examples)

바른 방법(Correct)	틀린 방법(Incorrect)
●	⊙ ◑ ⊗ ⦿

※ 위 사항을 지키지 않아 발생하는 불이익은 응시자에게 있습니다.

**감독관
확인** | 본인 및 수험번호 표기가
정확한지 확인 | (인)

번호	답 란			
1	①	②	③	④
2	①	②	③	④
3	①	②	③	④
4	①	②	③	④
5	①	②	③	④
6	①	②	③	④
7	①	②	③	④
8	①	②	③	④
9	①	②	③	④
10	①	②	③	④
11	①	②	③	④
12	①	②	③	④
13	①	②	③	④
14	①	②	③	④
15	①	②	③	④
16	①	②	③	④
17	①	②	③	④
18	①	②	③	④
19	①	②	③	④
20	①	②	③	④

번호	답 란			
21	①	②	③	④
22	①	②	③	④
23	①	②	③	④
24	①	②	③	④
25	①	②	③	④
26	①	②	③	④
27	①	②	③	④
28	①	②	③	④
29	①	②	③	④
30	①	②	③	④
31	①	②	③	④
32	①	②	③	④
33	①	②	③	④
34	①	②	③	④
35	①	②	③	④
36	①	②	③	④
37	①	②	③	④
38	①	②	③	④
39	①	②	③	④
40	①	②	③	④

번호	답 란			
41	①	②	③	④
42	①	②	③	④
43	①	②	③	④
44	①	②	③	④
45	①	②	③	④
46	①	②	③	④
47	①	②	③	④
48	①	②	③	④
49	①	②	③	④
50	①	②	③	④
51	①	②	③	④
52	①	②	③	④
53	①	②	③	④
54	①	②	③	④
55	①	②	③	④
56	①	②	③	④
57	①	②	③	④
58	①	②	③	④
59	①	②	③	④
60	①	②	③	④

번호	답 란			
61	①	②	③	④
62	①	②	③	④
63	①	②	③	④
64	①	②	③	④
65	①	②	③	④
66	①	②	③	④
67	①	②	③	④
68	①	②	③	④
69	①	②	③	④
70	①	②	③	④

한국어능력시험 TOPIK I

듣기, 읽기

성 명 (Name)	한 국 어 (Korean)	
	영 어 (English)	

수험번호

| 7 | | | | | | | | | | | |

결시자의 영어 성명 및 수험번호 기재 후 표기

결시확인란 ○

답안지 표기 방법(Marking examples)

바른 방법(Correct)	바르지 못한 방법(Incorrect)
●	⊘ ⊙ ⊗ ◐

※ 위 사항을 지키지 않아 발생하는 불이익은 응시자에게 있습니다.

감독관 확 인 | 본인 및 수험번호 표기가 정확한지 확인 | (인)

번호	답 란	번호	답 란	번호	답 란	번호	답 란
1	① ② ③ ④	21	① ② ③ ④	41	① ② ③ ④	61	① ② ③ ④
2	① ② ③ ④	22	① ② ③ ④	42	① ② ③ ④	62	① ② ③ ④
3	① ② ③ ④	23	① ② ③ ④	43	① ② ③ ④	63	① ② ③ ④
4	① ② ③ ④	24	① ② ③ ④	44	① ② ③ ④	64	① ② ③ ④
5	① ② ③ ④	25	① ② ③ ④	45	① ② ③ ④	65	① ② ③ ④
6	① ② ③ ④	26	① ② ③ ④	46	① ② ③ ④	66	① ② ③ ④
7	① ② ③ ④	27	① ② ③ ④	47	① ② ③ ④	67	① ② ③ ④
8	① ② ③ ④	28	① ② ③ ④	48	① ② ③ ④	68	① ② ③ ④
9	① ② ③ ④	29	① ② ③ ④	49	① ② ③ ④	69	① ② ③ ④
10	① ② ③ ④	30	① ② ③ ④	50	① ② ③ ④	70	① ② ③ ④
11	① ② ③ ④	31	① ② ③ ④	51	① ② ③ ④		
12	① ② ③ ④	32	① ② ③ ④	52	① ② ③ ④		
13	① ② ③ ④	33	① ② ③ ④	53	① ② ③ ④		
14	① ② ③ ④	34	① ② ③ ④	54	① ② ③ ④		
15	① ② ③ ④	35	① ② ③ ④	55	① ② ③ ④		
16	① ② ③ ④	36	① ② ③ ④	56	① ② ③ ④		
17	① ② ③ ④	37	① ② ③ ④	57	① ② ③ ④		
18	① ② ③ ④	38	① ② ③ ④	58	① ② ③ ④		
19	① ② ③ ④	39	① ② ③ ④	59	① ② ③ ④		
20	① ② ③ ④	40	① ② ③ ④	60	① ② ③ ④		

한국어능력시험 TOPIK I
듣기, 읽기

성명 (Name)	한 국 어 (Korean)	
	영 어 (English)	

수 험 번 호

7

시 험 장 소

결시자의 영어 성명 및
수험번호 기재 후 표기

**결 시
확 인 란**

○

답안지 표기 방법(Marking examples)

바른 방법(Correct) ●

틀린 방법(Incorrect) Ⓥ ⊙ ⊖ Ⓧ ◑ ◉

※ 위 사항을 지키지 않아 발생하는 불이익은 응시자에게 있습니다.

**감 독 관
확 인**

본인 및 수험번호 표기가
정확한지 확인

(인)

번호	답 란			
1	①	②	③	④
2	①	②	③	④
3	①	②	③	④
4	①	②	③	④
5	①	②	③	④
6	①	②	③	④
7	①	②	③	④
8	①	②	③	④
9	①	②	③	④
10	①	②	③	④
11	①	②	③	④
12	①	②	③	④
13	①	②	③	④
14	①	②	③	④
15	①	②	③	④
16	①	②	③	④
17	①	②	③	④
18	①	②	③	④
19	①	②	③	④
20	①	②	③	④

번호	답 란			
21	①	②	③	④
22	①	②	③	④
23	①	②	③	④
24	①	②	③	④
25	①	②	③	④
26	①	②	③	④
27	①	②	③	④
28	①	②	③	④
29	①	②	③	④
30	①	②	③	④
31	①	②	③	④
32	①	②	③	④
33	①	②	③	④
34	①	②	③	④
35	①	②	③	④
36	①	②	③	④
37	①	②	③	④
38	①	②	③	④
39	①	②	③	④
40	①	②	③	④

번호	답 란			
41	①	②	③	④
42	①	②	③	④
43	①	②	③	④
44	①	②	③	④
45	①	②	③	④
46	①	②	③	④
47	①	②	③	④
48	①	②	③	④
49	①	②	③	④
50	①	②	③	④
51	①	②	③	④
52	①	②	③	④
53	①	②	③	④
54	①	②	③	④
55	①	②	③	④
56	①	②	③	④
57	①	②	③	④
58	①	②	③	④
59	①	②	③	④
60	①	②	③	④

번호	답 란			
61	①	②	③	④
62	①	②	③	④
63	①	②	③	④
64	①	②	③	④
65	①	②	③	④
66	①	②	③	④
67	①	②	③	④
68	①	②	③	④
69	①	②	③	④
70	①	②	③	④

한국어능력시험 TOPIK I
듣기, 읽기

성명 (Name)	한국어 (Korean)	
	영 어 (English)	

수험번호

결시 확인란

결시자의 영어 성명 및 수험번호 기재 후 표기 ○

답안지 표기 방법(Marking examples)

바른 방법(Correct) ● 바르지 못한 방법(Incorrect) ⊗ ⊙ ⊖ Ⓥ

※ 위 사항을 지키지 않아 발생하는 불이익은 응시자에게 있습니다.

감독관 확인 본인 및 수험번호 표기가 정확한지 확인 (인)

번호	답			란
1	①	②	③	④
2	①	②	③	④
3	①	②	③	④
4	①	②	③	④
5	①	②	③	④
6	①	②	③	④
7	①	②	③	④
8	①	②	③	④
9	①	②	③	④
10	①	②	③	④
11	①	②	③	④
12	①	②	③	④
13	①	②	③	④
14	①	②	③	④
15	①	②	③	④
16	①	②	③	④
17	①	②	③	④
18	①	②	③	④
19	①	②	③	④
20	①	②	③	④

번호	답			란
21	①	②	③	④
22	①	②	③	④
23	①	②	③	④
24	①	②	③	④
25	①	②	③	④
26	①	②	③	④
27	①	②	③	④
28	①	②	③	④
29	①	②	③	④
30	①	②	③	④
31	①	②	③	④
32	①	②	③	④
33	①	②	③	④
34	①	②	③	④
35	①	②	③	④
36	①	②	③	④
37	①	②	③	④
38	①	②	③	④
39	①	②	③	④
40	①	②	③	④

번호	답			란
41	①	②	③	④
42	①	②	③	④
43	①	②	③	④
44	①	②	③	④
45	①	②	③	④
46	①	②	③	④
47	①	②	③	④
48	①	②	③	④
49	①	②	③	④
50	①	②	③	④
51	①	②	③	④
52	①	②	③	④
53	①	②	③	④
54	①	②	③	④
55	①	②	③	④
56	①	②	③	④
57	①	②	③	④
58	①	②	③	④
59	①	②	③	④
60	①	②	③	④

번호	답			란
61	①	②	③	④
62	①	②	③	④
63	①	②	③	④
64	①	②	③	④
65	①	②	③	④
66	①	②	③	④
67	①	②	③	④
68	①	②	③	④
69	①	②	③	④
70	①	②	③	④

정답과 해설

TOPIK

Answer

정답과 해설

제1회 실전 모의고사
본문 pp. 152~176

01	②	02	③	03	③	04	④	05	③
06	①	07	①	08	③	09	④	10	④
11	②	12	①	13	③	14	①	15	①
16	②	17	②	18	①	19	②	20	④
21	③	22	③	23	①	24	①	25	③
26	②	27	②	28	③	29	④	30	②
31	③	32	①	33	①	34	②	35	①
36	②	37	③	38	③	39	③	40	④
41	③	42	①	43	④	44	④	45	③
46	③	47	④	48	④	49	③	50	③
51	③	52	①	53	③	54	①	55	③
56	①	57	②	58	①	59	③	60	②
61	①	62	②	63	④	64	④	65	①
66	②	67	②	68	③	69	①	70	①

듣기 [01번~30번]

01 [이어지는 내용 유추]
🎧 듣기 대본

> 여자: 여자 친구가 있어요?
> 남자: _____

② '있어요?'에 대한 답은 '있어요' 혹은 '없어요'이다. '예'는 긍정의 대답, '아니요'는 부정의 대답이다.

> 女: 你有女朋友吗?
> 男: _____

② 对于 '있어요?(有吗?)'的提问, 对应回答应该是 '있어요(有)'或者 '없어요(没有)'. '있어요(有)'是肯定的回答, '없어요(没有)'是否定的回答.

> W: Do you have a girlfriend?
> M: _____

② An answer to a '있어요?' question is '있어요' or '없어요'. '예' is a positive answer and '아니요' is a negative answer.

02 [이어지는 내용 유추]
🎧 듣기 대본

> 남자: 피아노를 잘 쳐요?
> 여자: _____

③ '잘'에 대한 답은 긍정(예)의 경우 '잘＋V(동사)', 부정(아니요)의 경우 '못＋V(동사)'와 짝을 이룬다.

> 男: 你钢琴弹得好吗?
> 女: _____

③ '잘(好)'对应肯定的回答时(예)用 '잘(好)＋V(动词)'固定搭配, 对问句进行否定的回答时(아니요)用 '못＋V(动词)'的固定搭配.

> M: Can you play the piano well?
> W: _____

③ An answer to a '잘' question is accompanied with '잘 ＋ V(verb)' in agreeing(yes) and '못 ＋ V(verb)' in denying(no).

03 [이어지는 내용 유추]
🎧 듣기 대본

> 여자: 어제 뭐 했어요?
> 남자: _____

③ 행위를 물어보는 말에 대한 답은 '~을/를 하다'가 적절하다. 과거 시제일 경우 '~했어요'이다.

> 女: 昨天做什么了?
> 男: _____

③ 问句问的是 '做了什么', 所以 用 '~을/를 하다(做什么)' 回答最合适, 而且由于问句是过去式, 所以应该选择 '했어요(做了)'.

> W: What did you do yesterday?
> M: _____

③ '~을/를 하다' is a right answer to asking what he does. In case of the past tense, '~했어요' comes.

04 [이어지는 내용 유추]
🎧 듣기 대본

> 남자: 무슨 요리를 배우고 있어요?
> 여자: _____

④ 배우고 있는 요리를 묻고 있으므로 요리의 종류와 동사 '배우다'가 짝이 이루어야 한다.

> 男: 在学做什么菜呢?
> 女: _____

④ 问句问的是正在学什么菜, 所以应该是由菜品种类的名词和动词 '배우다(学习)' 组成的词组.

> M: What kind of dish are you learning to cook?
> W: _____

④ The man is asking what kind of dish the woman is learning to cook. Therefore, a kind of food and a verb '배우다' should be matched.

05 [이어지는 내용 유추]
🎧 듣기 대본

> 여자: 이건 제가 할게요.
> 남자: _____

③ 상대방 대신, 자신이 하겠다고 했으므로 '하다' 앞에 부정 표현이 와야 한다.

> 女: 这个我来做吧。
> 男: _____

③ 因为女的说要替对方做某事, 所以 '하다(做)' 单词前面应该使用否定的表达形式.

> W: I will do this.
> M: _____

③ She said to do it by herself instead of him. Therefore, the negative expression is needed in front of '하다'.

06 [이어지는 내용 유추]
🎧 듣기 대본

> 남자: 실례지만 김태희 씨 맞으신가요?
> 여자: _____

① '맞는지'를 물어보는 말에 대한 답은 '긍정 표현+맞다', 혹은 '아니요(아닙니다)'가 적절하다.

> 男: 请问, 是金泰熙吗?
> 女: _____

① 关于 '맞는지(是吗)' 恰当的回答应该是 '肯定表达+맞다' 或者 '아니요(아닙니다)'.

> M: Excuse me, but are you Tae-Hee Kim, right?
> W: _____

① An answer to asking '맞는지(whether it is right or not)' is 'positive expression + 맞다' or '아니요(아닙니다)'.

---

07 [대화의 장소 또는 화제 파악]

🎧 듣기 대본

> 여자: 뭐 주문하시겠어요?
> 남자: 비빔밥 한 그릇 주세요.

① '비빔밥'은 음식이므로 식당에서의 대화이다.

> 女：请问，吃什么？
> 男：要一份拌饭。

① '비빔밥(拌饭)'是一种食物，可知该对话发生在饭店。

> W: What do you want to order?
> M: One Bibimbap, please.

① 'Bibimbap' is a food, so they are talking in a restaurant.

---

08 [대화의 장소 또는 화제 파악]

🎧 듣기 대본

> 남자: 이거 계산해 주세요.
> 여자: 과자 한 봉지랑 콜라 한 병, 총 4,500원 계산해 드리겠습니다.

③ '과자'와 '콜라'는 편의점에서 파는 '먹을 것'에 해당한다.

> 男：请结一下账。
> 女：一袋饼干和一瓶可乐，共4500元。

③ '과자(饼干)'和'콜라(可乐)'都是在小卖店零售的小吃。

> M: I'd like to pay for these.
> W: I will take your check, one bag of cookies and one bottle of coke, total 4,500 won.

③ 'Cookie' and 'coke' are 'somethings to eat' sold in a convenient store.

---

09 [대화의 장소 또는 화제 파악]

🎧 듣기 대본

> 여자: 실례지만 경복궁에 가려면 몇 번 출구로 나가야 하나요?
> 남자: 2번 출구로 나가시면 됩니다.

④ '경복궁'과 '출구'로 보아 지하철역이 적절하다.

🎓 오답풀이

① 경복궁은 공항과 관계가 없다.

> 女：打扰一下，去景福宫应该从几号出口出去？
> 男：去2号出口就可以。

④ 从'경복궁(景福宫)'和'출구(出口)'等词语来看，对话应该发生在地铁站。

🎓 误答解析

① 景福宫和'공항(机场)'没有关系。

> W: Excuse me, but which exit should I get out of to get to Gyeongbokgung Palace?
> M: You should get out of exit 2.

④ From 'Gyeongbokgung Palace' and 'exit', we can know they are in a subway station.

🎓 Wrong answer explanation

① Gyeongbokgung Palace is not related to an airport.

10 [대화의 장소 또는 화제 파악]

🎧 듣기 대본

> 남자: 제가 신기에는 조금 큰 것 같습니다. 더
>   작은 것은 없나요?
> 여자: 죄송합니다. 다 팔리고 없네요.

④ '신다'는 흔히 신발과 짝을 이룬다. '크다'와 '작다'
는 신발의 크기와 관련된 말이다.

> 男: 我穿得有点大, 有没有小一号的?
> 女: 不好意思, 没有了。

④ '신다(穿)' 经常和 '신발(鞋)' 做固定搭配, '大' 和
'小' 说的是鞋的尺码。

> M: These are a little bit large for me to wear. Do
>   you have any smaller ones?
> W: Sorry, Sir. They are all sold out.

④ '신다' is usually matched with shoes. Words 'large'
and 'small' are related to sizes of shoes.

11 [대화의 장소 또는 화제 파악]

🎧 듣기 대본

> 남자: 지금 무슨 일하세요?
> 여자: 저는 변호사입니다.

② 하고 있는 일이 무엇인지를 묻고 있다. 변호사는 직
업의 하나이다.

> 男: 你在做什么工作?
> 女: 我是律师。

② 问句提问的是职业的种类, 而 '변호사(律师)' 是职
业的一种。

> M: What do you do?
> W: I'm a lawyer.

② The man is asking her job. A lawyer is a kind of
jobs.

12 [대화의 장소 또는 화제 파악]

🎧 듣기 대본

> 여자: 쉬는 날 주로 뭘 하세요?
> 남자: 친구들과 낚시를 하러 갑니다.

① 여가 시간에 하는 일을 묻고 있다. 낚시는 여가 생
활 중의 하나에 해당한다.

> 女: 休息日一般做什么?
> 男: 和朋友一起去钓鱼。

① 问句问闲假的时间做什么, '낚시(钓鱼)' 属于业余
生活之一。

> W: What do you usually do on your day off?
> M: I usually go fishing with my friends.

① The woman is asking what he does in his spare
time. Fishing is one of leisure activities.

13 [대화의 장소 또는 화제 파악]

🎧 듣기 대본

> 남자: 대학교에서 무엇을 배워요?
> 여자: 저는 문학을 배워요.

③ 대학교에서 배우고 있는 학문 분야를 묻고 있다. 문
학은 전공 중의 하나에 해당한다.

> 男: 在大学学什么?
> 女: 我学文学。

③ 问句问在大学所学专业, 而 '문학(文学)' 是专业类别之一。

M: What do you learn in your university?

W: I learn literature.

③ The man is asking a study field that the woman is learning in her university. Literature is a kind of majors.

---

14 [대화의 장소 또는 화제 파악]

🎧 듣기 대본

여자: 내일 저녁 8시 30분에 강남역에서 만나요.

남자: 알겠어요. 늦지 않게 가도록 할게요.

① 내일 저녁과 강남역은 약속 시간과 약속 장소에 해당한다.

女: 明天晚上 8:30在江南站见。

男: 知道了, 一定会早去的。

① 明天晚上和江南站属于约会场所和约会时间。

W: Let's meet tomorrow evening at 8:30 at Gang-nam station.

M: Okay, I won't be late.

① Tomorrow evening and Gang-nam station are the time and the place for their appointment.

---

15 [대화 상황에 알맞은 그림 파악]

🎧 듣기 대본

남자: 어디로 모실까요?

여자: 한국대학교로 가 주세요.

① 여자가 목적지를 알려 주고 남자는 '~로 모시다' 라고 말하고 있다는 사실에서 택시 기사와 손님의 관계가 드러나는 그림이 답으로 적절하다.

男: 请问, 您要去哪儿?

女: 请到韩国大学。

① 根据男的的用语 '～모시다(去哪儿)', 和女人告诉他目的地名称这一行为来看, 这个对话应该发生在出租车司机和客人之间, 选择相应的图片即可。

M: Where do you want to go?

W: To Hankuk university, please.

① According to the fact that the woman is telling her destination and the man is saying '～로 모시다', the picture showing the relationship between a taxi driver and a passenger is a right answer.

---

16 [대화 상황에 알맞은 그림 파악]

🎧 듣기 대본

남자: 기침이 심해서 그런데 감기약 좀 주시겠어요?

여자: 네, 여기 있습니다. 식후 30분 이내에 드시면 됩니다.

② 감기약은 병원이 아닌 약국에서 약사가 판매한다는 사실에 주의한다.

男: 咳嗽咳得有点厉害, 给我开点感冒药吧。

女: 好的, 这是感冒药。饭后30分钟以内服用就可以。

② 请注意, 感冒药不在医院出售, 是在药店由药剂师出售。

M: Can I get some cold medicine for severe cough?

W: Yes, here it is. Take within 30 minutes after having a meal.

② Pay attention to the fact that cold medicine can be bought not at a hospital, but at a drugstore by a pharmacist.

---

17 [대화 상황과 같은 내용 파악]
🎧 듣기 대본

> 남자: 강남역에서 남산까지 시간이 얼마나 걸려요?
>
> 여자: 무엇을 타고 가실 건가요?
>
> 남자: 저는 지하철을 타고 가려고 합니다.
>
> 여자: 40분 정도 걸려요.

② 남자는 강남역에서 남산까지 걸리는 시간을 묻고 있다. 남자는 지하철을 타고 가려고 한다.

> 男: 从江南站到南山需要多长时间?
>
> 女: 您打算乘坐什么?
>
> 男: 我打算坐地铁。
>
> 女: 大概需要40分钟。

② 男的询问的是从江南站到南山所需时间, 男的打算乘坐地铁过去。

> M: How long does it take from Gang-nam station to Nam-san mountain?
>
> W: What will you take to get there?
>
> M: I will take the subway.
>
> W: It takes about 40 minutes.

② The man is asking how long it takes from Gang-nam station to Nam-san mountain. He will take the subway.

---

18 [대화 상황과 같은 내용 파악]
🎧 듣기 대본

> 남자: 여자 친구에게 선물할 반지 좀 보여주세요.

> 여자: 여자 친구분께서 좋아하시겠어요. 여기서 한 번 골라 보세요.
>
> 남자: 이 금반지가 예쁘네요. 이걸로 주세요. 얼마죠?
>
> 여자: 안목이 높으시네요. 100만 원입니다. 교환을 원하시면 영수증을 갖고 방문해 주세요.

① 남자는 여자 친구에게 줄 금반지 선물을 고르고 있다. 가격은 100만 원이고 교환이 가능하다.

🎓 오답풀이

③ 남자는 여자 친구에게 줄 선물을 고르고 있지만, 그것이 생일 선물이라는 말은 나오지 않는다.

> 男: 请给我看我想给女朋友的一款戒指。
>
> 女: 您女朋友会很幸福, 请在这里选一下吧。
>
> 男: 这个金戒指不错, 就来这个吧, 多少钱?
>
> 女: 您眼光真好, 100万韩元。如果要换其他款式的话带发票来就可以了。

① 男的在选给自己的女朋友的金戒指作为礼物, 价格是100万, 可以保换。

🎓 误答解析

③ 男的虽然的确是在给女朋友买礼物, 但是没有提及是生日礼物。

> M: Please show me a ring for my girlfriend as a gift.
>
> W: She will like it. Take your pick here, please.
>
> M: This gold ring looks nice. I will take this. How much is it?
>
> W: You have a good eye. It is one million won. If you want to exchange, please visit the store with the receipt.

① The man is choosing a gold ring for his girlfriend. The price is one million won and it can be exchanged.

🎓 Wrong answer explanation

③ The man is choosing a gift for his girlfriend, but you cannot know that it is for her birthday.

19 [대화 상황과 같은 내용 파악]

🎧 듣기 대본

> 여자: 오늘 축구 경기는 어느 팀이 이겼나요?
> 남자: 한국 팀이 2:0으로 이겼습니다.
> 여자: 한국 팀 대단하네요! 몇 번 선수가 골을 넣었나요?
> 남자: 7번 선수가 두 골 모두 넣었습니다.

② 한국 팀이 축구 경기에서 2:0으로 이겼는데 7번 선수가 두 골을 넣었다.

🏷 오답풀이

'-습니다'는 현재 진행 중인 동작이나 상태를 나타내는 높임말 어미이다. 경기는 이미 끝난 (과거의) 상태이므로 ①, ④는 답이 될 수 없다.

> 女: 今天的足球比赛哪个队赢了?
> 男: 韩国队以 2:0取得了胜利。
> 女: 韩国队真厉害！几号选手进的球啊?
> 男: 两个球都是7号选手进的。

② 韩国队足球比赛 2:0胜, 两个球都是7号选手进的。

🏷 误答解析

'-습니다' 是表示现在进行的动作或状态的语尾, 比赛已经结束了, 所以应该用过去式, ①, ④ 都不对。

> W: Which team won in today's soccer game?
> M: Korean team won by a score of 2 to 0.
> W: How amazing Korean team is! Which player did score the goals?
> M: The player number 7 scored all of two goals.

② Korean team won the soccer game 2 to 0, and the player number 7 scored all two goals.

🏷 Wrong answer explanation

'-습니다' is an honorific ending form for a verb which expresses a movement in progress or a situation. ①, ④ cannot be the answer because the game already ended.

20 [대화 상황과 같은 내용 파악]

🎧 듣기 대본

> 여자: 휴가 기간에 어디 다녀오셨어요?
> 남자: 프랑스에 다녀왔어요.
> 여자: 저도 프랑스에 가 봤어요. 밤경치가 정말 멋지더군요. 그리고 음식도 정말 맛있었어요.
> 남자: 맞아요. 그런데 카메라가 고장이 나서 사진을 찍지 못했어요.

④ 남자는 휴가 때 프랑스 여행을 다녀왔다. 프랑스의 밤경치를 보고 음식도 먹었다. 그런데 카메라가 고장이 나서 사진을 찍지 못했다. 여자도 프랑스를 다녀왔고 프랑스 음식도 먹어 보았다.

> 女: 休假期间去哪儿了?
> 男: 去了趟法国。
> 女: 我也去过法国。那儿的夜景真的很美, 食物的味道也很好。
> 男: 是啊。但是相机坏了不能照相。

④ 男的休假的时候去了趟法国旅行。他看了法国的夜景, 吃了法国的美味。但是因为相机坏了不能照相。女的也去过法国品尝过法国的美味。

> W: Where have you been during the vacation?
> M: I have been to France.
> W: I have been there, too. The night view was amazing and French food was very delicious.
> M: You are right, but my camera was broken, so I couldn't take pictures.

④ The man has been to France during his vacation. He saw night view of France and had French food. However, his camera was out of order, so he couldn't take pictures. The woman also has been to France and had French food.

21 [대화 상황과 같은 내용 파악]

🎧 듣기 대본

> 여자: 여보세요? 여기 한국아파트 9동 805호인
> 데요. 짜장면 한 그릇이랑 우동 한 그릇
> 가져다주세요.
> 남자: 네. 더 필요하신 것은 없으신가요?
> 여자: 아, 단무지랑 양파를 많이 가져다주세요.
> 남자: 네, 알겠습니다. 주문해 주셔서 감사합니다.

③ 여자는 음식점에서 짜장면과 우동을 한 그릇씩 주
문했다. 그리고 단무지와 양파를 많이 가져오라고 부
탁했다. 남자가 여자의 음식 주문을 받는 사실에서 남
자가 음식점 종업원임을 알 수 있다.

🎓 오답풀이

① 여자가 짜장면 한 그릇, 우동 한 그릇, 총 두 그릇을
시키긴 했지만, 친구와 함께 있다는 내용은 언급되지
않았다.
② 여자는 단무지와 양파를 많이 달라고 하였다.
④ 여자는 짜장면과 우동을 배달시켰다.

> 女: 喂? 这里是韩国公寓9栋805号。请给送一碗
> 炸酱面和一碗乌冬面。
> 男: 好的, 请问您还有别的需要吗?
> 女: 啊, 请多给一点腌萝卜和洋葱。
> 男: 好的, 知道了。谢谢您的惠顾。

③ 女的给饭店打电话定了炸酱面和乌冬面。还要了
腌萝卜和洋葱。男的接受了女的的订单, 所以可以看
男的是饭店的员工。

🎓 误答解析

① 虽然女的定了一碗炸酱面和一碗乌冬面, 但没提
及是和朋友在一起。
② 女的说多要点腌萝卜和洋葱。
④ 女的让送货炸酱面和乌冬面。

> W: Hello, this is Hankuk apartment 9-805. I would
> like to order one Jajangmyeon and one Udon.
> M: Yes, is there anything you want more?

> W: Oh, I want more pickled radishes and onions.
> M: Okay. Thank you for your order.

③ The woman ordered one Jajangmyeon and one
Udon in a restaurant. And she asked to bring more
pickled radishes and onions. It can be known that the
man is an employee of the restaurant from the fact
that he is taking her order.

🎓 Wrong answer explanation

① The woman ordered total two dishes, one
Jajangmyeon and one Udon, but it wasn't mentioned
that she was with her friend.
② The woman said to bring more pickled radishes
and onions.
④ The woman ordered to deliver one Jajangmyeon
and one Udon.

22 [중심 생각 파악]

🎧 듣기 대본

> 남자: 나영 씨, 요즘 영화 봤어요?
> 여자: 네. 어제 친구들하고 봤어요. 정말 재밌
> 었어요.
> 남자: 무슨 영화였어요?
> 여자: 친구들 간의 우정을 그린 영화였어요. 영
> 화를 보고 저도 친구들과 오래도록 우정
> 을 쌓아야겠다고 다짐했어요.
> 남자: 아, 그랬군요. 친구가 있다는 것은 행복
> 한 일이에요.

③ 여자는 친구들의 우정을 그린 영화를 재미있게 보
고, 친구들과 오래도록 우정을 유지하며 지내야겠다
고 다짐했다.

🎓 오답풀이

① 여자는 영화가 정말 재미있었다고 생각하였다.
② 여자는 친구들 간의 우정을 그린 영화가 많다고는
말하지 않았다.
④ 여자는 새로운 친구를 많이 사귄다고는 말하지 않
았고, 대신 친구들 간의 우정을 오래도록 이어가야겠
다고 생각하였다.

男: 罗英，最近看电影了吗？

女: 看了，昨天和朋友一起看的，很有意思。

男: 看了什么电影？

女: 一部讲述朋友间友情的电影，看完电影之后我也决定要和朋友积淀永恒的友情。

男: 啊，是吗？有朋友是件幸福的事情。

③ 女的看了一部关于友情的电影，决心和朋友维持天长地久的友谊。

误答解析

① 女的觉得电影很有意思。

② 女的没有提及有很多关于友情的电影。

④ 女的没有提及要交很多新朋友，只是说要和朋友维持天长地久的友谊。

M: Na-young, have you seen any movies recently?

W: Yes, I saw a movie yesterday with my friends. It was very interesting.

M: What kind of movie did you see?

W: The movie about friendship. I decided to maintain a longlasting friendship with my friends after seeing it.

M: Oh, you did. It is very happy to have friends.

③ The woman decided to hold friendship long with her friends after seeing the movie about friendship.

Wrong answer explanation

① The woman thought that the movie was very interesting.

② The woman didn't say that there were many movies about friendship.

④ The woman didn't say that she would make a lot of new friends. Instead, she thought to maintain her friendship for a long time.

---

23 [중심 생각 파악]

듣기 대본

여자: 이 옷 색깔이 마음에 들지 않아서 환불받으러 왔습니다.

남자: 죄송하지만, 이 상품은 할인 상품이라 환불받으실 수 없습니다.

여자: 아, 그래요? 앞으로는 환불 불가능한 상품은 미리 알려 주셨으면 좋겠어요.

남자: 죄송합니다. 저희 직원이 미리 말씀을 안 드린 것 같네요.

① 여자는 옷의 색깔이 마음에 들지 않아 환불을 받으려고 한다. 그런데 할인한 옷이기 때문에 환불이 불가능하다. 따라서 모든 옷을 환불받을 수 있는 것은 아니며, 여자는 이러한 경우 미리 알려달라고 하였다.

女: 我不喜欢这件衣服的颜色，所以过来退换一下。

男: 对不起。这件是打折商品不能退换。

女: 啊！是吗？希望你们以后提前告诉客人哪些商品是不可以退换的。

男: 对不起。看来是我们员工没有提前告诉您。

① 女的对所购买的衣服的颜色不满意打算退换。但是由于这件衣服是打折商品，所以不能退换。也就是说不是所有的衣服都可以退换，女的说像这样的情况应该提前告知顾客。

W: I would like to refund these clothes because I don't like the color.

M: I'm sorry, but you cannot get a refund because this one is a sale item.

W: Oh, really? From now on, please let me know the goods which cannot be refunded before buying them.

M: I'm so sorry, maybe another employee didn't let you know that in advance.

① The woman wanted to get a refund because she didn't like the color of clothes. However, refund was unavailable because it was a discounted one. Thus, not all the clothes can be refunded, and she said to let her know non-refundable goods in advance.

24 [중심 생각 파악]

🎧 듣기 대본

> 여자: 오늘 점심 뭐 먹을까요?
>
> 남자: 저는 아무거나 괜찮아요. 수지 씨가 정하세요.
>
> 여자: 그럼 김치찌개 먹으러 가요. 제가 맛있게 잘 하는 음식점을 알고 있어요. 제가 김치찌개를 좋아하거든요.
>
> 남자: 네, 좋아요. 벌써부터 기대가 되네요.

① 김치찌개를 좋아하는 여자는 오늘 점심시간에 남자와 함께 음식점에서 김치찌개를 먹으려고 한다.

🎓 오답풀이

③ 여자는 김치찌개를 맛있게 만드는 곳을 알고 있다고 말하였다. 김치찌개를 직접 만들 수 있다고는 언급하지 않았다.

> 女: 今天中午吃什么?
>
> 男: 我吃什么都可以, 秀智你来决定吧。
>
> 女: 那么我们去吃泡菜汤吧。我知道有一家泡菜汤做得特别好吃, 我很喜欢泡菜汤。
>
> 男: 好, 不错。现在就开始期待了呢。

① 女的今天想吃泡菜汤, 所以午餐跟男生一起去吃泡菜汤。

🎓 误答解析

③ 女的说她知道有一家泡菜汤做得非常好的饭店, 但是没有提及要亲自做泡菜汤。

> W: What do you want for lunch?
>
> M: Anything is fine for me. Susie, you decide.

> W: Then, let's go to eat Kimchi-stew. I know a restaurant which serves delicious one. I like Kimchi-stew.
>
> M: Okay, that's good. I'm already looking forward to it.

① The woman wants to have Kimchi-stew in a restaurant with the man for lunch. She who likes Kimchi-stew wants to eat it.

🎓 Wrong answer explanation

③ The woman said that she knew a restaurant for good Kimchi-stew. She didn't mention that she could cook it by herself.

[25~26]

🎧 듣기 대본

> 여자: 오늘은 김밥 만드는 방법에 대해서 알려 드릴게요. 김은 굽지 않은 것을 사용하는 것이 좋아요. 재료로 신선한 단무지와 부친 달걀과 시금치를 준비하세요. 밥과 준비한 재료를 김 위에 올려놓고 잘 말아 줍니다. 김밥을 칼로 썰 때 김밥이 터지지 않도록 칼에 기름을 약간 묻혀 썰어 주세요.

25 [대화의 목적 파악]

③ 여자는 김밥 만드는 방법을 설명하고 있다. 김밥 재료와 마는 방법, 잘 써는 방법까지 구체적으로 설명하고 있다.

26 [대화 상황과 같은 내용 파악]

② 김밥을 말은 후 칼로 썰 때 기름을 묻혀 주면 터지지 않고 잘 썰 수 있다.

🎓 오답풀이

① 김밥은 굽지 않은 김과 신선한 재료로 만든다.

③, ④의 내용은 대화에 나오지 않는다.

女: 今天我要给大家介绍一下自制紫菜包饭的做法。紫菜不要用烤过的，材料需要准备新鲜的腌萝卜，煎鸡蛋和菠菜。把米饭和准备好的材料均匀地铺在紫菜上卷好，切紫菜包饭时往刀上抹点油就可以切得很整齐了。

25

③ 女的在介绍紫菜包饭的做法，并具体描述了紫菜包饭的卷法和切法。

26

② 把紫菜包饭卷好以后，切时刀上抹点油就可以切得很整齐了。

🔖 误答解析

① 紫菜包饭用不烤的紫菜和新鲜的材料来做。

③、④ 的内容在对话中没有出现。

W: Today, I will show you how to make Kimbap. It is better to use not-toasted laver. Prepare fresh pickled radishes, fried eggs and a bunch of spinach as ingredients. Put rice and ingredients on laver and roll them. When you cut Kimbap by using a knife, cut it after coating some oil on the knife in order not to make Kimbap popped.

25

③ The woman explains how to make Kimbap. She specifically accounts for ingredients of Kimbap and the way to roll and cut it well.

26

② When cutting Kimbap with a knife after be rolled, if you cover some oil on the knife, you can cut nicely without being popped.

🔖 Wrong answer explanation

① Kimbap is made with not-toasted laver and fresh ingredients.

③, ④ It is not mentioned in the conversation.

[27~28]

🎧 듣기 대본

남자: 오늘 수업 끝나고 뭐 하세요? 같이 영화 보러 가지 않을래요?

여자: 미안해요. 안 될 것 같아요. 저는 요즘 수업 후 매일 집 근처 공원에서 운동을 하거든요.

남자: 아, 그래요? 운동하는 거 싫어하잖아요.

여자: 다음 주에 있을 학교 운동회에서 저희 반 달리기 선수로 뽑혔어요. 그래서 매일 달리기 연습을 하고 있어요. 운동회 때 뭐 해요?

남자: 저는 던지기 선수로 뽑혔어요. 함께 운동해도 될까요?

여자: 그래요. 그럼 수업 끝나고 공원 앞에서 만나요.

27 [대화의 중심 내용 파악]

② 남자와 여자는 수업 후 운동을 함께 하려고 한다. 남자와 여자는 각각 학교 운동회 때 선수로 출전하기 위해 수업 후 함께 운동을 하기로 약속하고 있다.

28 [대화 상황과 같은 내용 파악]

③ 남자는 오늘 여자와 영화를 보고 싶었는데 여자가 수업 후 운동회 준비를 위해 공원에 가야한다고 말한다. 남자도 운동회 준비를 위해 여자와 함께 공원으로 운동하러 가자고 약속하고 있다. 여자는 달리기 선수로, 남자는 던지기 선수로 뽑혔다.

男: 今天下课后做什么？要不要一起去看电影啊？

女: 对不起，好像不行。我最近每天下课后都在我家附近的公园里锻炼身体。

男: 啊，是吗？你不是不喜欢运动吗？

女: 下周在学校要召开运动会，我被选为班里的跑步选手了，所以每天练习跑步。运动会时你做什么？

男: 我被选为投掷选手了，我们可以一起运动吗？

女: 可以啊，那么下课后公园前面见。

27

② 男和女打算下课后一起做运动。因为男和女在运动会上都被选拔为选手，所以约好下课后一起做运动。

28

③ 男的想今天跟女的一起看电影，女的为了运动会做准备要去公园。男的也决定为运动会做准备，并和女的一起去公园做运动。女的被选为跑步选手，男的被选为投掷选手。

M: What will you do after class today? Would you like to go to see a movie with me?

W: I'm sorry but I can't. Recently, I go to the park near my house to do exercise everyday after class.

M: Oh, really? But you don't like to do exercise.

W: I was chosen as a runner in my class on the school field day next week. Thus, I practice running everyday. What would you do on the field day?

M: I was selected for throwing. How about doing exercise together?

W: Good. Then, let's meet in front of the park after class.

27

② The man and the woman are going to do exercise together after class. They have plans to do exercise together after class in order to participate in the sports event as players.

28

③ The man wanted to see a movie with the woman, but she said that she had to go to the park after class in order to prepare for the school field day. They decided to go to the park and do exercise in order to practice for the school sports event. The woman was chosen as a runner, and the man for throwing.

[29~30]

🎧 듣기 대본

남자: 안녕하세요? 한국 서점입니다. 어제 주문하신 책 때문에 전화 드렸습니다.

여자: 아, 제가 주문했던 책이 도착했나요?

남자: 주문하셨던 책 두 권 중 한 권은 더 이상 출판되지 않는다고 하네요. 죄송합니다.

여자: 그래요? 그럼 나머지 한 권은 언제쯤 받을 수 있을까요?

남자: 내일 오후에 들어온다고 하니까 모레에 서점으로 방문해 주세요.

여자: 네, 알겠습니다.

29 [대화 상황에서 이유 파악]

④ 남자는 여자에게 전화를 걸어 주문한 책 중 한 권을 구할 수 없다는 사정을 알려 주고 있다. 즉 여자가 주문한 책 중 한 권은 더 이상 출판이 되지 않는다. 책을 구할 수 없다는 것에 미안하다고 말하는 것을 통해 알 수 있다.

30 [대화 상황과 같은 내용 파악]

④ 여자는 남자에게 주문한 책 두 권 중 한 권을 모레 서점에 직접 가서 받으려고 한다. 여자가 모레 서점으로 방문해 달라는 남자의 말에 동의한 것으로 보아 알 수 있다.

男: 您好！这里是韩国书店，给您打电话是为了询问昨天您订书的事。

女: 啊~ 我订的书到了吗？

男: 您订的两本书中有一本已经不再出版了，抱歉。

女: 是吗？那么剩下的那本书什么时候能拿到？

男: 明天下午到，请您后天来书店拿吧。

女: 好的，知道了。

29

④ 男的打电话告诉女的她预订的书中有一本买不到了。即，女的订购的书中有一本不再出版了，通过抱歉这句话能看出书店的歉意。

30

④ 女的打算后天直接到书店领取她向男的订购的两本书之一。我们可以通过女的同意了男的让女的来书店直接领取书的请求这一点知晓。

M: Hello, this is Hankuk bookstore. I'm calling for the book you ordered yesterday.

W: Oh, did the book I ordered arrive?

M: One of two books you ordered is out of print. I'm so sorry.

W: Really? Then, when can I get the other?

M: It will arrive tomorrow afternoon, so please visit the bookstore the day after tomorrow.

W: Okay, I will.

29

④ The man called the woman to let her know that one of the books she ordered wasn't available. In other words, one of the books she ordered is not published any more. It can be known from saying sorry for not being able to find the book.

30

④ The woman is willing to receive one of the two books she ordered to the man by visiting the bookstore the day after tomorrow. It can be known through the fact that she agreed to his saying that she could visit there the day after tomorrow.

읽기 [31번~70번]

31 [문장의 중심 소재 파악]

올해는 2019년입니다. 내년은 2020년입니다.

③ 올해는 몇 년, 내년은 몇 년으로 보아 '연도'에 관한 내용임을 알 수 있다.

今年是2019年, 明年是2020年。

③ 从今年是哪一年, 明年是哪年的内容来看, 该句子讲的是关于年度的内容。

This year is 2019. Next year is 2020.

③ According to 'This year is…' and 'Next year is…', you can know that the subject is a year.

32 [문장의 중심 소재 파악]

이것은 비빔밥입니다. 그리고 저것은 불고기입니다.

① 비빔밥과 불고기는 '음식'에 해당한다.

오답풀이

③ 비빔밥과 불고기가 식당에만 있는 것은 아니다.

这是拌饭。那是烤肉。

① 拌饭和烤肉都属于'食物'。

误答解析

③ 拌饭和烤肉不只在饭店有。

This is Bibimbap, and that is Bulgogi.

① Bibimbap and Bulgogi are related to 'food'.

🎓 Wrong answer explanation

③ Bibimbap and Bulgogi are not always in a restaurant.

33 [문장의 중심 소재 파악]

> 저는 미래에 가수가 되고 싶습니다. 그래서 열심히 노래 연습을 하고 있습니다.

① 미래에 가수가 되고 싶다는 것은 곧 글쓴이의 '꿈'에 해당한다.

> 我以后想当歌手, 所以在努力练习唱歌。

① 未来想当歌手是作者的'梦想'。

> I want to be a singer in the future, so I practice singing very hard.

① It is related to writer's 'dream' that he wants to be a singer in the future.

34 [빈칸 채우기]

> 아버지께서 신문을 읽고 계십니다. 저(   ) TV를 보고 있습니다.

② 아버지와 '나'의 행위의 차이를 드러내는 조사는 '은/는'이다.

> 爸爸在看报纸, 我(   )在看电视。

② 能表示爸爸和我行为不同的主格助词是 '은/는'。

> My father is reading a newspaper. I(   ) am watching TV.

② '은/는' is a postpostion that shows difference of actions between 'my father' and 'me'.

35 [빈칸 채우기]

> 지금 방이 너무 덥습니다. 선풍기를 (   ).

① 선풍기를 작동하려고 하는 상황인데 이에 해당하는 어휘는 '틀다'이다.

> 现在房间里很热。(   )风扇吧。

① 本句的场景是要开风扇, 开风扇使用的是动词 '틀다(开)'。

> The room is too hot, now. (   ) the fan.

① The writer intends to turn on the fan. Relevant vocabulary is '틀다'.

36 [빈칸 채우기]

> 이 어휘의 뜻을 모릅니다. (   )을/를 찾아봅니다.

② 어휘의 뜻이 풀이되어 있는 것은 '사전'이다.

> 不知道这个单词的意思, 查下(   )吧。

② 根据前后文的意思, 此处需要的词语应该是 '사전(词典)'。

> I don't know the meaning of this vocabulary. I will refer to the (   ).

② A 'dictionary' is what meanings of each vocabulary are explained.

37 [빈칸 채우기]

저는 군것질을 많이 합니다. 그래서 지금 무척
(   ).

③ 군것질을 많이 한다는 것은 음식을 많이 먹는다는
말로, 이는 살이 찌는 원인에 해당한다. 따라서 군것질
을 많이 하면 뚱뚱해질 수 있다.

我零食吃得多, 所以现在很(   )。

③ 零食吃得多是发胖的原因. 所以零食吃得多会变
胖。

I eat snacks too much, so I'm very (   ) now.

③ Eating snacks means eating too a much, and it is a
reason for gaining weight. Thus, if you eat between
meals too much, you can be fat.

38 [빈칸 채우기]

저는 (   ) 과음을 합니다. 그래서 지금 속이
너무 아픕니다.

④ 잦은 과음으로 속이 아프다는 의미를 지닌 문장이
다. 횟수가 잦다는 뜻의 부사는 '자주'이다.

我(   )过量饮酒, 所以现在胃很不舒服。

④ 经常喝酒所以胃不舒服。表示次数多的副词'자주
(经常)'。

I (   ) drink excessively, so I have a serious pain
in my stomach.

④ The writer has a pain in his stomach because he
drinks too much frequently. 'Often' is an adverb
meaning that the number of frequency is high.

39 [빈칸 채우기]

저는 어릴 때부터 어머니께 요리를 배웠습니
다. 그래서 저는 요리를 잘 (   ).

③ '요리를 잘 한다'는 '음식을 잘 만든다'와 같은 의
미이다.

我从小就从妈妈学做菜, 所以现在菜(   )很好。

③ '요리를 잘한다(做菜很好)' 和 '음식을 잘 만든다(食
物做的很好)' 意思相同。

I have learned to cook from my mother since I was
young, so I'm very (   ) at cooking.

③ '요리를 잘 한다' has the same meaning with '음식
을 잘 만든다'.

40 [실용문 / 맞지 않는 내용 파악]

〈한복 전시회 안내〉
• 요일: 월요일～금요일
• 시간: 10:00～20:00
• 입장료: 무료
※ 기념 촬영 시 한복을 대여해 드립니다.

④ 한복을 대여해 준다는 말은 있어도 빌리는 값을 내
야 한다는 말은 없다.

〈韩服展览会指南〉
• 日期: 星期一 ～ 星期五
• 时间: 10:00～20:00
• 门票: 免费
※ 照相留念时可租借韩服。

④ 虽然文章中确实提及可以租借韩服, 但没说租借
需要交租金。

〈**Guidance for Han-bok Exhibition**〉
- **Date**: Monday ~ Friday
- **Time**: 10:00 ~ 20:00
- **Entrance fee**: Free
※ When taking commemorative photographs, Han-bok can be rented.

④ It mentions that Han-bok can be rented, but it doesn't mention that rental fee should be paid.

41 [실용문 / 맞지 않는 내용 파악]

〈신혼부부를 위한 행복 요리 교실〉
요리가 어렵다고요?
행복 요리 교실로 오세요!
요리 전문가가 친절히 가르쳐 드립니다.
- 일시: 월요일 오전 09:00 ~ 11:00
- 장소: 4층 405호 교실

③ 요리 수업은 오전 9시에 시작해서 11시에 끝난다.

〈为新婚夫妇幸福料理课堂〉
做美食很难吗?
那么来幸福料理课堂吧!
厨师会很热情地教给您。
- 时间: 星期一上午 9:00~11:00
- 地点: 4楼 405号 教室

③ 学习料理时间从上午9点开始到11点结束。

〈**Happy Cooking Class for newlyweds**〉
Is cooking difficult?
Come to Happy Cooking Class!
Cooking specialists will teach you kindly.
- **Date**: Monday morning 09:00 ~ 11:00
- **Place**: class 405, 4th floor

③ The cooking class starts at 9:00 a.m. and ends at 11:00 a.m..

42 [실용문 / 맞지 않는 내용 파악]

〈영화 제목: 차이나타운〉
- 2020. 08. 05(수) 3회 20:00 ~ 22:00
- 4관 K열 10번 성인 9,000원

　　　　　　　　　　　　한국 영화관

① 영화가 상영되는 곳은 3관이 아니라 4관이다.

〈电影名称: 唐人街〉
- 2019. 08. 05(星期三) 3次 20:00~22:00
- 4馆 K列 10号 成人 9000元

　　　　　　　　　　　　韩国电影馆

① 电影上映在 3馆, 不是 4馆。

〈**Movie title: China Town**〉
- 05 Aug 2019(Wed) 3rd time 20:00~22:00
- Theater 4 seat K10 adult 9,000 won

　　　　　　　　　　　　Hankuk Theater

① The movie will show not in theater 3 but in theater 4.

43 [글 / 같은 내용 파악]

내일은 토요일입니다. 그래서 친구들과 함께 놀이공원에 놀러가기로 약속했습니다. 각자 도시락을 싸 오기로 했습니다.

④ '나'는 토요일인 내일, 각자 도시락을 준비해서 친구들과 놀이공원에 놀러 가기로 약속했다.

明天是星期六。我和朋友约好一起去游乐场玩。我们约好各自带好便当。

④ 明天星期六我和朋友约好各自带着便当一起游乐场玩。

Tomorrow is Saturday, so I have a plan to go to an amusement park with my friends. Each of us will bring his own lunch.

④ 'I' have a plan to go to an amusement park with friends with our own lunch tomorrow, on Saturday.

44 [글 / 같은 내용 파악]

오늘 한국어능력시험을 보았습니다. 시험 문제가 너무 어려워서 문제를 다 풀지 못했습니다. 더 열심히 한국어를 공부해야겠다는 다짐을 했습니다.

④ 시험 문제가 너무 어려워서 문제를 다 풀지 못했다고 말하고 있다.

我今天考了韩国语能力考试，但是问题太难了没有做完，我决心更加努力学习韩语。

④ 考题太难没做完。

Today, I took TOPIK test. Questions were too difficult to solve all of them. I decided to study Korean harder.

④ The writer says that he couldn't solve all of the questions because they were too difficult.

45 [글 / 같은 내용 파악]

저의 고향은 제주도입니다. 제주도에는 돌, 바람, 여자가 많아서 '삼다도'라고 불립니다. 그리고 제주는 감귤이 유명합니다.

③ '나'의 고향은 제주도인데 제주도는 돌, 바람, 여자가 많아서 예로부터 삼다도(세 가지가 많음)로 불리고 있다.

② 제주도는 감귤이 유명한 곳이지만 다른 곳보다 감귤이 비싸다는 내용은 없다.

我的家乡是济州岛。济州岛因石头多，风多，女人多被称为'三多岛'，并且济州岛的橘子很出名。

③ '我'的家乡是济州岛，济州岛因石头，风，女人多，从古代开始被叫做三多岛。

② 济州岛橘子很有名，但文中没提及比其他地方的橘子贵。

My hometown is Jeju-do. Jeju-do is called Samdado because there are a lot of stones and women, and it is very windy there. Also, Jeju-do is famous for tangerines.

③ 'My' hometown is Jeju-do, and it is called 'Samdado'(An island where are plenty of three things) from old times, because there are many stones and women, and strong wind blows.

② Jeju-do is famous for tangerines, but you cannot know that tangerines are more expensive than other places.

46 [글의 중심 내용 파악]

다음 달에 새로운 스마트폰이 출시됩니다. 저는 새로 출시될 스마트폰을 사려고 합니다. 그래서 열심히 아르바이트를 하고 있습니다.

③ '나'가 새 스마트폰을 사기 위해 아르바이트를 열심히 하고 있음을 알 수 있다.

下个月新款智能手机就要上市了，我想买新上市的智能手机，所以在努力打工挣钱。

③ ‘我’ 为了买新智能手机在努力地打工。

Next month, a brand-new smart phone will be released. I will buy it, so I'm doing my part-time job hard.

③ It can be known that I'm doing a part-time job hard to buy a new smart phone.

47 [글의 중심 내용 파악]

저는 책을 많이 읽습니다. 그중 소설을 가장 좋아합니다. 저는 나중에 소설가가 될 것입니다.

④ ‘나’는 책 중에서 소설 읽기를 가장 좋아해서 소설가가 되고자 하는 꿈을 갖고 있다.

我读过很多书，其中以小说最多，我以后想当小说家。

④ ‘我’ 最喜欢小说，梦想当小说家。

I read many books. Above all, I like to read novels. I will be a novelist in the future.

④ I like to read novels the most among books, so I have a dream to be a novelist.

48 [글의 중심 내용 파악]

아버지께서는 가족을 위해 열심히 일하십니다. 일하시느라 매일 집에 늦게 들어오시지만 힘들다는 말을 하지 않으십니다. 그래서 저는 아버지를 존경합니다.

④ 아버지는 가족을 위해 일하느라 매일 늦게 귀가하지만 힘들다는 말을 하지 않는다. 그래서 글쓴이는 그런 아버지를 존경한다고 말하고 있다.

父亲为了家庭努力工作，因为要干工作所以每天很晚才回家，但是他从来不说累，我很尊敬我的父亲。

④ 父亲为了家庭每天很晚归家，也从来不说累，所以话者非常尊敬这样的父亲。

My father works hard for my family. Although he always comes home very late because of his work, he never tells us how hard he is. Thus, I respect my father.

④ The speaker's father comes home late everyday to work for his family, but he never talks about his laboriousness. Thus, the speaker says that he respects his father.

[49~50]

요즘 학생들은 잘못된 식습관을 가지고 있습니다. 적당한 양의 음식을 규칙적으로 먹는 것이 몸에 좋습니다. 아침밥은 꼭 챙겨 먹고, 간식으로는 우유나 과일 등을 먹는 것이 좋습니다. 또한 식생활 교육을 통해 (㉠) 식습관을 기를 수 있도록 해야 합니다.

49 [빈칸 채우기]

② 제시문에서는 잘못된 식습관을 바로잡는 방법을 제시하고 있다. 식사량을 적당히 하고 규칙적인 식사를 해야 한다고 말하고 있다. 이와 더불어 식생활 교육의 필요성을 강조하고 있다. 이는 곧 올바른 식생활 습관에 대한 주장이기도 하다.

50 [글의 사실적 이해]

③ 글쓴이는 잘못된 식생활 습관을 지적하면서 올바른 식생활 습관을 구체적으로 제시하고 있다. 그리고 간식으로 우유나 과일을 먹으라고 권하고 있다.

现在学生们有不良的饮食习惯。适量，规律的饮食习惯有益于身体。早饭一定要吃，如果要加餐，喝牛奶，吃水果都比较好。通过饮食教育可以让学生养成(　　　)饮食习惯。

49

② 文章的内容是关于纠正不良饮食习惯的方法。文中主张应该适量饮食，有规律地饮食，还强调饮食教育的必要性。这也是关于 正确的饮食习惯的主张。

50

③ 作者指出不良饮食习惯的同时，提出了正确的，规律的饮食习惯。还主张牛奶和水果是比较合适的加餐食物。

Nowadays, students have bad eating habits. It is good for health to eat a moderate amount of food regularly. It is good to have breakfast and to drink milk or eat fruits between meals. In addition, (　㉠　) eating habits have to be formed through dietary life education.

49

② The passage suggests the way to change bad eating habits. It says that students have to eat proper amount of food regularly. Moreover, it emphasizes the necessity of dietary life education. So, this is an opinion about right eating habits.

50

③ The writer points out bad dietary habits and specifically suggests good eating habits. Also, he recommends to drink milk or eat fruits between meals.

[51~52]

약과는 밀가루와 꿀, 기름 등으로 만든 과자입니다. 약과에는 여러 모양이 있습니다. 지금은 대부분 꽃 모양을 본떠서 만들지만, 옛날에는 새, 물고기 등의 모양을 본떠서 만들었다고 합니다. 약과의 모양을 내기 위해서는 나무를 (　㉠　), 그 속에 약과 재료를 넣어 찍어 냅니다.

51 [빈칸 채우기]

③ 모양을 찍어 내기 위해서는 나무의 속을 파내야 한다. 파낸 곳에 약과 재료를 넣고 찍어 내면 모양이 나온다.

52 [글의 사실적 이해]

① 약과의 모양이 여러 가지인데 요즘은 꽃 모양이 많다고 말하면서 나무를 통해 모양을 낸다고 말하고 있다. 이런 점에서 약과의 모양을 내는 방법이 중심 화제임을 알 수 있다.

药果是由面粉，蜂蜜和香油制作的一种点心。药果形状各异，现在大部分的药果都是根据花的样子做成的，据说过去也曾做过鸟，鱼的形状。要做出药果的形状，需要把木头(　㉠　)，做成各种形状，然后把药果的材料塞进去，药果的形状就出来了。

51

③ 要做出药果的形状，需要把木头的内部掏空。在掏空里填满药果的材料，形状就出来了。

52

① 药果的形状各异，但最近使用最多的是花的形状，并指出需要通过木材制作形状。通过这点来看本文的中心话题是讲药果形状制作方法。

Yakgwa is a cookie made of flour, honey, oil and so on. There are many shapes of them. Nowadays, most of all are flower-shaped, but they had a form of bird or fish in old days. In order to make shapes of Yakgwa, trees have to be (㉠) and Yakgwa has to be pressed out after putting materials into the hole.

51

③ To make shapes, trees have to be carved. The shape of Yakgwa can be made by putting materials into the carved hole and pressing it out.

52

① The writer says that there are many forms of Yakgwa, but nowadays flower-shaped ones are usually made, and they can be made by using trees. In this sense, it can be known that how to make shapes of Yakgwa is the main subject of this passage.

[53~54]

민국이는 지난 여름 방학에 만세와 함께 중국에 놀러 갔습니다. 민국이는 재미있고 신기한 구경거리를 빨리 보려고 줄을 서지 않고 새치기를 했습니다. 그리고 여기저기 마구 뛰어 다니다가 다른 사람들과 (㉠) 했습니다. 만세는 민국이의 이런 행동이 정말 부끄러웠습니다.

53 [빈칸 채우기]

③ '부딪치다'는 '부딪다'의 강조 형태이다. 여기저기 뛰어다니다가 '다른 사람들과 신체적 접촉도 있었다'에 해당하는 표현은 '부딪치기도'이다.

54 [글의 사실적 이해]

① 민국이는 구경거리를 빨리 보려고 줄을 서지 않고 새치기를 했다.

🎓 오답풀이

④ 만세는 민국이의 새치기를 부끄러워하고 있다. 그러나 민국이 스스로 자신의 행동을 부끄러워한다고는 언급되지 않았다.

敏国和万世去年暑假一起去中国玩了。敏国为了能快点看到新奇好玩的风景，不仅经常加塞儿不排队。还到处乱跑乱跳，(㉠)到别人，万世觉得敏国这种行为很丢人。

53

③ '부딪치다(撞)' 是 '부딪다(撞)'的强调形式。到处跑来跑去 '碰撞到别人的身体' 属于 '부딪치다(撞)'这个词的表现。

54

① 敏国为了快点看到风景经常加塞儿不排队。

🎓 误答解析

④ 万世觉得敏国加塞儿很丢人，但没提及到万世对自己的行为感到羞愧。

Min-kuk has been to China with Man-sei during last summer vacation. Min-kuk didn't wait and cut in line for seeing fun and interesting attractions more fast. Moreover, he (㉠) with other people while running here and there carelessly. Man-sei was very ashamed of Min-kuk because of his behavior like these.

53

③ '부딪치다' is the emphasis form of '부딪다'. '부딪치기도' is the expression meaning that 'there was also physical touch with other people' by his running here and there.

54

① Min-kuk cut in line in order to see attractions fast.

🎓 Wrong answer explanation

④ Man-sei is ashamed of Min-kuk's behavior that he cut in line. However, it isn't mentioned that Min-kuk is ashamed of his own behavior.

[55~56]

학교에서 현장 학습을 갔습니다. 옆 반이랑 같은 시간에 출발하였습니다. (㉠) 우리 반이 먼저 도착하였습니다. 박물관의 문을 열고 들어가니 늑대 모양의 조각이 서 있어서 깜짝 놀랐습니다. 옛날 사람이 만든 여러 가지 물건을 보니 참 신기하였습니다. 수박 모양의 도자기들도 참 예뻤습니다. 다음에 부모님과 함께 또 오고 싶었습니다.

55 [빈칸 채우기]
③ 우리 반은 옆 반과 같은 시간에 출발했다. 그런데 우리 반이 옆 반보다 먼저 도착을 했다. 이때 필요한 접속어는 상황의 반전을 뜻하는 전환의 접속어이다. 따라서 '그러나', '하지만' 등의 접속어가 적절하다.

56 [글의 사실적 이해]
① 학교에서 현장 학습을 다녀온 후 글쓴이는 부모님과 함께 다시 한 번 오고 싶다고 말하고 있다. 마지막 문장에 이런 내용이 드러난다.

오답풀이

② 늑대 모양의 조각을 보고 깜짝 놀랐다는 이야기만 있을 뿐, 멋있었다는 내용은 없다.
③ 우리 반이 옆 반보다 먼저 도착했다.
④ 밥그릇 모양의 도자기가 아닌, 수박 모양의 도자기들이 예뻤다고 나와 있다.

学校组织我们进行现场学习。我们班和隔壁班同时出发，(㉠)我们班先到。博物馆的门开着，我们就进去了，狼雕塑吓了我们一跳。看到古人做的各种物件我觉得非常新奇。西瓜形状的瓷器也很漂亮，想下次和父母一起来。

55
③ 我们班和隔壁班同时出发，但是我们班先到了。这里表现了前后句转折关系，所以应该用连接词 '그러나(但是)', 或 '하지만(但是)'。

56
① 文章最后提及到学校现场学习结束后，作者想再和父母一起来看看。

误答解析

② 文章只提到看见狼雕像吓了一跳，没提及雕像是否好看。
③ 我们班比隔壁班更先到了。
④ 文章说西瓜形状的瓷器好看，没提及碗状瓷器好看。

I went on a school field trip. My class left with other class at the same time. (㉠) my class arrived earlier. When we opened the door of museum and entered, I was very surprised because a wolf-shaped sculpture was standing. It was very interesting to see many stuffs made by ancient people. Watermelon-shaped potteries were very beautiful. I wanted to come there again with my parents next time.

55
③ My class left with other class at the same time. However, my class arrived earlier than other. The transitional conjunctive is needed to express the reversed situation. Thus, the conjunctive like '그러나', '하지만' should be used.

56
① The writer says that he wants to come again with his parents after coming back from the school field trip. It can be seen in the last sentence.

Wrong answer explanation

② There was a story that the writer was surprised by seeing a wolf-shaped sculpture, but it cannot be seen that the sculpture looked nice.
③ My class arrived earlier than other class.
④ Watermelon-shaped potteries were very beautiful, not rice bowl-shaped ones.

57 [글의 흐름 파악]

(다) 지난 주말 친구와 함께 영화관에서 영화를 보았습니다.

(나) 그런데 영화관에서 스마트폰을 잃어버렸습니다.

(라) 그때 옆자리에 앉아 영화를 보던 남자 아이가 제 스마트폰을 찾아 주었습니다.

(가) 스마트폰을 다시 찾아서 정말 다행이었습니다.

② '나'는 친구와 영화를 보고 영화관에서 스마트폰을 잃어버렸다. 옆자리에 앉았던 남자 아이가 스마트폰을 찾아 주었다. 스마트폰을 찾은 '나'는 다행이라고 생각했다.

(다) 上周末和朋友一起去电影院看电影了。

(나) 但是在电影院, 我把智能手机弄丢了。

(라) 那时, 坐我旁边的男孩子帮我找到了手机。

(가) 手机失而复得真是万幸。

② '我'和朋友看电影时, 在电影院把手机丢了。坐旁边的男孩子帮我找到了手机, 重新找到手机的'我'感到十分幸运。

(다) I saw a movie in a theater with my friend last weekend.

(나) However, I lost my cell phone in the theater.

(라) At that time, a boy seeing the movie next to me found my cell phone and returned it to me.

(가) It was just as well that I got my cell phone back.

② 'I' lost my cell phone in a theater while seeing a movie with my friend. A boy seating next to me found it and gave it back to me. 'I' thought that it was lucky to get it back.

58 [글의 흐름 파악]

(나) 꿀벌은 친구들에게 꿀이 있는 곳을 알려 주기 위하여 춤을 춥니다.

(가) 그런데 꿀이 있는 곳의 거리에 따라 춤을 다르게 춥니다.

(라) 만약 꿀이 가까운 곳에 있으면 빙글빙글 돌고, 먼 곳에 있으면 8자 모양을 그립니다.

(다) 다른 꿀벌들은 이러한 춤의 모양을 보고 꿀이 있는 곳으로 날아갑니다.

① 문맥의 흐름으로 보아 '벌이 춤을 추는 이유 – 거리에 따라 춤의 모양이 달라짐 – 거리에 따른 춤의 모양 – 다른 꿀벌을 꿀이 있는 곳으로 안내함'의 순서가 적절하다.

(나) 蜜蜂跳舞是为了告诉同伴哪里可以采蜜。

(가) 根据采蜜地点距离的远近, 跳出不同的舞蹈。

(라) 如果采蜜点距离很近就跳打圈圈舞, 距离远就跳8字形舞蹈。

(다) 蜜蜂们根据看到的舞蹈方式就可以找到采蜜地点。

① 从文章的脉络来看顺序应该是'蜜蜂跳舞的原因–距离不同舞蹈不同–距离不同舞形不同–告诉同伴采蜜点'。

(나) A honey bee dances in order to let his friends know where honey is.

(가) However, the bee dances differently according to distance how far honey is from him.

(라) If honey is near from the bee, he turns round and round. On the contrary, if honey is far from him, he draws the figure of eight.

(다) Other bees fly to the place where honey is after seeing the shape of dancing.

① From the flow of context, the order should be 'the reason that a bee dances – dancing shapes change according to the distance – shapes of dancing in accordance with the distance – guiding other bees to the place where honey is'.

[59~60]

> 봄이 오면 우리 마을에 여러 가지 꽃이 핍니다. (㉠) 학교 가는 길에는 노란 개나리가 활짝 핍니다. (㉡) 학교 운동장 가에는 목련이 하얗게 핍니다. 마을 앞산 이곳저곳에는 분홍 진달래가 핍니다. (㉢) 달콤한 수박과 참외가 많이 생산됩니다. 그리고 새콤달콤한 자두도 많이 나옵니다. (㉣)

59 [글의 사실적 이해]
③ 봄에는 개나리, 목련, 진달래 등의 꽃이 핀다. 참외와 수박, 자두는 여름에 생산되는 과일이다. 봄이 끝나고 여름에 해당하는 내용 전개 부분에 제시된 문장 '여름이 되면 우리 마을에는 맛있는 과일이 생산됩니다.'를 넣는 것이 적절하다.

60 [글의 사실적 이해]
② '달콤한 수박과 참외가 많이 생산됩니다.'에서 수박과 참외는 모두 맛이 달콤함을 알 수 있다.

> 春天一到我们村里就会盛开各种鲜花。(㉠) 去学校的路上盛开着黄色迎春花。(㉡) 学校操场边上盛开着白色的玉兰花。村前山上到处开满了粉红色的金达莱花。(㉢) 香甜的西瓜和甜瓜也硕果累累，还有酸甜的杏子挂满枝头。(㉣)

59
③ 在春天会盛开迎春花，玉兰，金达莱花等鲜花。而甜瓜，西瓜和杏是夏天收成的水果。所以 '到了夏天，我们村会收获很多果实' 这句话应该放在春逝夏至的语境当中。

60
② 从 '收获很多香甜的西瓜和甜瓜' 能看出西瓜和甜瓜味道都很香甜。

> When spring comes, many kinds of flowers bloom in my town. (㉠) Yellow forsythias bloom on the way to school. (㉡) There are white magnolias along the school playground. Pink azaleas bloom throughout the mountain in front of my town. (㉢) Sweet watermelons and oriental melons are produced a lot. And sweet and sour plums are also harvested well. (㉣)

59
③ In spring, forsythias, magnolias, azaleas and other flowers are in full bloom. Oriental melons, watermelons and plums are fruits produced in summer. It is proper to put the suggested sentence that 'When summer comes, delicious fruits are produced in my town.' into the section that spring ends and summer starts.

60
② In the sentence 'Sweet watermelons and oriental melons are produced a lot.', it can be known that both watermelons and oriental melons taste sweet.

[61~62]

> 오늘은 우리 반의 학급 도우미를 정했습니다. 먼저, '칠판 청소 도우미'는 쉬는 시간에 칠판을 지우고 칠판지우개를 깨끗이 (㉠) 합니다. 그리고 칠판 주위도 깨끗하게 정리해 놓아야 합니다. '학습 도우미'는 수업 시간에 함께 사용하는 학습 도구를 모둠별로 나누어 주거나 걷습니다.

61 [빈칸 채우기]
① 지우개로 칠판을 지우면 칠판지우개가 지저분해진다. 따라서 칠판지우개를 털어야 깨끗해진다.

62 [글의 사실적 이해]
④ '칠판 청소 도우미'는 칠판을 깨끗이 닦고, 지우개를 털어 놓고 주위도 청결하게 해야 한다.

① 학급 도우미는 오늘 정했다.

② '학습 도우미'는 학습 도구를 나누어 주고 걷는 일을 한다.

今天我们班选定了班级值日生。'卫生值日生'负责在休息时间把黑板擦净并（　㉠　）干净黑板擦，还要把黑板周围也清理干净。'学习值日生'负责分发和收回上课时需要的学习工具。

61
① 黑板擦使用后会变脏，所以需要把黑板擦抖干净。

62
④ '卫生值日生' 应该把黑板擦干净后，抖净黑板擦，同时把黑板周围打扫干净。

① 班级值日生是今天确定的。

② '学习值日生' 负责分发和收回学习工具。

Today, assistants for my class were chosen. First, a 'blackboard cleaning assistant' should erase a blackboard and (　㉠　) an eraser clean. He has to arrange around the blackboard neatly. A 'learning assistant' should hand out and take back learning tools which are used during class.

61
① After erasing a blackboard with an eraser, the blackboard eraser gets dirty. Thus, the eraser should be brushed to be clean.

62
④ A 'blackboard cleaning assistant' should clean a blackboard, brush an eraser and arrange around the board neatly.

① Class assistants were selected today.

② A 'learning assistant' hands out and takes back learning tools.

[63~64]

오늘도 저희 놀이동산을 찾아 주셔서 감사합니다.

놀이동산의 시설을 이용하실 때에 주의할 점에 대해 잠시 안내해 드리겠습니다.

어제 내린 비로 대부분의 놀이 기구에는 물기가 남아 있어 미끄럽습니다. 이용 시 조심하시기 바랍니다. 특히 청룡 열차를 타실 때에는 공중에서 회전하는 동안 몸에 지닌 물건이 밖으로 떨어지지 않도록 주의하십시오. 그럼 오늘도 안전하고 즐거운 시간 보내시기 바랍니다.

행복 놀이동산

63 [글의 사실적 이해]
④ 제시문은 시설 이용 시 주의 사항을 안내하는 내용이다. 특히 비가 온 뒤라 미끄러우니, 놀이 기구를 탈 때 주의하라고 부탁하고 있다.

64 [글의 사실적 이해]
④ 어제 비가 와서 놀이 기구에 아직도 물기가 남아 있어 미끄러짐을 조심하라고 말하고 있다. 특히 청룡 열차를 탈 때에 물건이 떨어지지 않도록 조심하라고 주의를 주고 있다.

感谢大家今天来到游乐场。下面我讲解一下游乐场安全注意事项。因为昨天下雨了，所以很多游乐设备上有雨水会很滑。希望大家在使用时要小心。特别在坐青龙过山车时要注意防止在空中旋转时把随身物品甩出。祝大家今天玩得开心。

幸福游乐场

63
④ 上文说的是使用设备时的注意事项，特别是雨后很滑，使用游乐设施时要注意。

64
④ 因为昨天下雨游乐设备很滑，提醒坐青龙过山车时注意物品掉落。

Thank you for visiting to our amusement park.

I will tell you about precautions when using facilities in this amusement park.

Most of rides are slippery due to the moisture caused by yesterday's rain. Please beware of skidding while riding. Especially, take care of your belongings not to be dropped outside while a roller coasters is looping in the air. Be safe and have fun today.

Happy Amusement Park

63

④ The passage gives you precautions related to using facilities in the park. Especially, it says that carefulness is required for rides because they are very slippery due to yesterday's rain.

64

④ The writer says that people should be careful of slippery floor because the moisture caused by yesterday's rain remains yet. Especially, he warns not to make belongings dropped when riding a roller coaster.

[65~66]

먼 옛날에는 산이 높고 숲이 많은 우리나라에 호랑이가 아주 많이 살았습니다. 그래서 사람들은 우리나라를 대표하는 동물로 호랑이를 (㉠). 하지만 숲이 파괴되고 사람들이 총으로 사냥을 하게 되면서 호랑이는 멸종 위기에 놓이게 되었다고 합니다.

65 [빈칸 채우기]

① '꼽다'는 '지목하다'의 뜻이다. 문맥으로 보아 ㉠에는 과거 시제가 들어가야 한다. '꼽다'의 과거 시제는 '꼽았다'이다. 따라서 '꼽았습니다'가 적절하다.

66 [글의 사실적 이해]

② 숲의 파괴와 사냥꾼으로 인해 호랑이가 멸종 위기에 놓이게 되었다는 것은 호랑이의 숫자가 많지 않음을 의미한다.

我国古代山高树多生活着很多老虎，所以人们（ ㉠ ）老虎作为代表我国的代表动物。但是随着对森林的破坏和人们的捕猎，老虎面临着灭绝的危机。

65

① '꼽다'是'指定'的意思。从文脉来看 ㉠里应该使用过去时 '꼽다'的过去时是 '꼽았다'，所以此处应该填写 '꼽았습니다'。

66

② 由于森林的破坏和捕猎等原因，老虎面临着灭绝的危机，就意味着老虎的数量不多了。

A long time ago, many tigers lived in my country where there were high mountains and many forests. Thus, people (㉠) the tiger as a national symbolic animal. However, as forests were destroyed and many hunters poached tigers with guns, tigers have been endangered.

65

① '꼽다' means 'point out'. Following the context, the past tense is needed in ㉠. The past tense of '꼽다' is '꼽았다'. Thus, '꼽았습니다' is the right answer.

66

② 'Tigers are endangered by destroyed forests and hunters' means that there are not many tigers remained.

much and forests can be preserved.

68

③ If we recycle paper cups, we don't have to cut trees a lot. Thus, it can be known that trees can be protected.

[67~68]

> 사용한 종이컵은 재활용할 수 있습니다. 종이컵을 재활용하여 화장지나 종이봉투 등 다른 물건을 만들 수 있습니다. 종이컵 65개로 화장지 한 개를 만들 수 있습니다. 그래서 종이컵을 재활용하면 (㉠). 종이컵의 재료가 되는 나무를 많이 베지 않아도 되기 때문입니다.

67 [빈칸 채우기]
② 나무를 많이 베면 숲이 파괴된다. 종이컵은 나무로 만들기 때문에 종이컵을 재활용하면 그만큼 나무를 베지 않아도 되므로 숲을 살릴 수 있다.

68 [글의 사실적 이해]
③ 종이컵을 재활용하면 나무를 많이 베지 않아도 되므로 나무가 보호됨을 알 수 있다.

> 使用过的纸杯可回收再利用。回收后可以做成手纸和纸袋，65个纸杯可以做一卷手纸。纸杯的原材料是树，所以回收纸杯可以减少伐树。

67
② 伐树过多会破坏森林。因为纸杯的原材料是木材，纸杯的回收再利用可以减少伐树。

68
③ 纸杯回收再利用可减少伐树，保护树木。

> Used paper cups can be recycled. Many things like toilet paper and paper bags can be made by made by recycling 65 paper cups. Thus, if people recycling paper cups. One roll of toiler paper can be recycle paper cups, (㉠). This is because trees which are used for a raw material of paper cups do not need to be trimmed a lot.

67
② If trees are trimmed a lot, forests are destroyed. Paper cups are made by trees, so if people recycle paper cups, trees don't have to be trimmed that

[69~70]

> 저는 지난 주말 부모님과 함께 할머니 댁으로 놀러 갔습니다. 할머니께서 메주를 방에 매달아 놓으셨습니다. 할머니께서는 메주가 익으면 된장을 담그십니다. 저는 할머니께서 끓여 주시는 된장찌개를 좋아합니다. 저는 할머니께서 정성으로 담그신 된장으로 만든 된장찌개를 (㉠) 앞으로는 고마운 마음으로 먹어야겠다고 생각했습니다.

69 [빈칸 채우기]
① 나는 된장찌개를 먹으면서 할머니의 정성에 감사하고 있다. 동사 '먹다'에 '동시에 겸하여 있음'을 의미하는 연결 어미 '-면서'가 붙는 표현이 빈칸에 들어갈 말로 적절하다.

70 [글의 사실적 이해]
① 메주는 콩을 익혀서 만들며 메주가 익으면 된장을 만들어 된장찌개를 만들어 먹는다. 바로 만든 메주로 된장을 담그는 것이 아니다. 이는 제시문의 두 번째 문장 '할머니께서는 메주가 익으면 된장을 담그십니다.'에서도 알 수 있다.

> 上个周末我和父母一起去奶奶家了。奶奶把豆酱饼挂在房间里，豆酱饼发酵后奶奶会用它来做大酱。我(㉠)奶奶做的大酱汤，一边想 我以后应该怀着感激之情喝大酱汤，因为它是用奶奶精心制作的大酱熬成的。

69

① 我在喝大酱汤的同时，内心充满了对奶奶的感激之情。动词‘먹다(吃)’后跟表示动作同时进行的连接词尾‘-면서(一边…一边…)’填在（ ㉠ ）处会使前后文链接流畅。

70

① 豆子发酵后成为豆酱饼，豆酱饼发酵后做成大酱，再把大酱做成大酱汤。刚刚做成的豆酱饼并不能直接拿来做大酱。这个可从上文‘奶奶说豆酱饼发酵后做大酱’推测出来

I visited my grandmother with my parents last weekend. My grandmother hung Meju in the room. She makes Doenjang after Meju is fermented. I like Doenjang stew cooked by her. While I (㉠) Doenjang stew made of Doenjang which my grandmother made with all her heart, I thought that I would eat it in gratitude from now on.

69

① I thank for my grandmother's sincerity while eating Doenjang stew. The expression that the connective ending '-면서', which means that actions are being performed at the same time, is linked to the verb '먹다' can be the right answer.

70

① Meju is made by boiling beans, and after it is fermented, people make Doenjang and Doenjang stew, then eat them. Doenjang cannot be made by newly-made Meju. This can be known in the second sentence of the passage 'My grandmother makes Doenjang after Meju is fermented.

제2회 실전 모의고사   본문 pp. 179~203

1	①	2	④	3	①	4	②	5	③
6	①	7	③	8	②	9	①	10	④
11	④	12	③	13	①	14	①	15	②
16	④	17	③	18	②	19	③	20	③
21	②	22	②	23	②	24	④	25	③
26	③	27	④	28	②	29	③	30	④
31	②	32	③	33	③	34	③	35	③
36	①	37	②	38	①	39	④	40	①
41	④	42	④	43	②	44	④	45	③
46	③	47	④	48	③	49	③	50	①
51	③	52	③	53	④	54	④	55	③
56	④	57	①	58	①	59	②	60	④
61	②	62	③	63	①	64	③	65	③
66	②	67	④	68	②	69	③	70	②

듣기 [01번~30번]

01 [이어지는 내용 유추]

🎧 듣기 대본

여자: 연필이 있어요?
남자: _____

① 연필의 있고 없음을 묻고 있다. 긍정의 대답은 '예, 있어요', 부정의 대답은 '아니요, 없어요'가 적절하다.

女: 有铅笔吗？
男: _____

① 问有没有铅笔。肯定的回答‘예, 있어요(是的, 有)’, 否定的回答‘아니요, 없어요(不, 没有)’。

W: Do you have a pencil?
M: _____

① The woman is asking whether the man has a pencil or not. Right answer is '예, 있어요.' for positive and '아니요, 없어요.' for negative.

02 [이어지는 내용 유추]

🎧 듣기 대본

> 여자: 요리 잘 해요?
> 남자: _____

④ 요리를 잘 할 수 있는지 묻고 있다. 긍정은 '예, 잘해요', 부정은 '아니요, (잘) 못 해요' 혹은 '할 줄 몰라요'이다.

> 女: 做菜做得好吗？
> 男: _____

④ 问是否擅长做菜。肯定的回答: '예, 잘해요(是的, 做得很好)', 否定的回答是: '아니요, (잘) 못 해요(不, 做得不好)' 或 '할 줄 몰라요(不, 不会做)'。

> W: Can you cook well?
> M: _____

④ The woman is asking whether the man is good at cooking or not. The positive answer is '예, 잘해요.' and the negative answer is '아니요, (잘) 못 해요.' or '할 줄 몰라요.'

03 [이어지는 내용 유추]

🎧 듣기 대본

> 남자: 언제 갈 거예요?
> 여자: _____

① '언제'로 보아 가는 때(시간)를 묻고 있다. 이에 대한 답은 '시간+가다'의 형태이다. 이때 사용할 수 있는 시간 부사는 지금(현재 – 지금 가요) 혹은 내일(미래 – 내일 갈 거예요)이다.

> 男: 什么时候走？
> 女: _____

① 从问句中的 '언제(什么时候)' 来看，该句子是关于时间的。回答时应该使用 '时间+가다(走)' 的形式。这里可以使用的时间副词是现在(现在时-现在就走) 或明天(将来时-明天要走)两种。

> M: When will you go?
> W: _____

① The man is asking '언제(when)', what time to leave. The answer to this question has to be '시간+가다'. The time adverb '지금(the present – I'm going just now.)' or '내일(the future – I will go tomorrow.)' can be used in this case.

04 [이어지는 내용 유추]

🎧 듣기 대본

> 여자: 이 영화 언제 개봉했어요?
> 남자: _____

② 영화가 개봉된 시간(때)을 묻고 있다. 과거 시제로 묻고 있으므로 대답도 과거 형태로 해야 한다. 과거 시간 부사 '어제'와 호응하는 과거 시제 '~했다'가 짝지어 나와야 적절하다.

> 女: 这个电影什么时候上映的啊？
> 男: _____

② 问电影上映的时间。因为问句使用的是用过去时, 所以回答时应该用过去时间副词 '어제(昨天)'连接过去时制 '-했다'。

> W: When was this movie released?
> M: _____

② The woman is asking the time(the moment) when the movie is released. She used the past tense for asking, so the past tense should be used for the answer, too. The past tense '~했다' is matched with the past time adverb '어제(yesterday)'.

05 [이어지는 내용 유추]

🎧 듣기 대본

> 남자: 주문하신 음식 나왔습니다.
> 여자: _____

③ 주문한 음식이 나왔다는 말에 대한 적절한 대답은 '싫다', '좋다'가 아니라 '감사하다'이다.

> 男: 您点的菜好了。
> 女: _____

③ 对'您点的菜好了'的正确回答应该是'감사하다 (谢谢)', 而不是'싫다(讨厌)'或'좋다(喜欢)'。

> M: Here's your order.
> W: _____

③ Right answer to the sentence 'Here's your order.' is not '싫다, 좋다' but '감사하다'.

06 [이어지는 내용 유추]

🎧 듣기 대본

> 여자: 신분증 좀 보여주세요.
> 남자: _____

① 신분증을 요청하는 말에 대한 대답은 '제시하다'의 뜻을 지닌 '여기~있다'가 적절하다.

🎓오답풀이

② '모르다'는 아는지 모르는지를 물어볼 때 가능한 대답이다.

> 女: 请出示一下您的身份证件。
> 男: _____

① 当别人向自己要求某种物品时, 回答应该使用'여기…있다'的形式, 意为'给您……'。

🎓误答解析

② '모르다(不知道)'是对问知不知道句的回答。

> W: Show me your identification, please.
> M: _____

① Right answer to asking I.D. is '여기 ~있다(Here ~ is)' which means '제시하다(present)'.

🎓 Wrong answer explanation

② '모르다(don't know)' is a possible answer when asking whether he knows or not.

07 [대화의 장소 또는 화제 파악]

🎧 듣기 대본

> 남자: 여기 뭐가 맛있어요?
> 여자: 갈비탕이 맛있어요.

③ '갈비탕이 맛있다'는 여자의 대답으로 보아 남자의 물음에서 '여기'는 음식을 파는 곳임을 알 수 있다. 음식을 파는 곳은 '식당'이다.

> 男: 你们这里有什么好吃啊？
> 女: 排骨汤不错。

③ 从女人的回答'排骨汤好吃'来推断, '여기(这里)' 应该是饭店。

> M: What is the most delicious dish here?
> W: Galbi-stew is good.

③ It can be known that 'here' in the man's question is a place where dishes are served according to the woman's answer 'Galbi-stew is good'. A place where dishes are served is a restaurant.

08 [대화의 장소 또는 화제 파악]
🎧 듣기 대본

> 남자: 무슨 약을 드릴까요?
> 여자: 감기약을 주세요.

② '감기약'을 달라는 여자의 말로 보아 대화가 이루어지는 곳이 '약국'임을 알 수 있다.

> 男: 需要点什么药?
> 女: 感冒药。

② 从女的要求男的给自己 '감기약(感冒药)' 来推断, 对话地点应该是 '약국(药店)'。

> M: What kind of medicine do you want?
> W: Some cold medicine, please.

② A place where the conversation occurs is a '약국(drugstore)' according to the woman's answer requesting some cold medicine.

09 [대화의 장소 또는 화제 파악]
🎧 듣기 대본

> 남자: 이 계좌에 50만 원 넣어 주세요.
> 여자: 네, 50만 원 입금되었습니다.

① 돈과 관련된 일 처리를 뜻하는 '계좌', '입금'이라는 어휘로 보아 대화가 이루어지는 공간이 '은행'임을 알 수 있다.

> 男: 请在这存折里存50万。
> 女: 好的, 50万存好了。

① 从 '통장(存折)', '입금(存钱)' 等词语来推断, 对话地点应该是在 '은행(银行)'。

> M: Please deposit five hundred thousand won in this account.
> W: Okay, five hundred thousand won is paid in.

① It can be known that the conversation is taking place in a 'bank' according to terms like 'account', and 'deposit' which have to do with money.

10 [대화의 장소 또는 화제 파악]
🎧 듣기 대본

> 여자: 요즘에는 사람들이 제주도로 여행을 많이 가요.
> 남자: 그래요? 그럼 제주도행 비행기 표 두 장 주세요.

④ 남자가 '비행기 표'를 사려고 하는 것으로 보아 대화가 이루어지는 공간이 '여행사'임을 알 수 있다. 비행기가 도착하거나 떠나는 시간, 입구나 출구 등의 내용이 나올 경우에는 '공항'이 적절하다.

> 女: 最近有很多人去济州岛旅行。
> 男: 是吗? 那就请给我两张去济州岛的机票。

④ 从男的买 '비행기표(机票)' 的行为来推断, 对话地点应该是在 '여행사(旅行社)'。因为对话如果发生在 '공항(机场)' 的话, 应该会出现飞机抵达或出发时间, 入口, 出口等内容。

> W: Nowadays, many people travel to Jeju-do.
> M: Really? Then, I will buy two airline tickets to Jeju-do.

④ The conversation is taking place in a '여행사(travel agency)' according to the fact that the man is going to buy '비행기표(airline tickets)'. An '공항(airport)' is the right answer if arriving or leaving time of an airplane and entrance or exit gates are suggested.

11 [대화의 장소 또는 화제 파악]

🎧 듣기 대본

> 여자: 이 운동화 정말 예쁘네요. 저도 사고 싶
> 어요.
> 남자: 고마워요. 지난주 홈쇼핑에서 샀어요.

④ 발에 신고 땅을 딛고 다니는 물건을 '신발'이라고
한다. '운동화'는 이러한 신발의 한 종류이다.

> 女: 这款运动鞋真漂亮, 我也想买。
> 男: 谢谢。上周从电视购物的。

④ '신발(鞋)'是指穿在脚上, 便于走路的东西。'운동
화(运动鞋)'是鞋的一种。

> W: These sneakers are very beautiful. I want to buy
> them, too.
> M: Thank you. I bought them on a home shopping
> channel last week.

④ '신발(shoes)' are what people wear on foot and
walk on the ground. '운동화(sneakers)' are a kind of
shoes.

12 [대화의 장소 또는 화제 파악]

🎧 듣기 대본

> 남자: 색깔, 크기, 가격 모두 마음에 들어요. 한
> 번 메 봐도 돼요?
> 여자: 그럼요. 한번 메 보세요.

③ 어휘 '메다'로 보아 대화의 소재는 가방이다. 가방
은 보통 어깨에 메거나 손에 든다.

> 男: 颜色, 尺码, 价格都很满意, 可以背一下试
> 试吗?
> 女: 可以, 背一下试试吧。

③ 从词汇 '메다(背)'这个词语来看谈论的对象应该

是包。'가방(包)'一般是指背在两个肩膀上的物品。

> M: I like all of color, size and price. Can I try this
> on?
> W: Sure, try it on.

③ The topic of this conversation is a bag according to
the word '메다'. A bag usually is carried on a shoulder
or held with a hand.

13 [대화의 장소 또는 화제 파악]

🎧 듣기 대본

> 여자: 둘 중에 어느 것이 더 비싼가요?
> 남자: 파란색이 더 비쌉니다.

① '싸다', '비싸다'는 가격과 관련된 말이다. 구체적인
아라비아 수가 나왔을 경우 '숫자'도 답으로 가능하다.

> 女: 这两个中哪个更贵啊?
> 男: 蓝色的更贵。

① '싸다(便宜)', '비싸다(贵)'是关于价格的词语。如问
句中出现具体数字, 也可用数字回答。

> W: Which one is more expensive between two of
> them?
> M: The blue one is more expensive.

① '싸다(cheap)' and '비싸다(expensive)' are related
to price. The figure can be the answer if specific
Arabic numbers are suggested.

14 [대화의 장소 또는 화제 파악]

🎧 듣기 대본

> 남자: 여기는 서울특별시 강남구 청담동입니다.
> 여자: 그렇군요. 금방 가겠습니다.

① 구체적인 지명으로 보아 남자는 여자에게 주소를
알려 주고 있음을 알 수 있다.

男: 这里是首尔特别市江南区清潭洞。

女: 好的，马上过去。

① 从男的说明详细地址的行为来推断，男的在告诉女的具体地址。

M: It is located in Cheongdam-dong, Gangnam-gu, Seoul-si.

W: Okay, I will be there soon.

① The man mentions specific place names. He is letting the woman know the address.

15 [대화 상황에 알맞은 그림 파악]

🎧 듣기 대본

남자: (다급하게) 잠시만 기다려 주세요. 이 엘리베이터 짝수층 운행하지요?

여자: 네, 빨리 타세요.

② 남자의 '잠시 기다려 달라'는 말과, 여자의 '빨리 타라'는 말로 보아 남자가 엘리베이터를 타려고 하는 상황임을 알 수 있다.

男: (急切地) 请稍等一下。这个电梯是去双数楼层的电梯吗？

女: 是的，请快点上来。

② 从 '잠시 기다려 달라(请等一下)'和 '빨리 타라(请快上来)' 这一组对话来推断，对话的场景是在坐电梯时发生的。

M: (in a hurry) Wait a second, please. Does this elevator stop on even-numbered floors?

W: Yes, get this on quickly.

② It is the situation that the man is about to getting on the elevator according to his saying that '(기다려 달라) Wait a second.' and the woman's saying that '(빨리 타라)Get on quickly.'

16 [대화 상황에 알맞은 그림 파악]

🎧 듣기 대본

여자: (놀란 듯이) 어머! 죄송합니다. 제가 그만 실수로 커피를 흘렸네요. 이걸 어쩌죠?

남자: 괜찮습니다. 커피가 묻은 옷은 세탁하면 되죠.

④ 여자가 실수로 남자의 옷에 커피를 흘린 대화 상황이다. 여자의 사과에 남자는 괜찮다고 말하고 있다.

女: (惊讶地)啊! 对不起。我不小心把咖啡洒了, 怎么办啊？

男: 没关系。溅上咖啡的衣服只要洗一下就行了。

④ 是关于女的因失误洒到男的衣服上咖啡的对话。女的道歉, 男的说没关系。

W: (being surprised) Oh! I'm so sorry. I spilt my coffee by mistake. What can I do?

M: That's okay. Coffee-stained clothes can be washed.

④ In the conversation, the woman spilt her coffee on the man's clothes by mistake. He is saying that he's okay about her apologies.

17 [대화 상황과 같은 내용 파악]

🎧 듣기 대본

여자: 이 집 음식 맛이 어땠어요?

남자: 좋았어요. 된장찌개가 제일 맛있었어요. 된장찌개를 어떻게 만들었는지 물어보고 싶을 정도였어요.

여자: 그렇군요. 저는 김치가 가장 맛있었어요.

③ 여자와 남자는 식당에서 음식을 먹은 후 음식이 맛있었다고 말하고 있다. 남자는 된장찌개가 제일 맛있었다고 말했고, 여자는 김치가 가장 맛있었다고 말했다.

② 여자와 남자는 이미 밥을 먹고 난 후이다.

④ 남자는 된장찌개 만드는 방법을 물어보지는 않았다.

女: 这家的菜味道怎么样?

男: 很好吃, 特别是大酱汤最好吃。我都想问一下大酱汤是怎么做的。

女: 是吗, 我觉得泡菜最好吃。

---

③ 男的和女的在一家饭店吃完饭后称赞这家饭店的菜做得好吃。男的说大酱汤好吃, 女的说泡菜好吃。

② 男的女的和已经吃完饭了。

④ 男的没有问大酱汤的做法。

W: How was the food in this restaurant?

M: It was great. Doenjang-stew was the most delicious. I even wanted to ask how to make it.

W: Well, Kimchi-stew was the best for me.

---

③ They are talking about delicious foods after having a meal in a restaurant. It is said that Kimchi-stew was the most delicious for the man, and Doenjang-stew for the woman.

② They already finished eating.

④ The man didn't ask how to cook Doenjang-stew.

---

18 [대화 상황과 같은 내용 파악]

🎧 듣기 대본

남자: 선나 씨, 한국어 과제 다 했어요?

여자: 아니요. 요즘 바빠서 못했어요. 이제 집에 가서 해야죠. 진호 씨는 다 했어요?

남자: 네. 저는 다 했어요. 도움 필요하시면 말해 주세요.

여자: 네, 감사합니다. 모르는 것 있으면 물어볼게요.

---

② 여자는 요즘 바빠서 한국어 과제를 못했다. 남자는 한국어 과제를 다 끝내고 여자의 한국어 과제를 도와주겠다고 말하고 있다.

③ 여자가 모르는 한국어가 많다는 내용은 없다.

④ 여자는 모르는 것이 있으면 남자에게 물어보겠다고 말하고 있다.

男: 善娜, 韩语作业做完了吗?

女: 没有, 最近太忙了没做完呢。现在就回家做, 陈浩你都做完了吗?

男: 是, 我都做完了。需要帮忙的话就告诉我。

女: 好的。有不会的地方我就问你。

---

② 女的有点忙没做作业, 男的说作业都做完了, 可以帮助女的做作业。

③ 对话中没有提及女的有很多不明白的韩语。

④ 女的说有不会的地方就问男的。

M: Sunna, did you finish Korean assignment?

W: No, I'm so busy nowadays that I cannot. I'm going to do it when going home. Did you do it, Jinho?

M: Yes, I did. Please let me know if you need my help.

W: I will. Thank you so much. I will ask you if I have a question.

---

② The woman couldn't do Korean assignment since she has been busy. The man who already finished it is saying that he will help her to do the assignment.

③ It isn't mentioned that she doesn't know Korean well.

④ she says that she will ask him if she has anything that she doesn't know.

19 [대화 상황과 같은 내용 파악]

🎧 듣기 대본

> 남자: 어디가 아파서 오셨어요? 배가 아프신가요?
>
> 여자: 배는 아프지 않고 머리가 아파서 왔습니다. 목도 좀 아프네요.
>
> 남자: 언제부터 아프셨죠? 오래 되셨나요?
>
> 여자: 아니요. 어제부터 아팠습니다.

③ 여자가 아픈 곳은 '머리'와 '목'이다. '도'는 '역시'라는 뜻을 가진 보조사로, '목'도 아프다는 것을 의미한다.

🎓 오답풀이

①, ② 아픈 사람은 남자가 아니라 여자이다.

④ 남자가 여자를 진료하고 있다.

> 男: 您哪里不舒服啊？肚子疼吗？
>
> 女: 肚子不疼，是头疼。嗓子也有点疼。
>
> 男: 从什么时候开始疼的？很长时间了吗？
>
> 女: 时间不长。从昨天开始疼的。

③ 女的不舒服的地方是 '머리(头)' 和 '목(嗓子)'。补助词 '도' 是 '也' 的意思，可以知道女的除了头疼以外, '목(嗓子)' 也疼。

🎓 误答解析

①, ② 身体不舒服的人不是男的，而是女的。

④ 男的在为女的诊治。

> M: What brings you in? Do you have a stomachahe?
>
> W: No, I don't, but I have a headache and a little sore throat, too.
>
> M: Since when have you been sick? Have you had it long?
>
> W: No, I have been sick since yesterday.

③ The woman has a pain in her 'head' and 'throat'. The auxiliary postposition '도' has the meaning of 'too' or 'also', and it lets you know that she also has a sore throat.

---

①, ② The person who has a pain is not the man but the woman.

④ The man is treating the woman.

20 [대화 상황과 같은 내용 파악]

🎧 듣기 대본

> 여자: 다음 주에 제주도로 여행을 가려고 합니다. 뭘 준비해야 할까요?
>
> 남자: 제주도에는 비가 많이 와요. 그래서 저는 우산을 갖고 갔었어요.
>
> 여자: 네. 다음 주 제주도에 비가 온다고 했어요.
>
> 남자: 그래요. 우산을 꼭 가져가세요.

③ 다음 주에 제주도 여행을 가려고 하는 사람은 여자이다. 남자가 '우산을 가지고 갔었다'라고 대답하는 것으로 보아 남자는 이미 제주도 여행 경험이 있음을 알 수 있다.

🎓 오답풀이

④ 남자가 제주도에 살고 있다는 것은 알 수 없다.

> 女: 下周打算去济州岛旅行，需要准备些什么呢？
>
> 男: 济州岛经常下雨，所以我以前是带雨伞去的。
>
> 女: 是？据说下周济州岛有雨。
>
> 男: 是吗，那一定要带伞去。

③ 下周打算去济州岛的人是对话中的女方。从男的所说的 '以前是带雨伞去的' 的话来推断男的有去济州岛旅行的经验。

🎓 误答解析

④ 对话中没提及男的生活在济州岛。

> W: I'm going to travel to Jeju-do next week. What should I prepare?
>
> M: It often rains there, so I brought my umbrella.
>
> W: Yes, it is said that it would rain there next week.
>
> M: Right, you had better take your umbrella.

③ The person who is going to travel to Jeju-do is the woman. The man already has been there according to his saying that 'I brought my umbrella'.

🎓 Wrong answer explanation

④ It cannot be known from the dialog that he is living in Jeju-do.

21 [대화 상황과 같은 내용 파악]

🎧 듣기 대본

> 남자: 아주머니, 돈이 좀 모자라요. 물건값을 조금만 깎아 주실 수 있나요?
>
> 여자: 알았어요. 학생 인상이 좋아서 깎아 주는 거예요.
>
> 남자: 감사합니다! 다음에 친구들과 함께 물건 사러 또 올게요.
>
> 여자: 그래요. 친구들한테 잘 말해서 같이 사러 와요.

② 남자는 혼자 물건을 사러 왔다. 그런데 돈이 모자라서 여자에게 깎아 달라고 부탁을 했다. 여자는 남자의 인상이 좋다고 말하면서 남자의 부탁을 들어 주었다. 원래 가격보다 싸게 물건을 산 남자는 고마운 마음으로, 친구들과 다시 물건을 사러 오겠다고 여자에게 말하고 있다.

> 男: 阿姨, 我的钱不够了。能给便宜一点吗?
>
> 女: 好的, 看你这个学生面善就给你便宜的。
>
> 男: 谢谢! 下次再和朋友一起来。
>
> 女: 好的, 请跟朋友好好宣传一下, 一起光顾。

② 男的来买的东西, 但是钱不够央求了阿姨给便宜一点。女的说男的面善给便宜了, 男的很感激了。说下次会和朋友再来。

> M: Madam, I'm short of money. Could you give me a discount?
>
> W: Okay, I'll give you a discount because you have a good impression.

> M: Thank you so much! I will come here again with my friends next time.
>
> W: Yes, please come again with them.

② The man came alone to buy something, but he asked the woman to give him a discount because he didn't have enough money. She complied with his request saying that he had a good impression. He who bought things at a lower price than original said that he would come again there with his friends.

22 [중심 생각 파악]

🎧 듣기 대본

> 남자: 이 학교 학생들은 모두 공부를 열심히 하는 것 같아요. 공부 분위기가 정말 좋아 보여요.
>
> 여자: 네. 그래서 학부모들이 좋아해요. 학생들 스스로 공부를 열심히 해요. 그리고 모르는 것을 서로 묻고 알려 주면서 공부를 해요.
>
> 남자: 제 아들도 나중에 크면 이 학교에 보내야겠어요.
>
> 여자: 그래요. 후회하지 않으실 거예요.

② 남자는 이 학교의 공부 분위기가 좋은 것을 보고 자신의 아들을 이 학교에 보내고 싶어 한다. 여자는 남자의 이러한 마음을 지지하고 있다.

> 男: 这个学校的学生好像学习都很努力的样子。学习气氛真的很好。
>
> 女: 是的, 所以学生家长都很满意。学生都会主动地努力学习, 有不会的地方就相互交流学习。
>
> 男: 我儿子大了我就要送他来这个学校。
>
> 女: 好的, 你绝对不会后悔的。

② 男的看到这个学校学习气氛很好，决定以后把儿子送到这所学校。女的支持男的观点。

> M: It seems that all students in this school study hard. It's likely that the academic atmosphere is very good.
> W: Yes, so parents like it. Students study very hard by theirselves, and by asking questions and teaching each other.
> M: I will make my son study here when he grows up.
> W: Yes, you will not regret.

② The man wants to send his son to this school after seeing that the academic atmosphere is very good. The woman supports his decision.

23 [중심 생각 파악]
🎧 듣기 대본

> 여자: 이번 시험 어렵지 않았어요?
> 남자: 네. 지난번 시험보다 어려웠어요. 주관식 문제가 많아서요.
> 여자: 맞아요. 주관식 문제 때문에 저도 어려웠어요. 시간이 부족했어요.
> 남자: 네. 저도 그랬어요.

② 두 사람은 지난번보다 이번 시험이 더 어려웠다고 말하고 있다. 특히 주관식 문제가 많아 답을 쓸 시간이 모자랐다고 말하고 있다.

> 女: 这次考试难吗？
> 男: 是的，比上次考试难。主观题很多。
> 女: 对，我也觉得主观题很难。时间不够用的。
> 男: 是的，我也是。

② 两人说这次考试比上次难，特别是因为主观题太多时间不够用。

> W: This test was difficult, wasn't it?
> M: Yes, it was more difficult than last one, because there were lots of short-answer questions.
> W: Right, I thought that it was difficult because of them. I didn't have enough time to solve them all.
> M: Yes, I was, too.

② Two people say that this test was more difficult than last one. Especially, time wasn't enough to solve all of questions because there were too many short-answer questions.

24 [중심 생각 파악]
🎧 듣기 대본

> 여자: 왜 비싼 택시를 타세요? 버스가 더 싼데요.
> 남자: 중요한 약속이 있어서요. 버스를 타면 늦거든요.
> 여자: 그렇군요. 요즘 택시 요금이 많이 올랐어요.
> 남자: 택시가 비싸긴 해도 버스보다 빨리 갈 수 있거든요.

④ 여자는 남자에게 버스보다 요금이 비싼 택시를 타는 이유를 묻고 있다. 남자는 중요한 약속 때문에 늦지 않기 위해 버스보다 비싼 택시를 탄다고 대답하고 있다. 남자는 요금보다 약속 시간을 더 중요하게 생각하고 있음을 알 수 있다.

> 女: 为什么坐那么贵的出租车？公交车更便宜。
> 男: 因为我有重要的约会，坐公交车会迟到。
> 女: 这样啊。最近出租车价格涨了很多。
> 男: 打车虽然贵，但比公交车快多了。

④ 女的问男的出租车比公交贵，为什么要坐出租车。男的说，为了准时参加重要的约会，所以坐出租车。从对话中可以推断男的认为约会时间比车费更重要。

W: Why do you take a taxi which is expensive? A bus is cheaper than it.

M: I have an important appointment. I will be late if I take a bus.

W: Right. Nowadays, taxi fares have risen too much.

M: Although taxi fares are expensive, I can go faster than a bus.

④ The woman is asking to the man why he takes a taxi which is more expensive than a bus. He answers that he takes an expensive taxi rather than a bus in order not to be late for an important appointment. So, we can know that he considers an appointment time more important than money.

[25~26]

🎧 듣기 대본

여자: 지난 1년 동안 많은 분들이 저희 어린이집을 도와주셨습니다. 여러분들의 도움으로 저희 어린이집 아이들이 잘 지낼 수 있었습니다. 저희 아이들은 여러분의 도움을 생각하며 더 열심히 공부하고 있습니다. 이렇게 저희 어린이집을 위해 도움을 주신 여러분들께 다시 한 번 감사의 말씀을 드립니다.

25 [대화의 목적 파악]

③ 여러 사람들의 도움으로 어린이집 아이들이 잘 지내고 있다. 아이들은 도움을 준 사람들을 생각하며 열심히 공부하고 있다. 이러한 도움에 대해 여자는 여러 사람들에게 감사의 말을 전하고 있다.

26 [대화 상황과 같은 내용 파악]

③ 여러 사람들이 어린이집에 도움을 주었기에 아이들이 잘 지내며 공부도 열심히 하고 있다. 아이들은 이러한 도움을 마음속으로 생각하고 있다. 여자는 이러한 여러 사람들의 도움에 감사하고 있다.

女：过去的一年有很多人帮助过我们幼儿园。我们幼儿园的孩子在各位的帮助下都过得很好。孩子们时刻铭记各位的帮助，努力学习。再次表示感谢向帮助过我们幼儿园的各位人士。

25

③ 在各位的帮助下幼儿园的孩子们都过得很好。他们为了这些曾经帮助过他们努力学习。女子对这些帮助表达了感激之情。

26

③ 在各位的帮助下幼儿园的孩子们都过得很好，也在努力学习。孩子们从内心感激这些帮助。女的表示感激对各界人士的帮助。

W: For the past year, many people have helped our daycare center. Thanks to your helps, kids in this center have been fine. Our children study harder thinking about your helps. Thank you again for your helps.

25

③ The children in daycare center are doing well thanks to many people's assistances. Children study hard while thinking about people giving them helps. The woman is giving thanks to these people for their helps.

26

③ Children can be fine and study hard because many people gave them many helps. Children remember these helps. The woman is thankful to there helps.

[27~28]

🎧 듣기 대본

남자: 영희 씨, 내일이 어버이날인데 선물 준비한 거 있어요?

여자: 아니요. 뭘 해드릴지 생각중이에요. 뭐 준비한 거 있어요?

남자: 네. 저는 부모님이 운동을 좋아하셔서 자전거를 사드리려고 해요.

여자: 그렇군요. 정말 좋아하시겠어요. 저는 뭘 드리면 좋을까요?

남자: 영희 씨 부모님은 음악을 좋아하시잖아요. 음악 CD 어때요?

여자: 음, 좋은데요. 고마워요. 저는 음악 CD를 사드려야겠어요.

27 [대화의 중심 내용 파악]

④ 두 사람은 어버이날에 부모님께 드릴 선물에 대해 이야기하고 있다. 남자는 자전거를, 여자는 음악 CD를 사드리겠다고 말하고 있다.

28 [대화 상황과 같은 내용 파악]

③ 남자의 부모님은 운동을 좋아하신다. 그래서 남자는 어버이날 선물로 부모님께 자전거를 사드릴 생각을 하고 있다. 여자는 남자의 권유로 음악을 좋아하시는 부모님을 위해 음악 CD를 사려고 생각하고 있다. 남자와 여자 모두 아직 선물을 사지 않았다.

男: 英熙, 明天是父母节, 准备好礼物了吗?

女: 没有, 我正在考虑买什么呢, 你准备了吗?

男: 恩, 我父母喜欢运动, 所以打算给父母买自行车。

女: 好啊, 他们肯定会很喜欢的。我买点什么好呢?

男: 英熙, 你的父母不是喜欢音乐么, 买CD送给他们怎么样?

女: 嗯, 不错。谢谢, 那我买CD吧。

27

④ 两人在谈论父母节买什么礼物, 男的决定买自行车, 女的决定买CD。

28

③ 男的父母喜欢运动, 所以父母节他打算给父母买自行车。女的听了男的建议打算给喜欢音乐的父母买CD。两个人都还没买礼物。

M: Young-hee, tomorrow is the parents' day. Is there anything that you prepared?

W: No, I'm just thinking what I should give them. Did you prepare anything?

M: Yes, I'm going to buy them a bicycle because they like to do exercise.

W: That's good, they will like it. Can you recommend something to me?

M: Your parents like music, how about a music CD?

W: Oh, great! Thank you. I will buy a music CD.

27

④ They are talking about a gift which is given for their parents on parents' day. The man says he will buy a bicycle, and the woman says she will buy a music CD.

28

③ The man's parents like to do exercise, so he is thinking about a bicycle for a gift on parent's day. The woman is going to buy a music CD for her parents who like music by his suggest. Both of them didn't buy any gift yet.

[29~30]

🎧 듣기 대본

남자: 안녕하세요, 주문 도와드릴까요?

여자: 네. 비빔밥과 김치찌개 주세요.

남자: 네. 그리고 저희 식당은 감자전도 맛있어요. 한 번 드셔보세요.

여자: 죄송한데, 제가 감자 알레르기가 있어서 감자를 못 먹어요.

남자: 아, 죄송합니다. 그러면 서비스로 탄산음료 한 병 드릴게요.

여자: 아, 네. 감사합니다.

29 [대화 상황에서 이유 파악]

② 여자는 감자전을 권하는 남자의 말에 알레르기가

있다고 말하고 있다.

🎓 오답풀이

③ 여자가 감자전을 시키지 않은 것은 감자전을 좋아하지 않아서가 아니라 알레르기 때문이다.

30 [대화 상황과 같은 내용 파악]

④ 여자가 시킨 음식은 비빔밥과 김치찌개이다.

🎓 오답풀이

① 여자는 김치찌개를 직접 만들지 않고 식당에서 김치찌개를 시켰다.
② 탄산음료를 서비스로 주겠다는 남자의 말에 여자는 고맙다고 대답했다.
③ 여자는 알레르기 때문에 감자전을 먹지 못한다.

男：您好，您要点什么？
女：拌饭和泡菜汤。
男：好的，我们饭店的土豆饼也很好吃，要不要尝一尝？
女：不好意思，我对土豆过敏，不能吃土豆。
男：哎呀～ 对不起。免费送您一瓶碳酸饮料。
女：好的，谢谢。

29

② 女的对男的说她对土豆饼过敏。

🎓 误答解析

③ 女的不点土豆饼不是因为不喜欢，而是因为过敏。

30

④ 女的点拌饭和泡菜汤。

🎓 误答解析

① 女的没有自己做泡菜汤，去饭店点了泡菜汤。
② 男的说免费送一瓶碳酸饮料，女的表示感谢。
③ 女的因为过敏不能吃土豆饼。

M： Hello, can I take your order?
W： Yes, one Bibimbap and one Kimchi-stew.
M： Yes, and a potato pancake is very famous in this restaurant. Try it.
W： Sorry, but I have an allergy to potato, so I cannot eat it.

M： I'm so sorry, then I will give you one bottle of soda for free.
W： Oh, thank you very much.

29

② The woman says to the man who recommended a potato pancake that she has a potato allergy.

🎓 Wrong answer explanation

③ The reason that she didn't order a potato pancake is not because she doesn't like a potate but because she has an allergy.

30

④ What she ordered are a Bibimbap and a Kimchi-stew.

🎓 Wrong answer explanation

① She ordered a Kimchi-stew in a restaurant, and she didn't make it by herself.
② She answered 'Thank you.' to man's saying that he would give one soda for free.
③ She cannot eat a potato pancake because of her allergy.

읽기 [31번~70번]

31 [문장의 중심 소재 파악]

> 저는 축구를 잘합니다. 농구도 잘합니다.

② 축구와 농구는 모두 '운동'에 해당한다.

🎓 오답풀이

③ '이름'은 사물의 명칭을 뜻한다.

> 我擅长踢足球，也擅长打篮球打。

② 足球和篮球都是一种运动。

🎓 误答解析

③ '이름(名字)' 指事物的名称。

> I'm good at soccer. I'm also good at basketball.

② Soccer and basketball are all included in exercise.

🎓 Wrong answer explanation

③ '이름' means a name of something.

---

32 [문장의 중심 소재 파악]

> 오늘은 10월 2일입니다. 10월 2일은 제가 태어난 날입니다.

③ 태어난 날은 '생일'을 의미한다.

🎓 오답풀이

② 오늘은 10월 2일, 내일은 10월 3일 등으로 표현되면 '날짜'에 해당한다.

> 今天是10月2号，10月2号是我出生的日子。

③ 出生的日子就是 '生日' 的意思。

🎓 误答解析

② '今天是10月2号', '明天是10月3号' 等是关于日期的表达。

> Today is October 2nd. October 2nd is the date when I was born.

③ The date when someone was born is '생일(birthday)'.

🎓 Wrong answer explanation

② Expressions like 'Today is October 2nd', 'Tomorrow is October 3rd' is related to date.

---

33 [문장의 중심 소재 파악]

> 아시아에는 한국, 중국, 일본 등 여러 나라가 있습니다. 제가 사는 곳은 한국입니다.

② 한국, 중국, 일본은 각각 아시아에 위치한 '나라'들이다. '나'의 나라(국가)는 한국이다.

🎓 오답풀이

③ '국기'는 나라를 상징하는 깃발이다.

> 在亚洲有韩国，中国，日本等许多国家。我生活在韩国。

② 韩国，中国，日本等是各个位于亚洲的 '국가(国家)', '나(我)' 的国家是韩国。

🎓 误答解析

③ '국기(国旗)' 是象征国家的旗帜。

> There are many countries in Asia, like Korea, China, Japan, and so on. Where I live is Korea.

② Korea, China and Japan are '나라(countries)' which are included in Asia. My country(nation) is Korea.

🎓 Wrong answer explanation

③ '국기(nation flag)' is a flag which represents a nation.

34 [빈칸 채우기]

학교에 갑니다. 학교에서 주로 (   )를 합니다.

④ 학교에서는 친구들과 '대화'도 하고 도서관에서 '독서'도 하지만 주로 '공부'를 한다.

去学校, 主要做的事情是 (   )。

④ 虽然在学校里也会和朋友'대화(聊天)', 也会在图书馆'독서(读书)', 但主要的活动是'공부(学习)'。

I go to school. Usually I do (   ).

④ In school, students usually 'study' although they 'talk' each other and 'read books' in a library.

35 [빈칸 채우기]

요리 재료가 부족합니다. 시장(   ) 재료를 사야 합니다.

③ '에서'는 보통 장소 뒤에 붙는 조사이다. 시장은 장소이므로 '에서'가 붙는 것이 적절하다.

📖 오답풀이

④ '에게'는 보통 사람 뒤에 붙는 조사이다.

做菜用的的材料不够了。得到市场 (   ) 买些材料。

③ '에서(表示动作进行的场所)' 一般是跟在场所后面的助词。由于市场是表示场所的词, 所以此处应该填写'에서'。

📖 误答解析

④ 助词'에게'的后面一般跟表示人称的名词。

Cooking ingredients are not enough. I have to buy them (   ) a market.

③ '에서' is the postposition which is usually used behind a place. A market is a place, so it is right to use '에서' as an answer.

📖 Wrong answer explanation

④ '에게' is the postpostion which is usually used behind a person.

36 [빈칸 채우기]

방이 (   ). 그래서 청소를 해야 합니다.

① '그래서' 뒤에 '청소'가 쓰인 것으로 보아 빈칸에는 '더럽다'가 오는 것이 적절하다. 방이 깨끗하면 청소를 할 필요가 없다.

房间很(   ), 所以应该打扫一下。

① '그래서(所以)' 后面出现的是 '청소(打扫)', 括号里应该填'더럽다(脏)'。房间如果干净的话就不用打扫了。

My room is (   ), so I have to clean.

① '더럽다(dirty)' is proper for the answer in the blank because '청소' is used behind '그래서(so)'. If a room is clean, a room doesn't need to be cleaned.

37 [빈칸 채우기]

방학이 되었습니다. 방학 계획을 (   ).

② '계획'이라는 어휘 뒤에는 흔히 '짜다', '세우다' 등의 동사가 서술어로 온다.

放假了, (   )放假计划。

② 与 '계획(计划)' 这一词语搭配的谓语经常是 '짜다(制定)', '세우다(制定)' 等。

The school started the vacation. I have to (   ) a vacation plan.

② Usually verbs like '짜다, 세우다' are used for the predicate behind the word '계획(plan)'.

38 [빈칸 채우기]

우리는 오늘 처음 만났습니다. 그래서 (   ) 잘 모릅니다.

① 둘 이상의 사람이 상대에 대해 어떤 관계가 있을 때 쓰는 말이 '서로'이다. 누군가를 처음 만나면 상대방에 대해 잘 모른다. 이때 '서로 잘 모른다'라는 말을 쓴다.

🎓 오답풀이
② '종종'은 '가끔'이라는 뜻이다.
④ '겨우'는 '어렵게 힘들여'의 뜻이다.

我们今天初次见面。所以 (   ) 不了解。

① '서로' 的意思是相互, 用于两个人之间。见某人第一面时肯定不了解对方。这时就会使用 '서로 잘 모른다(互相不熟悉)' 即相互不了解的表达方法。

🎓 误答解析
② '종종(不时地)' 意为 '偶尔'。
④ '겨우(勉强)' 有 '好不容易费力地' 的意思。

We met today for the first time, so we don't know well (   ).

① '서로' is a word which is used to show two or more people do something to the other. If a person meet someone for the first time, he doesn't know

well about the other and vice versa. At this time, the expression '서로 잘 모른다(don't know well each other)' can be used.

🎓 Wrong answer explanation
② The word '종종' means '가끔(sometimes)'.
④ The word '겨우' means 'with great difficulty or effort'.

39 [빈칸 채우기]

노래를 부릅니다. 그리고 춤도 (   ).

④ 노래는 '부르다' 동사와, 춤은 '추다' 동사와 연결된다.

唱歌, 还(   )舞。

④ '歌' 用动词 '부르다(唱)' 搭配。'舞' 和动词 '추다(跳)' 搭配。

I sing a song and (   ).

④ A song is matched with the verb '부르다(sing), and dance with '추다'.

40 [실용문 / 맞지 않는 내용 파악]

〈하루 시간 사용 계획〉
7:00 기상
8:00 아침 식사
12:00 한국어 공부
13:00 점심 식사
15:00 독서
18:00 저녁 식사
20:00 세수 및 양치질
22:00 취침

① 7시부터 12시 전까지는 오전에 해당하고, 12시부터 22시까지는 오후에 해당한다. 기상은 오전 7시이다.

〈一天时间利用计划〉

7:00 起床

8:00 早饭

12:00 学习韩语

13:00 午饭

15:00 读书

18:00 晚饭

20:00 洗漱

22:00 睡觉

① 7点至12点属于上午，12点至22点属于下午。起床是早上7点。

〈Daily plan〉

7:00 wake up

8:00 have breakfast

12:00 study Korean

13:00 have lunch

15:00 read books

18:00 have dinner

20:00 wash my face and brush my teeth

22:00 go to sleep

① It is morning from 7 to 12, and afternoon from 12 to 22. I wake up at 7 a.m.

---

41 [실용문 / 맞지 않는 내용 파악]

어머니, 저 회사 출근해요.

식탁에 아침 식사 차려 놓았어요.

일어나시면 아침 식사하세요.

식사하시고 감기약 꼭 드세요.

그리고 얼른 나으세요.

－ 큰딸 영희 －

④ 회사에 다니는 영희 씨는 감기에 걸리신 어머니를 위해 아침 식사를 준비해 놓고 회사에 가려고 한다. 그리고 어머니는 아직 주무시고 계시다.

妈妈，我去公司上班了。

早饭准备好放在饭桌上了。

起床后请您吃早餐。

饭后一定吃感冒药。

祝您早点康复。

－大女儿英熙－

④ 在公司上班的英熙为感冒的妈妈准备好早饭后去上班了。妈妈还在睡觉。

Mom, I go to work.

I made breakfast on the table.

Have a meal if you wake up.

Make sure you take a cold medicine after breakfast.

I hope you get well soon.

－ your older daughter, Young-hee

④ Young-hee who goes to work is going to go to the office after preparing a breakfast for her mother who has a cold. Her mother is sleeping yet.

---

42 [실용문 / 맞지 않는 내용 파악]

〈청첩장〉

신랑과 신부의 행복한 결혼식에 당신을 초대합니다.

• 날짜: 2019년 5월 7일 화요일

• 시간: 오후 2시

• 장소: 행복 예식장(2층)

• 오시는 길: 강남역 2번 출구에서 100미터

④ 결혼식장은 강남역에서 멀지 않기 때문에 강남역 근처이다. 결혼식장 이름은 '행복 예식장'이다. '2층'은 식장 이름이 아니라 장소이다.

〈请柬〉

新婚夫妇期待您光临幸福的结婚典礼。

• 日期: 2019年5月7日 星期二

・时间：下午两点
・地点：幸福礼堂(2楼)
・交通指南：江南站2号出口100米

④ 结婚礼堂在离江南站不远的地方，也就是说应该是在江南站附近。结婚礼堂的名称是'幸福礼堂'，注意'이층(2楼)'不是地点的名称而是具体地址。

Wedding Invitation

I invite you to a happy wedding for a groom and a bride.
・Date：Tuesday, May 7th, 2019
・Time：2：00 p.m.
・Place：Haeng-Bok wedding hall(2nd floor)
・Location：100 meter from Gang-nam station exit 2

④ The wedding hall is just 100m from Gang-nam station, so it is near. The name of the wedding hall is 'Haeng-bok wedding hall'. '2층(2nd floor)' is not a hall name but a place.

---

43 [글 / 같은 내용 파악]

저는 축구를 좋아합니다. 수업이 끝나면 학교 운동장에서 축구를 합니다. 매월 마지막 주 토요일에 다른 학교 축구팀과 경기를 합니다.

② '나'는 수업이 끝나면 학교 운동장에서 축구를 한다. 매월 말 토요일에는 다른 학교 축구팀과 경기도 한다.

我喜欢足球，下课后就去学校操场踢足球，每月最后一周的周六与其他学校的球队进行比赛。

② '나(我)下课后去学校操场踢足球，每月末的周六还和其它学校的球队进行足球比赛。

I like to play soccer. I play soccer in my school playground after class. I play a soccer match with other school's team on the last Saturday of every month.

② '나(I)' play soccer in the school playground after class. I also play a soccer game with other school's soccer team on the last Saturday of every month.

---

44 [글 / 같은 내용 파악]

내일은 중요한 면접시험이 있는 날입니다. 그래서 미용실에 가서 이발도 단정하게 했습니다. 점심을 먹고 나서 면접 때 입을 옷을 사러 갈 예정입니다.

④ 내일 있을 중요한 면접을 위해 준비를 하고 있다. 먼저 이발을 했고, 점심을 먹고 나서 옷도 사러 갈 예정이다.

明天有重要的面试，所以去美容室做了头发，打算午饭后去买面试时穿的衣服。

④ 在为明天重要的面试做准备了。已经去理完发了，吃完午饭后打算去买衣服。

I have an important interview tomorrow. Thus, I had a haircut neatly in a beauty salon. I'm going to buy clothes which I will wear in the interview after having lunch.

④ I am preparing for tomorrow's important interview. I got a haircut, and I'm going to buy some clothes after lunch.

45 [글 / 같은 내용 파악]

> 저는 공부할 때 음악을 듣습니다. 음악을 들으면 공부가 잘 됩니다. 그리고 잡념도 사라집니다. 그래서 저는 공부할 때 음악 듣는 것을 좋아합니다.

③ '나'는 음악을 들으면 공부가 잘 되고, 잡념도 사라지기 때문에 공부할 때 음악을 듣는다.

🎓 오답풀이

①, ② '나'가 잡념이 없다거나, 공부를 좋아한다는 말은 없다.

> 我在学习时会听音乐。听着音乐学习效果就会很好。听音乐还可以消除杂念，所以我喜欢听音乐。

③ '나(我)'听音乐时学习效果比较好，而且消除杂念，所以我喜欢听音乐。

🎓 误答解析

①, ② 文中没提及 '나(我)'没有杂念，或是喜欢学习的内容。

> I listen to music when studying. I can study well when listening to music. Also, I can push distracting thoughts. Thus, I like to listen to music while studying.

③ I like listening to music because I can study and concentrate well when listening to music.

🎓 Wrong answer explanation

①, ② There's any mention in the passage that I don't have any idle thoughts and I like to study.

46 [글의 중심 내용 파악]

> 저는 매주 토요일과 일요일에 봉사 활동을 합니다. 주로 도서관과 박물관에서 봉사 활동을 합니다. 봉사 활동은 힘들지만 보람이 있습니다.

③ '나'는 매주 토요일과 일요일에 봉사 활동을 하면서 힘들지만 보람을 느끼고 있다.

🎓 오답풀이

② 제시문에 언급되지 않은 내용이다.

> 我每个星期六和星期天都参加义工活动，主要是在图书馆和博物馆做义工，做义工虽然很累却很有意义。

③ '我'每周星期六和星期天做义工，虽然很累却感到很有意义。

🎓 误答解析

② 该内容原文当中没提及。

> I volunteer every Saturday and Sunday. Usually, I do volunteer work in a library or a museum. It is very tiring but very rewarding to do so.

③ I'm very tired but rewarded by volunteering Saturdays and Sundays.

🎓 Wrong answer explanation

② It is not mentioned in the passage.

47 [글의 중심 내용 파악]

> 오늘 늦잠을 자서 회의에 참석하지 못했습니다. 직장 동료에게 회의 내용을 물어보았습니다. 내일은 아침 회의에 늦지 않을 겁니다.

④ '나'는 오늘 늦잠을 자서 아침 회의에 참석하지 못했다. '나'가 내일은 회의에 늦지 않겠다고 말한 것은 늦잠을 자지 않겠다는 뜻이다.

我今天因为睡过头了，所以没能参加会议。向同事询问了会议的内容，明早的会议一定不迟到。

④ '나(我)'今天因为睡过头没能参加会议, 文中提到'我'明天会议一定不迟到, 就意味着明天不再睡懒觉了。

I couldn't attend a meeting today because I overslept. I asked my co-worker about today's meeting. I will not be late for tomorrow's morning meeting.

④ 'I' couldn't attend a meeting today morning because I slept late. What I said that 'I' will not be late for my morning meeting tomorrow means that I will not oversleep.

48 [글의 중심 내용 파악]

동생은 어릴 때 몸이 매우 약했습니다. 그래서 꾸준히 운동을 했습니다. 지금은 몸이 건강해졌습니다.

④ 몸이 약했던 동생이 운동을 계속해서 몸이 건강해졌다는 것이 이 글의 '중심 생각'에 해당한다.

弟弟小的时候身体很虚弱。所以他一直坚持运动, 现在身体变得健康多了。

④ 本文的 '중심 생각(中心思想)'是通过坚持运动, 曾经虚弱的弟弟身体变健康了。

My younger brother was very weak in his childhood. Thus, he has done exercise consistently. He is very healthy now.

④ The 'main idea' of this passage is that his younger brother who was very weak has continued to do exercise and became healthy.

[49~50]

저는 글씨를 잘 쓰지 못합니다. 그래서 친구들이 제가 쓴 글을 잘 이해하지 못합니다. 이제부터 친구들이 제 글을 잘 (㉠) 있게 글씨를 쓰려고 합니다. 요즘은 하루에 한 시간씩 글씨 쓰는 연습을 합니다. 글씨를 잘 쓸 때까지 연습을 계속할 생각입니다.

49 [빈칸 채우기]

③ '나'는 글씨를 잘 쓰지 못해 친구들이 '나'가 쓴 글을 이해하지 못한다. 그래서 '나'는 글씨를 잘 쓰기 위해 연습하고 있다. 글씨를 잘 쓰면 친구들이 글을 잘 이해할 수 있다고 생각하기 때문이다.

50 [글의 사실적 이해]

④ '나'는 글씨를 잘 못 써서 하루에 한 시간씩 글씨 쓰기 연습을 계속하고 있다.

🎓 오답풀이

③ 글쓰기 연습이 아니라 글씨 쓰기 연습이다.

我的字写得不好。因此朋友们看不懂我写的文章。为了让朋友们可以更好地(㉠)我写的文章, 我打算从现在开始好好写字。我最近每天都练一小时的字, 我会一直练到能写好字为止。

49

③ 因为 '나(我)'的字写得不好, 所以朋友们看不懂 '나(我)'写的文章。为了达到写一手好字的目的, '나(我)'正在练字, 我认为只要把字写好了朋友就能看懂我写的文章。

50

④ 因为我字写得不好, 所以我坚持每天练字一小时。

📘 误答解析

③ 注意不是练习写文章而是练字。

I'm not good at handwriting. Thus, my friends cannot understand well what I wrote. From now on, I will try to handwrite well for them to (㉠) my writing. Nowadays, I practice handwriting for an hour a day. I'm going to continue practicing until I write well.

49

③ I'm not good at handwriting, so my friends cannot understand the passages which I wrote. Thus, I try to handwrite well by practicing everyday. It is because I think that if I handwrite well, my friends can understand my writing well.

50

④ I'm not good at handwriting, so I continue practicing handwriting for an hour a day.

🎓 Wrong answer explanation

③ It is not a writing practice, but a handwriting practice.

[51~52]

제가 살고 있는 동네는 교통이 편리합니다. 여러 교통수단을 (㉠). 지하철을 이용할 수 있는 지하철역도 있고, 버스를 이용할 수 있는 버스 정류장도 많이 있습니다. 그리고 택시를 탈 수 있는 곳도 있습니다. 그래서 저는 우리 동네를 좋아합니다.

51 [빈칸 채우기]

③ 버스나 지하철은 교통수단이다. 이러한 교통수단은 동사 '이용하다'와 연결된다.

52 [글의 사실적 이해]

③ '나'는 지하철과 버스, 택시를 편리하게 탈 수 있는 동네의 편리한 교통수단을 좋아하고 있다.

我居住的小区交通很方便。有很多交通手段可供（ ㉠ ）。其中有可以乘坐地铁的地铁站，有很多可以乘坐公交车的公交车站。还有可以乘的士的地方。因此我很喜欢我们小区。

51

③ 汽车和地铁都是交通手段。交通手段需要与动词'이용하다 (使用)' 连接。

52

③ 因此'我'非常喜欢我们小区方便的交通，能利用方便搭乘地铁，汽车和的士。

Transportation is very convenient in my town. I (㉠) many kinds of vehicles. There is a station where I can take the subway, and are many bus stops where I can take buses. Also, there are taxi stands where I can take taxis. Thus, I like my town.

51

③ The bus or the subway are kinds of transportation. These vehicles are matched with the verb '이용하다 (use)'.

52

③ I like the convenient transportation system in the town which make people take a subway, buses and taxis easily.

[53~54]

저는 가을보다 여름을 좋아합니다. 여름에는 제가 좋아하는 수박이나 참외를 먹을 수 있습니다. 가끔 바다로 여행을 가서 즐겁게 수영을 할 수도 있습니다. 제가 좋아하는 과일을 언제나 (㉠), 마음대로 수영도 할 수 있습니다. 그래서 저는 여름이 좋습니다.

53 [빈칸 채우기]

④ 행위에 대한 가능을 의미하는 표현 형태는 'V(동사)'+'−ㄹ 수 있다'이다.

54 [글의 사실적 이해]

④ '나'는 여름과 수박, 참외를 좋아한다. 그리고 가끔 바다 여행을 가서 수영도 한다. '가끔'이라는 표현에서 '나'는 바다 여행을 자주 가지 않는다는 것을 알 수 있다.

与秋天相比我更喜欢夏天。夏天可以吃到我喜欢的西瓜和甜瓜。偶尔还可以去海边旅行尽情游泳。由于随时都（ ㉠ ）喜欢的水果，还可以尽情游泳，因此我喜欢夏天。

53

④ 表达某种行为可能性时，可以使用 'V(动词)'+'−ㄹ 수 있다' 的表达形式。

54

④ '나(我)' 喜欢夏天，西瓜和甜瓜，而且偶尔还可以去海边游泳。从 '가끔(偶尔)' 一词可以看出 '나(我)' 不是经常去海边旅行。

I like summer rather than autumn. In summer, I can eat my favorite fruits like watermelons and oriental melons. Sometimes, I can travel to sea and enjoy swimming. I can always (㉠) my favorite fruits and enjoy swimming as I please. Thus, I like summer.

53

④ The expression meaning the possibility of doing something is 'V(verb) + −ㄹ 수 있다(can do sth)'.

54

④ I like summer, watermelons and oriental melons. Also, I go to sea and swim sometimes. From the expression '가끔(sometimes)', it can be known that I don't travel to sea very often.

[55~56]

김치는 한국 사람들이 제일 좋아하는 음식입니다. 김치에는 배추김치, 무김치, 파김치 등 여러 가지가 있습니다. 보통 김치를 만들 때 매운 고춧가루를 넣습니다. 하지만 김치가 매워 먹지 못하는 외국 사람들이 많습니다. (㉠) 맵지 않게 백김치를 만들기도 합니다. 백김치는 맵지 않아서 외국인들에게도 인기가 많습니다.

55 [빈칸 채우기]

③ 김치가 매워서 먹지 못하는 외국인을 위해 백김치를 만들었다는 것은 원인과 결과로 연결된 문장이다. '그래서'는 문장을 원인과 결과로 이어 준다.

56 [글의 사실적 이해]

④ 한국 사람들이 좋아하는 김치는 종류가 많다. 고춧가루 때문에 김치가 매워 외국 사람들이 먹기 힘들어한다. 백김치는 맵지 않아 외국 사람들이 좋아한다. 고춧가루를 넣지 않거나 적게 쓰기 때문이다.

🗨 오답풀이

③ 외국인들이 백김치를 좋아하는 것은 맞다. 그러나 무김치를 좋아한다는 내용은 나오지 않는다.

韩国人最喜欢的食物是泡菜。泡菜有很多种类，包括白菜泡菜，萝卜泡菜，葱泡菜等。做泡菜的时候要放入辣椒粉。很多外国人因为泡菜太辣而吃不了泡菜。(㉠) 还做不辣的白泡菜。因为白泡菜不辣，在外国人中很受欢迎。

55

③ 因为泡菜很辣，很多外国人吃不了。因此为他们做了不辣的白泡菜，这两个句子之间是原因和结果的关系。所以，括号里填 '그래서(因此)' 就能将两个句子连接起来了。

56

④ 韩国人喜欢的泡菜有很多种类。由于泡菜里放了辣椒粉所以很辣，外国人吃不了。而白泡菜里一般不放或少放辣椒面，所以味道不怎么 辣外国人很喜欢吃。

③ 外国人的确喜欢吃白泡菜。但是文中并没有特别提及外国人喜欢吃 萝卜泡菜 的内容。

Kimchi is food that Koreans like the most. There are many kinds of Kimchi like cabbage Kimchi, radish Kimchi, green onion Kimchi and so on. Usually, spicy red pepper powder is added when making Kimchi. However, there are many foreigners who cannot eat Kimchi because of spicy taste. (㉠) white Kimchi is made as not spicy one. It is very popular among foreigners because it is not hot and spicy.

55

③ It is cause and effect that white Kimchi is made for foreigners who cannot eat hot and spicy Kimchi. '그래서(thus)' make sentences linked to cause and effect.

56

④ There are many kinds of Kimchi which Korean like. Foreigners have a difficulty in eating Kimchi because of spicy red pepper. White Kimchi is not spicy, so they like it. It is because red pepper is used never or a little.

Wrong answer explanation

③ It is right that foreigners like white Kimchi, but it isn't known that they like radish Kimchi.

---

57 [글의 흐름 파악]

(라) 영수 씨는 심한 감기에 걸려 며칠째 학교에 가지 못했습니다.
(나) 그래서 매일 약을 먹고 있습니다.
(가) 병원에도 갑니다.
(다) 하지만 감기가 쉽게 낫지 않습니다.

① 영수 씨는 심한 감기에 걸려 학교에도 가지 못하고 약을 먹고 있다. 병원에도 다니지만 쉽게 낫지 않는다.

(라) 英秀患了重感冒好几天没去学校了。
(나) 因此每天都吃药。
(가) 也去了医院。
(다) 但是感冒并不是那么容易就可以痊愈的。

① 英秀得了重感冒没能去上学, 在吃药。虽然也去了医院但是感冒并不是那么容易就可以痊愈的。

(라) Young-soo couldn't go to school for the past few days because he caught a serious cold.
(나) Thus, he takes a medicine everyday.
(가) He goes to hospital, too.
(다) However, he cannot get well easily.

① Young-soo caught a serious cold, so he can't go to school and takes a medicine everyday. He also goes to hospital, but he cannot get well soon.

---

58 [글의 흐름 파악]

(가) 오늘 한국어 시험 성적이 나왔습니다.
(나) 친구보다 한국어 점수가 좋지 않았습니다.
(다) 한국어 공부를 열심히 하지 않았기 때문입니다.
(라) 다음 시험에 열심히 공부해서 좋은 점수를 받을 겁니다.

① 오늘 한국어 성적이 나왔는데 친구보다 점수가 낮게 나왔다. 한국어 공부를 열심히 하지 않았기 때문이다. 그래서 다음 시험에 열심히 하기로 했다.

(가) 今天韩语考试成绩出来了。
(나) 我的成绩没有朋友的成绩好。
(다) 因为我没有努力学习韩语。
(라) 下次考试我会努力学习会取得好成绩的。

① 今天韩语考试成绩出来了。我没朋友考得好, 因为我没有好好学习韩语, 所以下决心下次好好学习。

(가) Today, I got a score in Korean test.

(나) My score was lower than my friend's.

(다) It is because that I didn't study Korean hard.

(라) I will get a higher score in the next test by studying hard.

① I got a Korean test score today, and my score was lower than my friend's. It is because I didn't study hard, so I decided to study hard next time.

[59~60]

저는 생각이 복잡할 때마다 종종 그림을 그립니다. (㉠) 그림을 그리면 복잡한 생각이 정리되고 마음도 가라앉습니다. 친구들이 저에게 그림을 잘 그린다고 칭찬합니다. (㉡) 그래서 저는 그림을 더 열심히 그리기로 마음먹었습니다. (㉢) 저는 이번 학교 축제 때 제가 그린 그림을 전시할 계획입니다. (㉣)

59 [글의 사실적 이해]

② 보통 칭찬을 들으면 기분이 좋아진다. '나'는 친구들의 칭찬을 들을 때마다 기분이 좋다. 그래서 그림을 더 열심히 그리겠다고 다짐한다.

60 [글의 사실적 이해]

④ '나'는 생각이 복잡할 때마다 그림을 그린다. 친구들은 '나'가 그린 그림을 보고 칭찬해 준다. '나'는 그림을 더 열심히 그려 축제 때 전시할 계획이다.

🎓 **오답풀이**

③ '나'는 '종종 그림을 그립니다.'라고 했으므로 매일 그림을 그리는 것은 아니다.

每当我思绪混乱的时候，我都会画画。(㉠)画画能让我整理混乱的思绪，也能使我的心情变得沉静。朋友们都称赞我的画画得好。(㉡)所以我下定决心要更努力地画画。(㉢)我打算在这次学校庆典上展示自己的画。(㉣)

59

② 一般人们听到称赞心情都会变好。'我'每当听到朋友称赞，都会很高兴。所以我下定决心要更努力地画画。

60

④ 每当'我'思绪混乱的时候，'我'都会画画。朋友看到'我'的画都会称赞一番，我决定更努力地画画。并在庆典的时候展示自己的画。

🎓 **误答解析**

③ 文章中提到'我''种种 그림을 그린다(常常画画)'，但没提到我每天画画。

I sometimes draw pictures when many thoughts make me complicated. (㉠) I can arrange my thoughts and relax by drawing. My friends praise me for that I draw pictures well. (㉡) Thus, I decided to try to do it harder. (㉢) I plan to display my pictures in the coming school festival. (㉣)

59

② Usually, compliment makes a person feel good. I always feel good whenever my friends praise me. Thus, I decided to draw pictures harder than ever.

60

④ 'I' draw pictures when I feel complicated by many thoughts. Friends praise my drawings. 'I' will draw pictures harder and plan to display them in the school festival.

🎓 **Wrong answer explanation**

③ 'I' don't draw pictures everyday because I said that 'I sometimes draw pictures'.

[61~62]

요즘 공원에 사람들이 많습니다. 봄꽃 구경을 하러 사람들이 많이 몰리기 때문입니다. 공원 곳곳에서 사람들이 꽃구경을 하며 맛있는 음식도 먹습니다. 음식을 먹고 사람들이 쓰레기를 (㉠) 가서 공원이 깨끗하지 않습니다. 공원에 쓰레기를 버리지 말았으면 좋겠습니다.

61 [빈칸 채우기]
② '치우지 않다'의 뜻에 해당하는 표현은 '안 치우다'이다. 연결 어미는 '-고'가 적절하다.

62 [글의 사실적 이해]
③ 꽃구경을 온 사람들이 음식을 먹고 쓰레기를 버려서 공원이 깨끗하지 않다.

最近公园里的人很多。很多人都是为了观赏春花而来的。公园里到处都是赏花，吃东西的人。吃完之后，人们（ ㉠ ）垃圾就走了，这使得公园变得脏乱无序。希望大家不要在公园里扔垃圾了。

61
② '안 치우다(不清理)' 就是 '치우지 않다(不清理)' 的意思，后面应该用连接词尾 '-고(并列)' 连接。

62
③ 来赏花的人吃完东西之后，随地扔垃圾，使得公园变得很脏乱。

Nowadays, there are many people in parks. It is because that many people come to see spring flowers. People see flowers and eat delicious food everywhere in parks. Parks are not clean because people (㉠) garbages after eating food. I hope people not to litter up there.

61
② '치우지 않다' has same meaning with '안 치우다'. '∼고' can be the proper connective ending.

62
③ Parks are not clean because people who come to see flowers eat food and litter them there.

[63~64]

한국 전통 놀이 문화 체험

안녕하십니까? 한국대학교 유학생회에서 유학생 여러분께 안내 말씀드립니다.
이번 주 토요일 오후 2시부터 5시까지 유학생 회관에서 〈한국 전통 놀이 문화 체험〉 행사가 있습니다. 유학생 여러분께서는 늦지 않게 오후 1시까지 유학생 회관 2층으로 오십시오. 모두 오셔서 즐거운 시간 보내시길 바랍니다.

− 한국대학교 유학생 학생회

63 [글의 사실적 이해]
① 유학생회에서는 〈한국 전통 놀이 문화 체험〉 행사에 대한 참가 안내를 하고 있다.

64 [글의 사실적 이해]
③ 〈한국 전통 놀이 문화 체험〉 행사가 토요일 오후 2시부터 5시까지 3시간 동안 유학생 회관 2층에서 있을 예정이다.

韩国传统游戏文化体验

各位留学生，你好! 韩国大学留学生会现通知如下：
本周六下午2点到5点在留学生会馆举行〈韩国传统游戏文化体验〉活动。请各位同学准时于下午1点之前到达留学生会馆2楼。希望大家度过美好的时光。

− 韩国大学留学生学生会

63
① 留学生会通知大家参加〈韩国传统游戏文化体验〉活动。

64
③ 〈韩国传统游戏文化体验〉活动预定于周六下午2点到5点三个小时在留学生会馆2楼举行。

Korean Traditional Game Culture Experience

Hello, everyone. All international students, attention, please. This is the international students' union of Hankuk university.

There will be 〈Korean Traditional Game Culture Experience〉 event in the international students' union hall from 2 p.m. to 5 p.m. this Saturday. All of you are recommended to come to the 2nd floor of international students' union hall by 1 p.m. without being late. Please come and have a fun time.

– Hankuk University, international students' union

63

① International students' union promotes to participate in the 〈Korean Traditional Game Culture Experience〉 event.

64

③ The 〈Korean Traditional Game Culture Experience〉 event will be held in the international students' union hall for three hours from 2 p.m. to 5 p.m. this Saturday.

[65~66]

다음 학기부터 한국 문화 수업이 시작됩니다. 이 수업에서는 한국의 전통 그림과 한복에 대해서 배웁니다. 저는 한국의 전통 그림인 민화에 관심이 많습니다. 민화에는 여러 종류의 동물과 식물이 재미있게 그려져 있습니다. 저는 한국의 전통 그림인 민화에 담긴 뜻을 잘 (㉠) 싶습니다. 그래서 열심히 민화를 공부합니다.

65 [빈칸 채우기]

③ '뜻'은 동사 '이해하다'와 연결된다. 글쓴이는 민화에 담긴 뜻을 잘 이해하고 싶어서 민화를 열심히 공부하고 있다.

66 [글의 사실적 이해]

② 민화에는 동물과 식물이 재미있게 그려져 있다.

🎓 오답풀이

③ 한국 문화 수업은 다음 학기부터 시작한다.

④ 수업에서는 민화와 한복에 대해 배울 예정이다.

下学期开始学韩国文化课。这个课程学习韩国传统绘画和韩服。我对韩国传统绘画中的民画特别感兴趣。民画中出现了各种动物，植物，民画里的动物和植物都画得栩栩如生。我想（ ㉠ ）民画中所包含的意义，所以努力学习民画。

65

③ 与 '뜻(意思，意义)' 搭配的动词应该是 '이해하다 (理解)'。作者为了领略民画的意义，所以在努力学习民画。

66

② 民画里的动物和植物都画得栩栩如生。

🎓 误答解析

③ 韩国文化课下学期开始。

④ 这门课程会学民画和韩服。

Korean culture class will be started from the next semester. In this class, Korean traditional drawings and Han-bok can be learned. I have an interest in the Korean traditional drawings 'Min Hwa'. Many kinds of animals and plants are brawn humorously in it. I would like to (㉠) the meaning well which is included in it. Thus, I study hard 'Min hwa'.

65

③ '뜻(meaning)' is matched with the verb '이해하다 (understand)'. The writer studies 'Min-hwa' hard to understand the underlying meaning.

66

② Animals and plants are drawn humorously in 'Min hwa'.

③ The Korean culture class will be started from the next semester.

④ 'Min-hwa' and 'Han-bok' will be learned in the class.

[67~68]

제 친구는 태권도 선수입니다. 경기 날짜가 가까워 오면 음식을 많이 먹지 않습니다. 경기에 나가기 전에 몸무게를 빼야 하기 때문입니다. 소금이 많이 들어간 음식을 멀리합니다. 그리고 고기로 만든 음식도 (㉠). 소금과 고기가 많이 들어간 음식을 먹으면 살이 찝니다. 그래서 제 친구는 경기 시작 전에는 몸무게가 많이 나가지 않습니다.

67 [빈칸 채우기]

④ '나'의 친구는 태권도 경기 전에 몸무게를 관리해야 하기 때문에 소금이 많이 들어간 음식과 고기로 만든 음식을 먹지 않는다. '멀리하다'는 '먹지 않는다'와 같은 뜻이다.

68 [글의 사실적 이해]

② 친구는 태권도 경기 전에 소금이 많이 들어간 음식과 고기로 만든 음식을 먹지 않는다. 그래서 경기 전에 친구의 몸무게는 빠진다.

我的朋友是跆拳道选手。临近比赛日期时, 朋友吃得很少。因为在比赛来临之前要减轻体重。因此, 要远离多含盐的食品, 也(㉠)用肉做的食品。盐多和肉多的食品会使体重增加。所以朋友在比赛开始之前, 体重不会增加太多。

67

④ '나(我)'的朋友在跆拳道比赛之前, 因为要控制体重, 所以不吃用盐和肉制作的食品。'멀리하다(远离)'在这里和 '먹지 않는다(不吃)' 意思相同。

68

② 朋友在跆拳道比赛之前, 为了减轻体重, 不吃用盐

和肉制作的食物。所以在比赛之前, 朋友的体重下降了。

My friend is a Taekwondo player. He doesn't eat food too much when a game date approaches. It is because that he has to lose his weight before participating in the game. He avoids eating salty food, and also (㉠) food made by meats. Eating food which includes a lot of salt and meat makes him gain weight. Thus, my friend doesn't weigh too much before playing games.

67

④ 'My' friend doesn't eat food made with much salt and meat because he has to control his weight before taking part in a game. '멀리하다(avoid)' has the same meaning with '먹지 않는다(doesn't eat)'.

68

② My friend doesn't eat food made with much salt and meat before a game. Thus, he loses weight then.

[69~70]

저는 2년 전에 한국으로 유학을 왔습니다. 처음에는 힘들었지만 한국 친구들이 많이 (㉠) 잘 지낼 수 있었습니다. 한국어 공부도 열심히 해서 이제는 한국 친구들과 말도 잘 합니다. 올해 한국 대학을 졸업합니다. 졸업 후 한국 회사에서 일을 하고 싶습니다. 그래서 지금부터 회사에 들어갈 준비를 열심히 하고 있습니다. 제 꿈을 꼭 이루고 싶습니다.

69 [빈칸 채우기]

③ '나'가 지금 잘 지내고 있는 것은 한국 친구들이 도와주었기 때문이다. 'V(동사)'+'-어서'는 이유를 뜻하는 서술어에 해당한다. '도와줘서(도와주어서)'가 적절하다.

70 [글의 사실적 이해]

② '나'는 한국에 유학을 와서 친구들의 도움으로 한국에서 잘 지냈고 올해 졸업을 한다. 졸업 후에 한국

회사에서 일을 하고 싶어 한다. '나'는 한국 회사에 들어가는 꿈을 이루고 싶어 한다.

我2年前来韩国留学。刚开始的时候很累，但是在韩国朋友的多多（　㉠　），过的还不错。我努力地学习韩语，现在也能流利地和韩国朋友交谈了。今年我就要大学毕业了，毕业后我想在韩国公司工作。所以从现在开始要认真做好进公司的准备。我一定要实现我的梦想。

69

③ '我' 现在过的很好是因为韩国朋友的帮助。'V(动词)' + '–어서'表示原因，所以括号里应该填写 '도와줘서(도와주어서)'。

70

② '我' 来韩国留学，多亏在朋友的帮助下，过得很好。今年就要毕业了。毕业之后 '我' 想在韩国公司工作。'我' 要实现在韩国公司工作的梦想。

I came to Korea to study two years ago. It was very hard at first, but I have been file because my Korean friends （　㉠　） a lot. I tried to study Korean hard, so I can speak with Korean friends well. I will graduate Hankuk university this year. I want to work for a Korean company after graduation. Thus, from now on, I try hard to prepare for getting a job. I hope my dream come true.

69

③ The reason that I can do well in Korea is that Korean friends helped me a lot. 'V(verb)' + '–어서' is the predicate meaning a reason. '도와줘서(도와주어서)' is the right answer.

70

② 'I' came to Korea to study, have been fine thanks to Korean friends' helps, and will graduate this year. After graduation, 'I' want to work in a Korean company. 'I' want to make my dream working in a Korean company realize.

제3회 실전 모의고사　본문 pp. 206~231

1	②	2	④	3	②	4	④	5	②
6	①	7	③	8	①	9	①	10	④
11	②	12	②	13	②	14	④	15	②
16	③	17	③	18	④	19	④	20	②
21	③	22	①	23	④	24	④	25	①
26	③	27	①	28	②	29	③	30	②
31	①	32	②	33	④	34	①	35	②
36	①	37	③	38	①	39	①	40	②
41	①	42	④	43	③	44	④	45	②
46	①	47	①	48	②	49	④	50	①
51	②	52	①	53	②	54	④	55	②
56	④	57	②	58	③	59	③	60	④
61	②	62	①	63	④	64	②	65	①
66	④	67	①	68	③	69	①	70	②

듣기 [01번~30번]

01 [이어지는 내용 유추]

🎧 듣기 대본

> 여자: 형제가 있어요?
> 남자: _____

② '있어요?', '없어요?'에 대한 대답에서 긍정은 '있어요', 부정은 '아니요, 없어요'이다.

> 女: 你有兄弟姐妹吗?
> 男: _____

② 对 '있어요(有吗)', '없어요(没有吗)' 肯定的回答 '예, 있어요(是的，有)', 否定回答 '아니요, 없어요(不，没有)'。

> W: Do you have any siblings?
> M: _____

② When you are asked '있어요?(Do you have ~?)'

or '없어요?(Don't you have ∼?)', you should answer '있어요.(I have∼.)' if you have, or '없어요.(I don't have∼)' if you don't have.

02 [이어지는 내용 유추]

🎧 듣기 대본

> 남자: 축구를 잘 해요?
> 여자: ＿＿＿＿＿＿＿＿＿＿

④ '잘 해요?'에 대한 대답은 긍정의 경우 '네, 잘 해요', 부정의 경우 '아니요, 못해요'이다.

> 男: 你擅长踢足球吗?
> 女: ＿＿＿＿＿＿＿＿＿＿

④ 对 '잘 해요?(擅长吗?)' 的问句, 肯定的回答为 '네, 잘해요(是的, 擅长)', 否定回答为 '아니요, 못해요(不, 不擅长)'。

> M: Are you good at soccer?
> W: ＿＿＿＿＿＿＿＿＿＿

④ When you are asked '잘 해요?(Are you good at ∼?)', you should say '네, 잘해요.(Yes, I'm good at∼)' if you are, or '아니요, 못해요.(No, I'm not good at∼)' if you aren't.

03 [이어지는 내용 유추]

🎧 듣기 대본

> 여자: 내일 뭐 해요?
> 남자: ＿＿＿＿＿＿＿＿＿＿

② '내일'이 미래이므로 대답은 미래 시제인 'V(동사)'+'-ㄹ' 거예요' 형태로 대답한다.

> 女: 你明天做什么?
> 男: ＿＿＿＿＿＿＿＿＿＿

② '明天' 未来的时间, 所有要用 '动词+ -ㄹ 거예요' 的形式回答。

> W: What are you doing tomorrow?
> M: ＿＿＿＿＿＿＿＿＿＿

② Because '내일'(tomorrow) is future, the answer is 'Verb+-ㄹ 거예요'(will V ∼ which means the future tense).

04 [이어지는 내용 유추]

🎧 듣기 대본

> 남자: 어떤 책을 읽고 있어요?
> 여자: ＿＿＿＿＿＿＿＿＿＿

④ 읽고 있는 책의 종류를 묻고 있다. '만화책'은 '어떤'에 대한 대답으로 적절하다. 행위를 묻고 있으므로, '∼고 있다'의 형태로 대답한다.

> 男: 你在读什么书?
> 女: ＿＿＿＿＿＿＿＿＿＿

④ 问者询问的是所读书籍的种类, 所以 '漫画书' 是对问句 '什么书' 恰当回答。由于问句是对行为进行的提问, 所以应该用 '-고 있다' 的形式回答。

> M: What kind of books do you read?
> W: ＿＿＿＿＿＿＿＿＿＿

④ The man is asking about a kind of book she is reading. '만화책'(a comic book) is appropriate for the answer. Because he asked what she is doing, you should say '∼고 있다' (be ∼ing).

05 [이어지는 내용 유추]

🎧 듣기 대본

> 여자: 물 한 잔 주세요.
> 남자: _____

② '여기 있습니다'는 요청한 것을 내어놓으며 하는 말이다. 물을 달라는 요청에 대한 대답으로 적절하다.

> 女: 请给我一杯水。
> 男: _____

② 在 '여기 있습니다.(在这儿, 给您)' 这句话中, '여기(这儿)' 指的是女士要的 '水', 是对于请求句的恰当回答。

> W: Give me a glass of water, please.
> M: _____

② You can say '여기 있습니다(Here it is.)' while giving something asked to someone. It is the right answer to the request for water.

06 [이어지는 내용 유추]

🎧 듣기 대본

> 남자: 떡볶이 주문하신 분 맞나요?
> 여자: _____

① '맞나요?'에 대한 대답으로, 긍정은 '네, 맞아요', '맞습니다', 부정은 '아니요', '아닙니다'의 형태로 대답한다.

> 女: 您是那位点炒年糕的(客人), 对吗?
> 男: _____

① 对于 '맞나요(对吗)' 的问句, 肯定的回答用 '네, 맞아요(是的, 对)' 的形式, 否定回答用 '아니요(不)' 或 '아닙니다(不是)' 的形式回答。

> M: Is that you who ordered stir-fried rice cake, right?
> W: _____

① When you are asked '맞나요?(Is that ~, right?)', you should say '네, 맞아요/맞습니다(Yes, it's right.)' if you are, or '아니요, 아닙니다(No, it's not.)' if you aren't.

07 [대화의 장소 또는 화제 파악]

🎧 듣기 대본

> 여자: 택배를 보내고 싶어요.
> 남자: 네, 어디로 보낼 거예요?

③ 택배를 보낼 수 있는 곳은 '우체국'이다.

> 女: 我想寄快递。
> 男: 好的, 请问您往哪里寄?

③ 可以寄快递的地方是 '우체국(邮局)'。

> W: I want to send a package by parcel service.
> M: Okay, where is this going?

③ You can use a parcel service in a '우체국(post office)'.

08 [대화의 장소 또는 화제 파악]

🎧 듣기 대본

> 남자: 이거 맛있어요?
> 여자: 네, 비빔밥 맛있어요.

① 음식의 맛을 묻고 있다. 비빔밥은 음식에 해당한다.

> 男: 这个好吃吗?
> 女: 嗯, 拌饭很好吃。

① 问句询问的是食物的味道, 拌饭是食物的一种。

M: Does it taste good?

W: Yes, Bibimbap is delicious.

① The man is asking the women the taste of food. Bibimbap belongs to food.

09 [대화의 장소 또는 화제 파악]

🎧 듣기 대본

여자: 몇 시에 영화가 시작되나요?

남자: 30분 후에 시작합니다.

① 영화를 볼 수 있는 곳은 '극장(영화관)'이다.

男: 电影几点开始?

女: 三十分钟后开始。

① 可以看电影的地方的是剧院(电影院)。

W: What time does the movie start?

M: The movie will start in half an hour.

① A place where you can see a movie is a '극장(영화관)(theater)'.

10 [대화의 장소 또는 화제 파악]

🎧 듣기 대본

남자: 사과 좀 주세요.

여자: 죄송합니다. 사과가 지금 없습니다.

④ 사과를 파는 곳은 '과일 가게'이다.

男: 请给我几个苹果。

女: 很抱歉, 现在没有苹果。

④ 卖苹果的地方是水果商店。

M: Give me some apples, please.

W: Sorry. There is no apple now.

④ Apples are sold at a '과일 가게(fruit shop)'.

11 [대화의 장소 또는 화제 파악]

🎧 듣기 대본

여자: 태어난 곳이 어디예요?

남자: 서울이에요.

② 태어난 곳은 '고향'에 해당한다.

🎓 오답풀이

① '생일'은 태어난 날이다.

女: 您是在哪儿出生的?

男: 首尔。

② 出生的地方属于 '고향(故乡)'。

🎓 误答解析

① 出生的日期是 '생일(生日)'。

M: Where were you born?

W: I was born in Seoul.

② '고향(hometown)' means a place where one was born.

🎓 Wrong answer explanation

① A day you were born is '생일(birthday)'.

12 [대화의 장소 또는 화제 파악]

🎧 듣기 대본

남자: 요즘 몸이 어때요?

여자: 약을 먹어서 괜찮아요.

② 몸 상태에 대해 묻고 있는 것으로 보아 건강에 관한 내용에 해당한다.

男: 最近身体怎么样?
女: 吃了药好多了。

② 从询问对方身体的状况来看, 对话的内容是关于健康的。

M: How do you feel these days?
W: The medicine gave me relief.

② As the two are talking about body condition, the dialogue is about a health.

13 [대화의 장소 또는 화제 파악]
🎧 듣기 대본

여자: 이 가방 마음에 들어요?
남자: 네, 제가 사고 싶었던 가방이에요.

② '가방이 마음에 드냐'고 물은 것으로 보아 여자가 남자에게 가방을 선물한 것을 알 수 있다.

女: 这个包合你心意吗?
男: 是的, 是我想要买的包。

② 从 '这个包合你心意吗' 的提问来看, 对话发生的场景应该是女的给男的买了包做礼物。

W: Do you like this bag?
M: Yes, it is the bag I wanted to buy.

② You can know that the woman gave the man a present through her saying '가방이 마음에 드냐(Do you like this bag?)'.

14 [대화의 장소 또는 화제 파악]
🎧 듣기 대본

여자: 한국어 문제 어땠어요?
남자: 너무 어려웠어요.

④ 한국어 문제가 어려웠다는 것으로 보아 '시험'에 관한 내용이다.

女: 韩语题难不难?
男: 太难了。

④ 从韩语问题很难的回答来看, 对话的内容是关于 '시험(考试)' 的。

W: How was the Korean test?
M: It was too difficult.

④ Because the man says 'Korean test was too difficult', the dialogue is about '시험(test)'.

15 [대화 상황에 알맞은 그림 파악]
🎧 듣기 대본

남자: 한국어 듣기 책 어디에 있어요?
여자: 네, 여기 있어요. 한국어 듣기 책이에요.

② 서점 점원인 여자가 남자가 원하는 책을 찾아 주는 장면이 답으로 적절하다.

男: 韩语听力书在哪儿?
女: 在这里, 这是韩语听力书。

② 书店女店员给男子找需要的书的图片适合该对话的场景。

M: Where is a Korean listening book?
W: Here it is. This is the Korean listening book.

② The scene that a bookstore salesclerk is trying to find a book for the man is the answer.

16 [대화 상황에 알맞은 그림 파악]

🎧 듣기 대본

> 남자: 이 옷 마음에 들어요. 입어 보는 데가 어디예요?
>
> 여자: 네, 거울 옆에 있어요. 거기서 입어 보세요.

③ 여자가 남자에게 탈의실(옷을 입어 보는 방)을 알려주는 장면이 답으로 적절하다.

> 男: 我喜欢这件衣服, 在哪儿可以试穿一下吗?
>
> 女: 在镜子的旁边, 在那里可以试穿。

③ 女的在指向试衣间的图片适合该对话的场景。

> M: I like this clothing. Where can I try this on?
>
> W: Next to the mirror. Put it on there.

③ The scene that the woman points to the fitting room where he can try on the clothes is the answer.

17 [대화 상황과 같은 내용 파악]

🎧 듣기 대본

> 남자: 오늘 언제 도서관에 가세요?
>
> 여자: 오후 6시에 공부하러 가려고요.
>
> 남자: 저도 같이 가도 될까요?
>
> 여자: 네, 5시에 집 앞에서 만나요.

③ 남자는 오후 6시에 여자와 도서관에 공부하러 가기 위해, 집 앞에서 5시에 만나기로 했다.

> 男: 今天什么时候去图书馆?
>
> 女: 打算下午六点去学习。
>
> 男: 我可以一起去吗?
>
> 女: 可以, 5点在家前面见吧。

③ 男的为了和女的下午六点一起去图书馆学习。约好5点钟在家前面见。

> M: What time will you go to the library today?
>
> W: I'll go there to study at 6 p.m.
>
> M: Can I go with you?
>
> W: Sure. Let's meet in front of the house at 5 p.m.

③ The man is supposed to meet the woman in front of the house at 5 p.m. in order to study in the library at 6 p.m.

18 [대화 상황과 같은 내용 파악]

🎧 듣기 대본

> 남자: 오늘 비가 너무 많이 와서 놀이공원에 가지 못할 거 같아요.
>
> 여자: 그래요? 정말 가고 싶었는데 너무 아쉽네요.
>
> 남자: 그럼 다음 주 토요일에 갈까요?
>
> 여자: 미안해요. 그 날 약속이 있어요.

④ 남자가 오늘은 비가 와서 놀이공원에 가지 못해 다음 주 토요일에 가자고 했다. 그러나 여자는 약속이 있어 가지 못한다고 말하고 있다.

> 男: 今天雨下得太大了, 没法去游乐场玩了。
>
> 女: 是吗? 本来真的很想去, 太可惜了。
>
> 男: 要不下周六去, 怎么样?
>
> 女: 不好意思, 下周六有约了。

④ 男的说今天下雨没法去游乐场了。想下周六一起去。但是下周六女的有约不能一起去。

> M: We couldn't go to the amusement park today because of heavy rain.
>
> W: Really? That's too bad. I really want to go.
>
> M: Shall we go on next Saturday?
>
> W: I'm sorry. I have an appointment that day.

④ The man asked the woman to go to the amusement park next Saturday because heavy rain today. However, she said that she couldn't go there because of another appointment.

19 [대화 상황과 같은 내용 파악]

🎧 듣기 대본

> 여자: 안녕하세요? 오랜만이에요.
> 남자: 네, 반가워요. 요즘도 책 많이 읽어요?
> 여자: 아니요, 일이 많아서 읽지 못해요.
> 남자: 그렇군요. 저는 책을 많이 읽고 있어요.

④ 여자는 요즘 일이 많아서 책을 읽지 못하고 있다.

> 女: 您好！好久不见。
> 男: 是啊，见到您很高兴。您最近还经常读书吗？
> 女: 没有，事情太多了，没有办法读书。
> 男: 这样啊。我一直在读书

④ 女的最近有很多事情没办法读书。

> W: Hi, long time no see.
> M: It is good to see you. Do you read many books these days?
> W: No, I have no time to read a book because of heavy workload.
> M: I see. I read a lot these days.

④ The woman can not read books these days, because she has a lot of work to do.

20 [대화 상황과 같은 내용 파악]

🎧 듣기 대본

> 여자: 한국 유학 생활이 힘들지 않아요?
> 남자: 아니요, 즐거워요. 그런데 가끔 부모님 생각이 나요.
> 여자: 자주 연락하세요?
> 남자: 일주일에 한 번 부모님께 전화해요.

② 남자는 지금 한국에서 유학 생활을 하고 있다. 부모님이 가끔 생각나서 일주일에 한 번 부모님께 전화를 한다.

> 女: 韩国留学生活累吗？
> 男: 不累，很开心。就是偶尔很想念父母。
> 女: 经常和父母联系吗？
> 男: 每周给父母打一次电话。

② 男的现在在韩国留学。因为偶尔想念父母，所以每周给父母打一次电话。

> W: Isn't it hard to live in Korea for studying?
> M: No, it's interesting. But I sometimes miss my parents.
> W: Do you often keep in touch with them?
> M: I make a phone call once a week.

② The man is a student studying abroad in Korea. He often misses his parents, so gives a call once every week.

21 [대화 상황과 같은 내용 파악]

🎧 듣기 대본

> 여자: 한국어 숙제 다 했어요?
> 남자: 아니요, 아직 다 못했어요. 쓰기 숙제를 하고 있는데 너무 어려워요.
> 여자: 제가 좀 도와드릴까요?
> 남자: 네, 고마워요.

③ 남자는 숙제를 다 하지 못했다.

🎓 오답풀이

①, ② 여자는 남자에게 쓰기 숙제를 도와주려 하고 있다.
④ 남자는 쓰기 숙제를 하면서 어려워하고 있다.

> 女: 韩语作业做完了吗？
> 男: 没有，还没做完。我正在做写作作业，太难了。
> 女: 需要我帮你吗？
> 男: 好的，谢谢你。

③ 男的还没有做完作业。

🎓 误答解析

①, ② 女的打算帮男的做写作作业。

④ 男的做写作作业的时候觉得很难。

W: Are you done with your Korean homework?

M: Not yet. I have been doing writing homework, and it is too difficult.

W: Do you want some help?

M: Yes, thanks.

③ The man didn't finish his homework.

🎓 Wrong answer explanation

①, ② The woman is trying to help the man's writing homework.

④ The man has a difficulty in doing his writing homework.

22 [중심 생각 파악]

🎧 듣기 대본

남자: 음식 맛이 어때요?

여자: 이런 음식 처음 먹어봐요. 누가 만들었어요?

남자: 제가 오늘 아침에 만들었어요.

여자: 다음에 또 먹고 싶어요.

① 남자가 만든 음식을 다음에 또 먹고 싶다는 것은 음식이 맛있다는 뜻이다.

男: 食物的味道怎么样?

女: 第一次吃这样的食物。这是谁做的?

男: 我做的。是今天早上做的。

女: 下次还想吃。

① 女的说下次还想吃男的做的食物, 也就是说食物做得很好吃。

M: How's the taste?

W: I ate this kind of food for the first time. Who made it?

M: I did. I made it this morning.

W: I would like to eat it agian.

① The woman wants to eat the food he cooked again. It means the food he made is delicious.

23 [중심 생각 파악]

🎧 듣기 대본

여자: 이번 시험에 합격했어요?

남자: 시험이 너무 어려웠어요.

여자: 공부를 열심히 하지 않아서 그래요.

남자: 맞아요. 공부를 더 열심히 해야겠어요.

④ 남자는 공부를 열심히 하지 않아서 시험에 합격하지 못했다는 여자의 말에 동의하고 있다. 여자는 열심히 공부하는 것이 시험에 합격하는 길이라고 생각하고 있다.

女: 这次考试及格了吗?

男: 考试太难了。

女: 是没有努力学习的原因吧。

男: 对啊。我学习得更加努力才行。

④ 女的说男的是因为没有努力学习会考试不及格。男的同意女的观点。女的认为只有努力学习考试才能及格。

W: Did you pass this exam?

M: It was too difficult.

W: It resulted from a lack of your study.

M: That's right. I have to study harder.

④ The man agrees what the woman says that he couldn't pass the exam because he didn't study hard. She believes that studying hard is the way to pass the exam.

24 [중심 생각 파악]

🎧 듣기 대본

> 여자: 우리 점심에 뭐 먹을까요?
> 남자: 저는 불고기를 먹고 싶어요.
> 여자: 오늘은 짜장면을 먹으면 안 될까요?
> 남자: 알았어요. 그럼 불고기는 다음에 먹어요.

④ 불고기를 먹자는 남자의 말에 오늘은 짜장면을 먹자고 하는 여자의 말로 보아, 여자가 오늘은 불고기를 먹고 싶지 않음을 알 수 있다.

> 女: 中午我们吃什么呢?
> 男: 我想吃烤肉。
> 女: 今天吃炸酱面好吗?
> 男: 知道了。那就下次吃烤肉吧。

④ 男的提议吃烤肉, 女的提议今天吃炸酱面。从对话中可以看出女的今天不想吃烤肉。

> W: What shall we have for lunch?
> M: I would like to have Bulgogi.
> W: Couldn't we eat Jajangmyeon today?
> M: Sure. Let's eat Bulgogi next time.

④ The man says he'd like to have Bulgogi, while the woman wants to eat Jajangmyeon. You can know that she doesn't want to eat Bulgogi today.

[25~26]

🎧 듣기 대본

> 남자: 사람들마다 좋아하는 일이 있습니다. 저는 영화 보기를 좋아합니다. 특히 과학 영화를 좋아합니다. 과학 영화를 보면서 과학자가 되는 꿈을 꿉니다. 영화를 보고 나서 영화 속 장면을 생각하면 기분이 좋아집니다. 그래서 저는 과학 영화를 보러 자주 영화관에 갑니다.

25 [대화의 목적 파악]

① 사람들마다 좋아하는 일은 '취미'에 해당한다. 남자의 취미는 '과학 영화 보기'이다.

26 [대화 상황과 같은 내용 파악]

③ 남자는 과학 영화를 좋아해서 자주 영화관에 간다.

🎓 오답풀이

④ 남자는 '영화관'이 아니라, '영화 속 장면'을 생각하면 기분이 좋아진다.

> 男: 每个人都有喜欢的事情。我喜欢看电影, 尤其是科幻电影。看科幻电影时就会梦想着自己有一天成为科学家。看完电影以后, 只要想起电影里的场面心情就会好起来, 所以我经常去电影院看科幻电影。

25

① 每个人都有自己喜欢的事情, 也就是爱好。男的爱好是看科幻电影。

26

③ 男的因为喜欢科学电影经常去电影院。

🎓 误答解析

④ 男的不是想起电影院心情就会变好, 而是想起电影里的画面心情会变好。

> M: People have something they love to do. I like going to the movies. I especially love science-fiction film. I am dreaming of being a scientist while I watch a sci-fi film. After watching the movie, I feel much better when thinking of scenes in the movie. So I often go to a theater to watch a sci-fi film.

25

① What people love to do is a hobby. The man's hobby is watching a sci-fi film.

26

③ The man often goes to a theater, because he loves sci-fi films.

📖 Wrong answer explanation

④ The man feels much better when he thinks of the scenes shown in the movie, not theaters.

[27~28]

🎧 듣기 대본

남자: 해진 씨, 이번 시험 끝나면 어디 갈 거예요?
여자: 부산에 가 보고 싶어요. 부산에 구경거리가 많다고 들었어요.
남자: 맞아요. 부산엔 맛있는 음식도 많아요.
여자: 영주 씨는 시험 끝나면 어디 갈 생각이에요?
남자: 저는 제주도에 다시 가 보고 싶어요. 제주도는 자연이 아름다워요.
여자: 저도 가 보고 싶어요.

27 [대화의 중심 내용 파악]

① 시험이 끝나면 여자는 부산에, 남자는 제주도에 가 보고 싶다고 말했다.

28 [대화 상황과 같은 내용 파악]

② 시험이 끝나면 여자는 구경거리가 많은 부산에 가고 싶어 한다. 남자는 시험이 끝나면 다시 한 번 제주도에 가고 싶어 한다.

男: 海真，这次考完试之后想去哪儿?
女: 想去釜山。听说釜山有很多地方值得参观。
男: 是的。釜山也有很多好吃的东西。
女: 英洙，你考完试想去哪儿?
男: 我想再去一次济州岛。济州岛的自然风光很美。
女: 我也想去。

27

① 考试结束后，女的说想去釜山，男的说想去济州岛。

28

② 女的说考试结束后去釜山，因为那里有很多可以参观的地方。男的说考试结束后想再去一次济州岛。

M: Hae-jin, where are you going after finishing the test?
W: I want to go to Busan. I heard there are many things to see there.
M: That's right. There are also a lot of delicious food.
W: Young-joo, where are you going after the test?
M: I'd like to go to Jeju-island again. It has beautiful nature environment.
W: I hope to go, too.

27

① The woman wants to go to Busan, and the man wants to go to Jeju-island after finishing the test.

28

② The woman wants to go to Busan where there are many spectacles, and the man wants to go to Jeju-island again after finishing the test.

[29~30]

🎧 듣기 대본

남자: 안녕하세요? 행복 여행사입니다.
여자: 한국으로 가족 여행을 가려고 합니다. 어디가 좋습니까?
남자: 많은 사람들이 제주도를 좋아합니다.
여자: 비행기 표가 있나요?
남자: 네, 아직 있습니다. 몇 분이시죠?
여자: 어른 2명, 어린이 2명입니다.

29 [대화 상황에서 이유 파악]

③ 여자는 한국 여행을 위해 행복 여행사에 전화를 걸어 어디가 좋은지 묻고 있다. 남자는 제주도를 추천했고, 여자는 여행을 가기 위해 비행기 표가 있는지 묻고 있다.

30 [대화 상황과 같은 내용 파악]

③ 가족과 함께 여행하기 위해 여자는 행복 여행사에 문의를 하고 있다. 남자는 사람들이 제주도를 좋아한다고 말해 주었고, 이에 대해 여자는 제주도행 비행기 표를 사려고 한다.

男：您好，这里是幸福旅行社。

女：我们打算去韩国进行一次家庭旅游，去哪儿比较好呢？

男：很多人喜欢济州岛。

女：有机票吗？

男：是的，现在还有。你们几位？

女：2位成人，2位儿童。

29

③ 女的打算去韩国旅行，所以给幸福旅行社打电话咨询去哪里比较好。男的推荐了济州岛，女的还咨询了是否还有去韩国旅行的机票。

30

③ 为了和家人一起旅行，女的正在向幸福旅行社进行咨询。男的告诉她人们多喜欢济州岛，因此女士打算买飞济州岛的机票。

M: Hello? This is Haengbok travel agency.

W: I'm preparing for a trip to Korea with my family. Could you recommend a good place?

M: Many people like Jeju-island.

W: Is there any available airline ticket?

M: Yes, there are some tickets left. How many in your family?

W: Two adults and two children.

29

③ The woman called Haengbok travel agency for a trip to Korea. The man recommended Jeju-island, and she asked there was any available airline tickets.

30

③ In order to trip with her family, she is asking Haengbok travel agency. She is going to purchase tickets to Jeju-island because he said many people liked to go there.

---

31 [문장의 중심 소재 파악]

> 어제는 월요일이었습니다. 오늘은 화요일입니다.

① 일주일은 월요일부터 일요일까지 7일인데, 이는 '요일'에 해당한다.

> 昨天是星期一，今天是星期二。

① 每周从星期一到星期天共7天，这是属于'요일(星期)'。

> Yesterday was Monday. Today is Tuesday.

① One week has seven days from Monday to Sunday. They belong to '요일(day)'.

32 [문장의 중심 소재 파악]

> 이것은 옷장입니다. 저것은 침대입니다.

② 가구는 집안 살림에 쓰는 기구를 뜻한다. 옷장, 침대, 책상, 탁자 등은 '가구'에 속한다.

> 这是衣橱，那是床。

② '가구(家具)'即家庭生活中使用的器具，衣橱、床、书桌、桌子等都属于'가구(家具)'。

> This is a closet. That is a bed.

② Furniture means utensils used in household. A closet, a bed, a desk, a table and so on belong to '가구(furniture)'.

33 [문장의 중심 소재 파악]

장미꽃은 붉은색입니다. 우유는 흰색입니다.

④ 붉은색과 흰색은 모두 '색깔'에 해당한다.

玫瑰花是红色的, 牛奶是白色的。

④ 红与白都是一种'색깔(颜色)'。

A rose is red. A milk is white.

④ Red and white belong to '색깔(color)'.

34 [빈칸 채우기]

축구를 했습니다. 발(   ) 다쳤습니다.

① 동사 '다치다'는 목적어를 필요로 한다. 받침이 있는 말이 오면 목적격 조사 '을'을 쓴다.

踢了足球。伤到了脚(   )。

① '다치다(碰伤)'是动词做谓语, 需要连接宾语。有收音的名词做宾语时需要使用宾格助词 '을'。

I played soccer. I hurt (   ) my foot.

① Verb 'hurt' needs an object. An accusative case '을' comes behind a letter which has a supporting consonant.

35 [빈칸 채우기]

칭찬을 받았습니다. 기분이 (   ).

② 칭찬은 '좋은 점을 높게 평가하다'의 뜻이다. 일반적으로 칭찬을 들으면 기분이 좋아진다.

荣获称赞。心情(   )。

② '칭찬(称赞)'意为 '较高地评价别人的长处, 优点'。一般听到别人称赞自己时, 心情会变好。

I was praised. I felt (   ).

② Praise means '좋은 점을 높게 평가하다(express approval for one's achievements or qualities)'. Generally speaking, compliments make you feel good.

36 [빈칸 채우기]

목이 마릅니다. 그래서 (   )을/를 마십니다.

① 목이 마를 때 마시는 것은 '물'이다.

口渴了。所以喝(   )。

① 口渴时喝的东西是 '물(水)'。

I'm thirsty. So I drink (   ).

① You drink '물(water)' when you are thirsty.

37 [빈칸 채우기]

매일 걷기 운동을 합니다. 그래서 (   ).

③ 걷는 운동은 건강에 좋다.

我每天都进行步行锻炼。所以(   )。

③ 步行运动对身体很好。

I walk for exercise everyday. So I am (   ).

③ Walking is a healthful activity.

38 [빈칸 채우기]

> 옷을 사느라 돈을 많이 썼습니다. 그래서 돈이
> (   ) 남았습니다.

① '돈을 많이 써서 얼마 남지 않았다'에 해당하는 의미를 보충하는 부사는 '조금'이다.

> 买衣服花了很多钱。所以钱只剩下了(   )。

① '돈을 많이 써서 얼마 남지 않았다(花了很多钱没剩下多少)'的意思可以用副词'조금(一点点)'来表达。

> I spent a great deal of money on clothes. So there is
> (   ) money left.

① Adverb '조금(little)' can supplement that 'There is (little) money left as I spent a great deal of money'.

39 [빈칸 채우기]

> 저는 수영 선수입니다. 그래서 수영을 (   ).

① '그래서'로 연결되므로 '수영을 잘하다'라는 긍정형 문장이 와야 한다.

> 我是游泳选手。所以游泳(   )。

① 用'그래서(所以)'连接的句子前后构成因果关系, 所以后文应该是肯定句即'수영을 잘하다(游得很好)'。

> I'm a swimmer. So (   ) swimming.

① The affirmative sentence '수영을 잘하다(I'm good at swimming.)' should come because '그래서(So)' connects two sentences.

40 [실용문 / 맞지 않는 내용 파악]

> **〈행복 옷가게 행사 안내〉**
> • 행사 기간: 2019년 5월 1일~10일
> • 싸게 파는 옷: 티셔츠, 청바지
> ※ 방문해 주시는 모든 분들께 기념품을 드립니다.

② 행복 옷가게에서 싸게 살 수 있는 옷은 모든 옷이 아니라 티셔츠와 청바지 두 가지이다.

> **〈幸福服装店活动指南〉**
> • 活动时间: 2019年5月1日~10日
> • 打折衣物: T恤, 牛仔裤
> ※ 向所有光临本店的顾客提供纪念品。

② 幸福服装店里不是所有的衣服都打折, 打折的只有T恤和牛仔裤两种衣服。

> **〈Event Information for Haengbok Clothing Shop〉**
> • Period of event: May 1st through May 10th, 2019
> • Sale items: T-shirts, jeans
> ※ Visit our shop to have a souvenir.

② Sale items are not all items but T-shirts and jeans.

41 [실용문 / 맞지 않는 내용 파악]

> **〈유학생을 위한 한국어 교실〉**
> 한국어능력시험을 잘 보고 싶습니까?
> 한국어 교실로 오십시오!
> 친절하게 가르쳐 드립니다.
> • 일시: 월요일, 수요일 오전 9:00~10:00
> • 장소: 학생회관 3층

① 한국어 교실에서 일주일에 월요일, 수요일 두 번 한국어를 가르친다.

〈为留学生开办的韩国语教室〉

您想在韩国语能力考试中取得优异成绩吗?

那么请您来韩国语教室吧!

我们将热情地教给您!

· 时间: 星期一, 星期三 上午 9:00 ~ 10:00

· 地址: 学生会馆三楼

① 韩国语教室每周的周一, 周三两次教韩国语。

〈Korean Language School for International Students〉

Would you like to get a high score on TOPIK?

Come over to Korean Language School for International Students!

We will teach you kindly.

· Date: 09:00 ~ 10:00 a.m. on Monday and Wednesday

· Site: the third floor of the student hall

① They teach Korean two days a week in the Korean Language School.

---

42 [실용문 / 맞지 않는 내용 파악]

〈입장권〉

행복 음악회

· 날짜: 2019.05.20(월)

· 시간: 20:00 ~ 21:40

· 좌석: R석 2열 19번

예술의 전당

④ 좌석이 한 자리인 것으로 보아 성인 한 명의 입장권임을 알 수 있다.

📖 오답풀이

①, ②, ③ 음악회는 평일인 월요일 오후 8시에 예술의 전당에서 열린다.

− 入场券 −

〈幸福音乐会〉

· 日期: 2019.5.20(星期一)

· 时间: 20:00 ~ 21:40

· 座位: R排2列19号

艺术的殿堂

④ 从只有一个座位的情形来判断这是一张成人入场券。

📖 误答解析

①, ②, ③ 音乐会是在星期一晚上8点在艺术的殿堂举办。

〈Admission Ticket〉

Haengbok concert

· Date: Monday, May 20th, 2019

· Time: 20:00 ~ 21:40

· Seat: R seats 2−19

Arts Center

④ You can notice the ticket admits one adult because there is one seat.

📖 Wrong answer explanation

①, ②, ③ The concert will be held at Arts Center, on Monday at 8:00 p.m.

---

43 [글 / 같은 내용 파악]

오늘은 금요일입니다. 내일 여자 친구와 함께 한강 공원에 놀러 가기로 했습니다. 여자 친구와 먹을 김밥을 준비할 것입니다.

③ 남자는 내일 토요일에 여자 친구와 김밥을 준비해서 한강 공원으로 놀러 갈 생각을 하고 있다.

今天是周五。我决定明天和女朋友一起去汉江公园玩。我打算准备和女朋友一起吃的紫菜包饭。

③ 明天周六男的打算和女朋友带上紫菜包饭去汉江公园玩。

> Today is Friday. I'm scheduled to go to Hangang park with my girlfriend. I'll prepare Kimbap to eat together.

③ Saturday tomorrow, the man is planning to prepare Kimbap and go to Hangang park with girlfriend.

44 [글 / 같은 내용 파악]

> 일기 예보를 보지 않고 여행을 떠났습니다. 여행하는 중에 비가 내렸습니다. 다음부터는 일기 예보를 보고 여행 계획을 짜야겠다는 생각을 했습니다.

④ 일기 예보를 보지 않고 여행을 떠나 비를 만났는데 다음부터는 일기 예보를 먼저 보고 여행 계획을 짜기로 했다.

🎓 오답풀이

③ 비가 오는 날 여행을 하지 않겠다는 내용은 없다.

> 我没有看天气预报就出去旅行了。在旅行途中下起雨来了。我打算从下次开始要先看天气预报，然后再做旅行计划。

④ 我没有看天气预报就出去旅行了。途中遇到了下雨，我决定从下次开始先看天气预报之后，然后再制定旅行计划。

🎓 误答解析

③ 文中没有提及下雨天不出去旅行的内容。

> When I left for a trip, I hadn't watched a weather forecast. It rained while I traveled. I thought I would plan an itinerary after watching a weather forecast.

④ It rained while I traveled because I hadn't watched a weather forecast. So, I decided to plan an itinerary after watching it.

🎓 Wrong answer explanation

③ There is no mention that he or she wouldn't travel when it rains.

45 [글 / 같은 내용 파악]

> 여름은 너무 덥습니다. 모기도 많습니다. 그래서 저는 시원한 바람이 부는 가을을 좋아합니다. 가을에는 하늘도 푸르고 맑습니다.

② 가을은 시원한 바람이 불고 하늘이 푸르고 맑다.

🎓 오답풀이

① 여름은 많이 덥고 모기가 많다.

> 夏天太热了。蚊子也很多。所以我喜欢刮着凉爽秋风的秋天。秋天的天空也很湛蓝清澈。

② 秋天里不但会刮凉爽的秋风，连天空也是湛蓝清澈的。

🎓 误答解析

① 夏天真的很热，而且蚊子也很多。

> Summer is so hot. There are also so many mosquitoes. That's why I like cool windy autumn. The sky is blue and clear in autumn.

② There is a wind blowing, blue and clear sky in autumn.

🎓 Wrong answer explanation

① Summer is so hot, and there are so many mosquitoes.

46 [글의 중심 내용 파악]

> 저희 집에서 학교는 멀지 않습니다. 그래서 학교 갈 때 저는 차를 타지 않고 걸어서 갑니다. 걷기는 좋은 운동입니다. 그리고 건강에도 도움이 됩니다.

① 학교와 집이 가까워서 걸어서 학교에 간다. 걷기는 좋은 운동이고 건강에도 도움이 된다.

> 我家离学校不远。所以去学校的时候我不乘车，而是走路去。步行是很好的运动，并且还有益健康。

① 因为家离学校很近，所以我走着去学校。步行是很好的运动，还有益于健康。

> My house is not far from my school. So, I don't ride a car but walk when I go to school. Walking is a good activity. And it is helpful to my health.

① He or she walks to school as the house is close to the school. Walking is a good activity because it is helpful to his or her health.

47 [글의 중심 내용 파악]

> 만제 씨는 저보다 키가 큽니다. 그래서 저는 만제 씨가 부럽습니다. 만제 씨는 농구를 할 때에도 골을 잘 넣습니다. 저도 만제 씨처럼 키가 컸으면 좋겠습니다.

① '나'는 키가 큰 만제 씨를 부러워하면서 키가 컸으면 하는 바람을 갖고 있다.

> 万宰比我个子高。所以我很羡慕万宰。打篮球的时候万宰经常进球。希望我与和万宰一样个子那么高。

① '我'一方面羡慕个子高的万宰，一方面希望自己个子也可以长高一些。

> Manjae is taller than me. So I envy him. He often scores a goal when he plays basketball. I wish I were tall like him.

① 'I' envy Manjae because he is tall. I wish I were taller.

48 [글의 중심 내용 파악]

> 아버지께서는 주말에 등산을 하십니다. 아침 일찍 가셔서 밤 늦게 돌아오십니다. 그래서 주말에는 아버지를 만나기가 힘듭니다.

③ 아버지께서는 주말에 등산을 하루 종일 하시기 때문에 만나기 힘들다.

> 爸爸周末会去爬山。他早晨很早就出门，晚上很晚才回来。所以周末很难见到爸爸。

③ 因为爸爸周末一整天都在爬山，所以很难见到他。

> My father goes mountain climbing on weekends. He goes early in the morning and comes home late at night. So it is hard to meet him on weekends.

③ It is hard to meet his father on weekends because he goes mountain climbing all day.

[49~50]

> 운동을 시작하기 전에 반드시 준비 운동을 해야 합니다. 준비 운동은 꼭 필요합니다. 준비 운동은 몸을 부드럽게 해주고, 다치는 것을 막아 줍니다. 운동선수들도 (㉠) 준비 운동과 함께 운동을 시작합니다.

49 [빈칸 채우기]
④ 준비 운동의 중요성을 강조하고 있으므로 부사 '항상'이 들어가는 것이 적절하다.

50 [글의 사실적 이해]
① 준비 운동은 몸을 부드럽게 하고 다치는 것을 막아준다는 점에서 중요하다.

> 做运动之前一定要做准备运动。准备运动是必需的。准备运动可以让身体变得柔软，也可以防止受伤。运动员在运动时也（ ㉠ ）从准备运动开始。

49
④ 文中一直在强调准备运动的重要性。所以空白处应该填副词'항상(经常)'。

50
① 准备运动可以使身体变得柔软，防止受伤。从这一点上来说准备运动很重要。

> You have to warm up before you play sports. Warm-up exercise is indispensible. It gives your body relief and also keeps you from getting hurt. Athletes (㉠) do their warm-up exercise before they start exercise.

49
④ An adverb '항상(always)' is the answer because the importance of exercise was highlighted.

50
① Doing warm-up exercise is important. It gives your body relief and also prevents you from getting hurt.

[51~52]

> 한국에서 4월 5일은 나무를 심는 날입니다. 모든 사람들이 산이나 공원에 모여 함께 나무를 심습니다. 나무는 잘 심어야 합니다. 나무를

> (㉠) 우선 땅을 팝니다. 그리고 심을 나무를 넣고 흙을 덮은 후 물을 줍니다. 나무가 죽지 않도록 흙을 잘 덮고 물을 주어야 합니다.

51 [빈칸 채우기]
② 나무를 심기 위해 땅을 파고, 판 땅에 나무를 넣는다. 나무는 동사 '심다'와 연결된다. 그리고 목적이나 의도를 뜻하는 어미 '-려면'과 연결된다.

52 [글의 사실적 이해]
① 흙을 파서 나무를 넣고 흙을 덮은 후 물을 주는 것은 나무를 심는 방법이다.

> 韩国4月5日是植树节。这一天所有人聚集在山上或公园里一起植树。植树时必须要认真。（ ㉠ ）树，首先要挖坑，然后把要种植的树木放进坑里，填满土以后再浇水。为了不让树死掉，一定要盖好土之后浇水。

51
② 要种树必须先挖坑，然后把树放入挖好的坑里。所以空白处需要填写表示种树的动词'심다(种, 植)'，后面跟表示目的或意图的连接语尾'-려면(想要……的话)'。

52
① 种树的方法是先挖坑，然后把树放到坑里，填满土后浇水。

> April 5th is the tree-planting day in Korea. Everyone plants trees together in a mountain or a park. Trees should be planted well. (㉠), you should dig first. Then, put a tree there, fill it with soil, and water it. To try not to kill the tree, fill it with soil well and water it.

51
② To plant a tree, you should dig first and put a tree in it. The noun tree is related to the verb '심다(plant)'. Here should add an end of a word '-려면', which means an intention or a purpose.

52

① The way to plant trees is to dig, put a tree, fill it with soil and water it.

[53~54]

> 저는 한국에 아직 가보지 못했습니다. 한국의 서울에 있는 한강을 보고 싶습니다. 명동에도 가보고 싶습니다. 지금은 돈이 (㉠) 한국에 갈 수 없습니다. 그래서 저는 매월 돈을 조금씩 모으고 있습니다. 내년에는 한국에 갈 수 있습니다.

53 [빈칸 채우기]
② '나'는 한국 여행을 가고 싶지만 돈이 없어서 가지 못한다. 그래서 매월 조금씩 돈을 모으고 있다. '없다'에 원인이나 이유를 나타내는 어미 '-어서'가 연결되는 것이 적절하다.

54 [글의 사실적 이해]
④ '나'는 한국 여행을 가기 위해 매월 돈을 모으고 있다.

> 我还没去过韩国。我想去位于韩国首尔的汉江看看，也想去明洞看看。现在（ ㉠ ）钱，去不了韩国。所以，我每个月都在一点一点地攒钱，明年就可以去韩国了。

53

② 虽然'我'想去韩国旅行，但是因为没钱，去不了。所以'我'每个月都在一点一点地攒钱。空白处应该填入'없다(没有)'，后跟表示原因或理由的语尾'-어서'。

54

④ '我'为了去韩国旅行，每个月都在攒钱。

> I have never been to Korea. I want to see Hangang in Seoul, Korea. I also want to go to Myeong-dong. I can't go there as I (㉠) any money now. So I save money every month. Next year, I might be able to visit Korea.

53

② Though 'I' want to travel to Korea, I don't have any money to go there. So I save money every month. Here should come '없다(have no any ～)' with an ending form '-어서' which means a cause.

54

④ 'I' save money every month to visit Korea.

[55~56]

> 내일은 학교에서 유학생 운동회가 열립니다. 저는 달리기를 잘 합니다. 그래서 달리기 경주에 나갈 생각입니다. 오늘 공부를 마치고 친구들과 함께 운동장에서 달리기 연습을 (㉠) 합니다. 혼자 하는 것보다 함께 연습하는 것이 좋습니다. 저는 내일 달리기 경주에서 1등을 하고 싶습니다.

55 [빈칸 채우기]
② '나'는 달리기 경주에 나가기 위해 연습을 할 마음을 먹고 있다. '하다' 동사에 의도를 뜻하는 어미 '-려고'가 연결되는 것이 적절하다.

56 [글의 사실적 이해]
④ '나'는 내일 있을 달리기 경주를 위해 친구들과 함께 공부를 마치고 연습을 하려고 한다.

> 明天学校要举行留学生运动会。我擅长跑步，所以我打算参加跑步比赛。今天学习结束以后，（ ㉠ ）和朋友们一起在操场练习跑步。比起自己练习，和朋友们一起练习更好。我想在明天的跑步比赛中取得第一名。

55

② '我'为了参加跑步比赛，决定练习跑步。空白处应该填入'하다(练习)'，后跟表示意图的语尾'-려고'。

56

④ '我'为了参加明天举行的跑步比赛，想在学习结束后和朋友们一起练习跑步。

Tomorrow is a school field day for international students. I'm good at running. So I'll participate in race. I planned (㉠   ) practice running with my friends after class today. I prefer practicing together to doing it alone. I'd like to get the first prize in the tomorrow's race.

55

② 'I' decided to practice running to participate in race. The ending of a word '-려고' which means an intention should be connected to the verb '하다(do)'.

56

④ I planned to practice running for tomorrow's race with my friends after class.

57 [글의 흐름 파악]

(나) 저희 집은 학교에서 멀지 않습니다.
(가) 그런데 오늘 늦잠을 잤습니다.
(라) 그래서 지각을 하지 않으려고 버스를 탔습니다.
(다) 버스를 타서 다행히 학교에 늦지 않았습니다.

② 집과 학교가 멀지 않다. 그런데 오늘은 늦잠을 자서 버스를 탔다. 그래서 학교에 늦지 않았다.

(나) 我们家离学校不远。
(가) 但是今天睡懒觉了。
(라) 所以为了不迟到, 我乘坐了公交车。
(다) 幸亏坐了公交车, 上学没迟到。

② 家离学校不远。但今天睡懒觉, 因此坐了公交车, 上学就没迟到。

(나) My house isn't far from my school.
(가) But I overslept today.
(라) So I took a bus to try not to be late.
(다) I wasn't late for school luckily because I took the bus.

② The house isn't far from the school. But I took a bus as I overslept. So I wasn't late for school.

58 [글의 흐름 파악]

(나) 동생과 함께 영화를 보러 갔습니다.
(다) 그러나 영화표를 구하지 못했습니다.
(가) 그래서 동생과 카페에 갔습니다.
(라) 그곳에서 커피를 마시고 집으로 돌아왔습니다.

③ 동생과 영화를 보러 갔으나 표를 구하지 못해 카페에 가서 커피를 마시고 집으로 돌아왔다.

(나) 和妹妹一去看电影了。
(다) 但是没有买到票。
(가) 所以和妹妹一起去了咖啡馆。
(라) 在那里喝了咖啡就回家了。

③ 和妹妹一起去看电影了。但是没有买到票, 就去咖啡馆喝了杯咖啡就回家了。

(나) I went to a movie with my younger brother.
(다) However I didn't get a movie ticket.
(가) So I went to a cafe with my younger brother.
(라) I drunk coffee there and returned home.

③ I went to a movie with my younger brother, however I didn't get a ticket. So I went to a cafe, drunk coffee, and returned home.

[59~60]

(㉠   ) 겨울에는 눈이 자주 옵니다. (㉡   ) 눈이 오면 차들이 빨리 가지 못합니다. 도로가 미끄럽기 때문입니다. (㉢   ) 눈이 오는 겨울에는 사람들이 버스보다 지하철을 더 많이 탑니다. 지하철은 눈이 와도 문제가 없기 때문입니다. 눈이 올 때에는 지하철을 타는 것이 좋습니

다. (ㄹ) 저도 겨울에 눈이 오면 버스보다 지하철을 탑니다.

59 [글의 사실적 이해]

③ 눈이 오면 길이 미끄러워 차들이 빨리 가지 못하고 도로가 복잡해진다. 그래서 버스보다 지하철을 타는 것이 더 좋다.

60 [글의 사실적 이해]

④ 눈이 오면 길이 미끄러워 도로에 차가 많아 빨리 가지 못한다. 그래서 사람들이 버스보다 지하철을 더 많이 탄다.

오답풀이

③ 눈이 온다고 지하철만 타는 것이 아니다.

(㉠) 冬天经常下雪。(㉡) 下了雪车辆就会无法快速行驶。(㉢) 冬季下雪的时候, 人们更多的选择坐地铁出门而不是坐公交车。因为即使下了雪, 地铁也不会出什么问题。我喜欢在下雪的时候坐地铁。(㉣) 冬天下雪时, 我也会坐地铁, 而不是乘坐公交车。

59

③ 下雪的时候路会很滑车辆无法快速行驶, 道路就变得拥堵。因此, 坐公交车比坐地铁更好。

60

④ 下雪的时候路会很滑车辆无法快速行驶。因此, 人们更多地选择乘坐地铁出行, 而不是乘坐公交车。

误答解析

③ 并不是说下雪时就只能坐地铁

(㉠) It often snows in winter. (㉡) Cars can't go fast when it snows, because roads are slippery. (㉢) People take a bus more than a subway in snowy winter. Taking a subway has no problem though it snows. You had better take a subway when snowing. (㉣) When it snows in winter, I also prefer a subway to a bus.

59

③ When it snows, the roads are slippery, So cars can't go fast. A The road are busy, too. So taking a subway is better than a bus.

60

④ Cars couldn't go fast when it snows. Therefore, people prefer a subway to a bus.

Wrong answer explanation

③ People prefer a subway to a bus when it snows. It doesn't mean people only take a subway.

[61~62]

저는 한국 음식 만들기를 좋아합니다. 특히 떡볶이를 맛있게 잘 만듭니다. 자주 떡볶이를 만들어 먹습니다. 친구들도 제가 만든 떡볶이가 (㉠) 칭찬합니다. 그래서 저는 종종 친구들을 위해 떡볶이를 만들어 줍니다. 친구들이 떡볶이를 맛있게 먹는 것을 보면 기분이 좋아집니다. 친구들도 제가 만든 떡볶이를 먹고 즐거워합니다.

61 [빈칸 채우기]

② 떡볶이 맛이 좋아서 친구들이 '나'에게 칭찬을 한다. '맛있다고'와 '맛이 좋아서'는 같은 뜻으로 쓸 수 있다.

오답풀이

① '맛있다면'은 조건이므로 적절하지 않다.

62 [글의 사실적 이해]

① '나'는 맛있는 한국 음식인 떡볶이를 잘 만든다.

오답풀이

④ '나'는 종종(가끔) 친구들에게 떡볶이를 만들어 준다.

我喜欢做韩国料理。尤其最擅长做美味的炒年糕。我经常做炒年糕吃。朋友们（　㉠　）对我做的炒年糕交口称赞。因此我经常给朋友们做。看到朋友们吃的津津有味，我的心情就会变好。朋友们吃了我做的炒年糕也非常地开心。

61

② 因为炒年糕很美味所以朋友们对 '我' 交口称赞。在这里 '맛있다고(说很好吃)' 和 '맛이 좋아서(因为味道好)' 含义相同。

🎓误答解析

① '맛있다면(如果好吃的话)' 是一个条件句，所以用在此处不合适。

62

① '我' 擅长做美味的炒年糕。

🎓误答解析

④ 我偶尔(不时)给朋友做炒年糕。

I like to cook Korean food. Especially, I can make delicious stir-fried rice cake well. I often cook and eat it. My friends make complimentary remarks to me that it is (　㉠　). So I sometimes cook it for them. I feel good when I watch them eating. They are amused when they eat it I cooked.

61

② My friends praise me about my delicious stir-fried rice cake. '맛있다고' and '맛이 좋아서' has the same meaning.

🎓 Wrong answer explanation

① It isn't the answer because '맛있다면' is a conditional sentence.

62

① 'I' cook stir-fried rice cake well which is delicious Korean food.

🎓 Wrong answer explanation

④ 'I' sometimes(often) cook stir-fried rice cake for my friends.

[63~64]

〈함께 일할 분을 모십니다〉

누구나 쉽게 할 수 있는 일입니다.
주문받은 음식이 나오면 포장하여 고객에게 전달하면 됩니다.
경험이 전혀 없는 사람도 환영합니다.
관심이 있으시면 아래 연락처로 전화해 주세요.

연락처: 031-123-1234

가족 음식점

63 [글의 사실적 이해]

④ '일할 분을 모신다'는 것은 '일할 사람을 구한다'는 말과 같은 뜻이다.

64 [글의 사실적 이해]

① '경험이 전혀 없는 사람'은 '초보자'를 뜻한다. 경험이 전혀 없는 사람도 환영한다고 했으므로 초보자도 일을 할 수 있음을 알 수 있다.

〈招募和我们一起工作的人〉

这是一份谁都可以胜任的工作。
您只需要在顾客下单食物做出来以后，把食物包装好送给顾客就可以了。
我们也欢迎完全没有工作经验的人。
有意者请与下面的号码联系。
电话号码: 031-123-1234.

家庭饭店

63

④'일할 분을 모신다' 与 '일할 사람을 구한다' 含义相同，都是 '招募人手' 的意思。

64

① '경험이 전혀 없는 사람(没有工作经验的人)' 就是 '초보자(初学者)' 的意思。由于文中说也欢迎没有工作经验的人，所以 '초보자(初学者)' 也可以应聘这份工作。

〈Situation Vacant〉

It is something everyone can do easily.

You have to wrap the food ordered and deliver it to clients.

We welcome an inexperienced person.

Please contact me at the following phone number, if you have any interest.

Contact number : 031−123−1234

Family Restaurant

63

④ '일할 분을 모신다' and '일할 사람을 구한다' have exactly the same meaning.

64

① '경험이 전혀 없는 사람(an inexperienced person)' means a beginner. You can notice that a beginner can work through the sentence 'We welcome an inexperienced people'.

[65~66]

저는 바다를 좋아합니다. 제가 사는 곳은 산이 많고 바다가 없습니다. 시간이 나면 바다 구경을 하고 싶었습니다. 그래서 어제 시험이 (㉠) 친구들과 바닷가에 놀러 갔습니다. 기차를 4시간 동안 타고 바닷가에 도착했습니다. 그런데 바닷가에 바람이 많이 불어서 추웠습니다. 바다 구경만 잠깐 하고 따뜻한 방으로 들어왔습니다.

---

65 [빈칸 채우기]

② '행위나 일이 끝남'의 의미를 지닌 어미는 '−(어)서'이다. '나'는 시험이 끝나서 바다 구경을 갔다.

66 [글의 사실적 이해]

④ '나'는 바다를 좋아해서 시험이 끝나고 친구들과 함께 기차를 4시간 동안 타고 바다 구경을 갔다. 바람이 많이 불어서 바다를 잠깐 보고 따뜻한 방에 들어갔다.

我喜欢大海。我生活的地方有很多山，没有大海。我一有时间就想去看海。于是昨天考试（ ㉠ ），我就和朋友们一起去海边玩了。我们坐了4个小时的火车来到海边。但是海边的风很大，有些寒冷。我们只在海边看了一会儿就到温暖的房间里面去了。

65

② 表示某种行为或事情结束的语尾是‘−(어)서’。‘我’考试结束后去看海了。

66

④ ‘나(我)’因为喜欢大海，所以考试结束后和朋友们一起坐了4个小时的火车去看海。海边的风很大，我们只在海边看了一会儿就到温暖的房间里面去了。

I like sea. There are many mountains and no sea where I live. I wanted to see the sea when I got time. (㉠) finishing the test yesterday, I visited the sea with my friends. It took four hours by train to arrive there. However, it was very cold as a strong wind blew. We entered a warm room after we just saw the sea in a short time.

65

② An ending meaning 'something is done)' is '−(어)서'. After 'I' had finished the test, I went to the sea.

66

④ After finishing the test, I visited the sea with my friends because 'I' like sea. It took four hours by train. However, it was very cold as a strong wind blew. So I entered a warm room after seeing the sea in a short time.

[67~68]

옛날에는 손으로 직접 빨래를 해서 힘이 많이 들었습니다. 그런데 요즘은 세탁기가 (㉠) 힘이 들지 않습니다. 세탁기에 빨래와 세제를

넣고 버튼을 누르면 물이 자동으로 나옵니다. 빨래가 끝나면 세탁기에서 빨래를 꺼내면 됩니다. 세탁기가 빨래를 하는 동안 다른 일을 할 수 있습니다. 그래서 지금은 세탁기가 없는 집이 없습니다.

67 [빈칸 채우기]
① 손으로 빨래를 하면 힘이 들었는데 세탁기가 빨래를 해 주어서 힘이 들지 않게 되었다.

68 [글의 사실적 이해]
③ 세탁기는 손으로 직접 하는 빨래보다 힘이 들지 않는다. 그리고 세탁기가 빨래를 하는 동안 사람들은 다른 일을 할 수 있다. 그래서 요즘은 세탁기가 모든 집에 다 있다.

在过去人们需要亲自动手洗衣服，所以很费力。然而，现在（ ㉠ ）洗衣机，就不费力了。人们只要把要洗的衣服放进洗衣机里水就会自动出来。把洗涤剂倒进去后洗衣机就开始转动，洗完后把衣服从洗衣机里拿出来就可以了。洗衣机在洗衣服的时候人们可以做别的事情。所以，现在家家户户都在用洗衣机。

67
① 用手洗衣服会很费力，用洗衣机洗衣服就不用费力了。

68
③ 比起亲自用手洗衣服，用洗衣机不那么费力。并且，在洗衣机洗衣服的时候人们还可以做其它的事情。所以，现在家家户户都有洗衣机。

People needed to wash their clothes with their hands in the past, and the task required plenty of energy. However, it does not require any energy these days （ ㉠ ） a washing machine. Put laundry and some detergent into the washing machine and push a button, then water pours automatically. After laundry is done, let it out from the washing machine. You are able to do other things while the washing machine is doing its job. There are no houses which don't have it.

67
① Washing clothes by hand required plenty of energy, but it does not require any energy thanks to a washing machine.

68
③ Using a washing machine is more comfortable than you wash your clothes with your hands. And, you can do other things while the washing machine does its job. So there are washing machines in every house these days.

[69~70]

여름에는 날씨가 덥습니다. 사람들은 시원한 자연 바람을 좋아합니다. 저도 여름의 시원한 바람을 좋아합니다. 그런데 여름에 시원한 바람이 불지 않는 날이 많습니다. 그래서 자연 바람 대신에 에어컨을 켭니다. 에어컨은 더울 때마다 시원한 바람이 나오게 할 수 있습니다. 여름에 자연 바람이 없는 날 （ ㉠ ） 시원한 바람이 나옵니다. 에어컨은 더운 여름에 가장 인기 있는 상품입니다.

69 [빈칸 채우기]
① 에어컨은 자연 바람이 없는 여름에 인공적으로 시원한 바람이 나오게 하는 생활 가전 제품이다. 시원한 바람이 나오게 하려면 에어컨을 켜야 한다. '-면'은 조건을 뜻하는 어미이다.

70 [글의 사실적 이해]
② 사람들은 시원한 자연 바람을 좋아한다. 그런데 여름에는 시원한 바람이 불지 않을 때가 많아서, 인공적으로 만든 에어컨을 켠다. 에어컨은 자연 바람이 아닌 인공 바람이다.

夏天天气炎热。人们喜欢凉爽的自然风。我也希望夏季刮凉爽的风。但是夏天大多数日子里并不会刮凉爽的风。于是，人们就开空调来代替自然风。每当炎热的时候，就可以让空调吹出凉爽的风。在没有自然风的夏季（ ㉠ ）会吹来凉爽的风。空调是夏季最受欢迎的产品。

69

① 空调是在没有自然风的夏日人工制造凉风的家电。要想吹出凉爽的风，就要开空调。'-면'是条件语尾。

70

② 人们喜欢夏季里凉爽的自然风，但是夏季往往没有凉爽的风，于是人们就打开空调。空调不是自然风，是人工制造的风。

The weather is hot in summer. People like cool natural wind. I also like that cool wind rises in summer. However, there are many days when wind doesn't blow during summer. So you turn on an air conditioner instead of natural wind. Cool wind pours out from the air conditioner when it's hot. On days with no wind in summer, a cool wind is poured out （ ㉠ ）. The air conditioner is the most popular item during hot summer.

69

① The air conditioner, which blows cool wind artificially during summer when there is little natural wind, is belong to appliances. You should turn it on if you want to enjoy the cool breeze. '-면' is an ending which means a condition.

70

② People like cool natural wind. However, there are many days when cool wind doesn't blow during summer. So you turn on an air conditioner instead of a natural wind. A wind from it is not natural wind but artificial wind.

내가 꿈을 이루면
나는 누군가의 꿈이 된다.

– 이도준

여러분의 작은 소리
에듀윌은 크게 듣겠습니다.

본 교재에 대한 여러분의 목소리를 들려주세요.
공부하시면서 어려웠던 점, 궁금한 점,
칭찬하고 싶은 점, 개선할 점, 어떤 것이라도 좋습니다.

에듀윌은 여러분께서 나누어 주신 의견을
통해 끊임없이 발전하고 있습니다.

에듀윌 도서몰 book.eduwill.net
- 부가학습자료 및 정오표: 에듀윌 도서몰 → 도서자료실
- 교재 문의: 에듀윌 도서몰 → 문의하기 → 교재(내용, 출간) / 주문 및 배송

에듀윌 한국어능력시험 TOPIK I 종합서

발 행 일	2025년 4월 4일 초판
저 자	민태윤
펴 낸 이	양형남
개 발	정상욱, 김진우
펴 낸 곳	(주)에듀윌
등록번호	제25100-2002-000052호
주 소	08378 서울특별시 구로구 디지털로34길 55 코오롱싸이언스밸리 2차 3층
I S B N	979-11-360-3721-3(13710)

www.eduwill.net
대표전화 1600-6700